Logística reversa e sustentabilidade

Dados Internacionais de Catalogação na Publicação (CIP)
(Câmara Brasileira do Livro, SP, Brasil)

Logística reversa e sustentabilidade / Hugo Ferreira Braga Tadeu... [et al.]. - São Paulo : Cengage Learning, 2024.

Outros autores: Jersone Tasso Moreira Silva, Cláudio Bruzzi Boechat, Paulo Március Silva Campos, André Luiz Pereira

7. reimpr. da 1. ed. de 2011.
Bibliografia
ISBN 978-85-221-1063-6

1. Competitividade 2. Desenvolvimento sustentável 3. Logística (Organização) 4. Marketing - Canais 5. Meio ambiente I. Tadeu, Hugo Ferreira Braga. II. Silva, Jersone Tasso Moreira. III. Boechat, Cláudio Bruzzi. IV. Campos, Paulo Március Silva V. Pereira, André Luiz.

11-05992   CDD-658.5

Índice para catálogo sistemático:

1. Logística reversa e sustentabilidade: Administração de empresas 658.5

Logística reversa e sustentabilidade

André Luiz Pereira
Cláudio Bruzzi Boechat
Hugo Ferreira Braga Tadeu
Jersone Tasso Moreira Silva
Paulo Március Silva Campos

❖ Cengage

Austrália • Brasil • Canadá • México • Cingapura • Reino Unido • Estados Unidos

Logística reversa e sustentabilidade

Hugo Ferreira Braga Tadeu, Jersone Tasso Moreira Silva, Cláudio Bruzzi Boechat, Paulo Március Silva Campos e André Luiz Pereira

Gerente Editorial: Patricia La Rosa

Editora de Desenvolvimento: Noelma Brocanelli

Supervisora de Produção Editorial: Fabiana Alencar Albuquerque

Copidesque: Daniele Fátima

Revisão: Iara Arakaki Ramos e Luicy Caetano de Oliveira

Composição: Alfredo Carracedo Castillo

Capa: MSDE/Manu Santos Design

© 2012 Cengage Learning Edições Ltda.

Todos os direitos reservados. Nenhuma parte deste livro poderá ser reproduzida, sejam quais forem os meios empregados, sem a permissão, por escrito, da Editora. Aos infratores aplicam-se as sanções previstas nos artigos 102, 104, 106 e 107 da Lei nº 9.610, de 19 de fevereiro de 1998.

Esta editora empenhou-se em contatar os responsáveis pelos direitos autorais de todas as imagens e de outros materiais utilizados neste livro. Se porventura for constatada a omissão involuntária na identificação de algum deles, dispomo-nos a efetuar, futuramente, os possíveis acertos.

A Editora não se responsabiliza pelo funcionamento dos links contidos neste livro que possam estar suspensos.

> Para informações sobre nossos produtos, entre em contato pelo telefone
> **+55 11 3665-9900**
>
> Para permissão de uso de material desta obra, envie seu pedido para
> **direitosautorais@cengage.com**

© 2012 Cengage Learning.
Todos os direitos reservados.

ISBN-13: 978-85-221-1063-6
ISBN-10: 85-221-1063-8

Cengage Learning
WeWork
Rua Cerro Corá, 2175 – Alto da Lapa
São Paulo – SP – CEP 05061-450
Tel.: (11) 3665-9900

Para suas soluções de curso e aprendizado, visite **www.cengage.com.br**

Impresso no Brasil
Printed in Brazil
7. reimpr. – 2024

Sumário

Introdução xi

CAPÍTULO 1
FUNDAMENTOS DA LOGÍSTICA REVERSA E INTEGRADA 1

Objetivos 1
Resumo do capítulo 1
Introdução 2
    Os metais 8
    Os vidros 9
    O papel 9
    O plástico 10
Definições, conceitos e abordagens 13
Logística reversa e canais de distribuição reversos 14
    Logística verde, ambiente legal, meio ambiente e logística reversa 17
        Logística verde (*green logistics*) 17
        Aterros: tecnologia, custos e logística verde (*green logistics*) 18
        Ambiente legal, meio ambiente e logística reversa 19
Legislação sobre logística reversa no Brasil e no mundo 21
Logística reversa de pós-venda 23
    Caracterização dos fluxos reversos de pós-venda 24
        Retorno comercial 26
        Retorno por garantia/qualidade 28
    Objetivos da logística reversa de pós-venda 31
Logística reversa de pós-consumo 32
    Ciclos reversos abertos e ciclos reversos fechados 34
    Canais de distribuição reversos de pós-consumo
    de bens duráveis e semiduráveis 35
        Canais de distribuição reversos de reúso, desmanche e reciclagem 36
    Canais de distribuição reversos de pós-consumo de bens descartáveis 38
    Sistemas de coleta de bens de pós-consumo 39

Canais de distribuição reversos de pós-consumo de resíduos industriais 42
Objetivos da logística reversa de pós-consumo 42
Objetivo econômico na logística reversa de pós-consumo 44
Objetivo ecológico na logística reversa de pós-consumo 46

CAPÍTULO 2
GERENCIAMENTO REVERSO DE RESÍDUOS SÓLIDOS URBANOS NO BRASIL 47

Objetivos 47
Resumo do capítulo 47
Introdução 48
Gerenciamento de resíduos sólidos 49
    Deliberação Normativa do Copam a respeito da destinação final de resíduos urbanos 50
Gerenciamento dos resíduos dos serviços de saúde 53
    Classificação, segregação e identificação de resíduos de serviços de saúde 54
    Regulamentações e gerenciamento reverso de resíduos: o Plano de Gerenciamento de Resíduos dos Serviços de Saúde (PGRSS) 60
    Tecnologias de tratamento de resíduos de serviços de saúde 61
    Tratamento de resíduos de serviços de saúde por tipo de resíduo 65
Transporte de resíduos 68
Armazenamento/acondicionamento 70

CAPÍTULO 3
LOGÍSTICA REVERSA DE RESÍDUOS DE SERVIÇOS DE SAÚDE 73

Objetivos 73
Resumo do capítulo 73
Introdução 74
Administração pública e a questão da sustentabilidade 76
    A administração pública e o papel do Estado 77
        Sustentabilidade e a gestão pública 80
        Promoção da saúde *versus* risco 83
        O papel do SESMT, a CIPA e a segurança 89
    Logística hospitalar 89
        Desperdícios, ineficiência e perdas na logística hospitalar pública 90

Diferenciando a logística verde, ecológica ou ecologística
da logística reversa 92
Diferenciando logística reversa da ecologia industrial,
simbiose industrial e parques ecoeficientes 92
Logística reversa de resíduos dos serviços de saúde 94

CAPÍTULO 4
LOGÍSTICA REVERSA DE RESÍDUOS DE SERVIÇOS
DE SAÚDE: O CASO DE MINAS GERAIS 97

Objetivos 97
Resumo do capítulo 97
Introdução 98
    Primeiro Diagnóstico de Resíduos de Serviços de Saúde de
    Minas Gerais (Cadastro de Geradores de Resíduos dos Serviços
    de Saúde de Minas Gerais) – 2009 100
    Avaliação Inicial da Qualidade – Hospitais Pro-Hosp – Versão 2010 .. 100
    Dados secundários da Feam 101
    Dados secundários da Abrelpe 101
    Dados secundários do Ipea 101
    Dados de referência em publicações 101
    Dados primários – questionário 102
    Tratamento dos dados primários 105
    Quantificação de resíduos de serviços de saúde 106
    Caracterização da amostra 106
        O caso em Minas Gerais 106
    A sustentabilidade e a gestão pública 106
    Promoção da saúde *versus* risco 109
        O resultado final da ação do SESMT, a CIPA e a segurança 110
    Logística empresarial – direta 111
        Armazenamento/Acondicionamento 112
        Apoio ao ciclo de vida 115
        Logística hospitalar 116
        Desperdícios, ineficiência e perdas na logística hospitalar pública ... 117
    Logística reversa 118
        Revalorização econômica de resíduos 118
        Resíduos sólidos urbanos 121
        Destinação final e práticas de coleta seletiva 122
        Oferta de aterros 123
        Opções de destinos finais 123

Logística reversa de resíduos dos serviços de saúde	125
Quantificação, classificação, segregação e identificação de RSS	125
Gerenciamento reverso de resíduos: o Plano de Gerenciamento de Resíduos dos Serviços de Saúde (PGRSS)	128
Tratamento de Resíduos de Serviços de Saúde	128
Transporte de resíduos	132
Transporte interno de resíduos	132
Transporte externo de resíduos	133
Armazenamento/Acondicionamento	134
Armazenamento temporário interno	134
Armazenamento temporário externo	135
Gerenciamento reverso de resíduos de serviços de saúde no contexto dos RSU	135
Considerações	143

CAPÍTULO 5
LOGÍSTICA REVERSA E SUSTENTABILIDADE — 145

Objetivos	145
Resumo do capítulo	145
Introdução	146
Os desafios impostos à sustentabilidade corporativa	147
A logística reversa – elementos de um instrumento sustentável	152
Considerações finais	
	157

CAPÍTULO 6
SUSTENTABILIDADE NA GESTÃO DE RESÍDUOS — 159

Objetivos	159
Resumo do capítulo	159
Introdução	160
A sustentabilidade	161
O paradigma social dominante	162
A gestão ambiental na teoria organizacional	164
Histórico das principais discussões que envolvem sustentabilidade	166
Educação ambiental	167
Impacto ambiental e meio ambiente	168
Ferramentas de avaliação do desenvolvimento sustentável	170

Método *Ecological Footprint* 171
Dashboard of sustainability 172
Barometer of sustainability 172
Considerações finais 174
Referências bibliográficas 179

Introdução

O conceito de logística reversa e sustentabilidade propõe um novo modelo de gestão de negócios, levando em consideração os impactos ambientais e sociais, além das questões econômicas. Esta afirmação parte do princípio de que as organizações produtivas e as de serviços possuem atividades que podem ser nocivas ao ambiente em que vivemos. No entanto, se estas atividades forem organizadas, benefícios podem ser observados, com melhoria significativa nos padrões de vida das comunidades.

Como função estratégica, a logística reversa deve estar na pauta constante das organizações, considerando uma análise de valor e o meio em que participam. Colaborando, cabe a sustentabilidade, evidenciar uma nova forma de se pensar em negócios, na busca por relacionamentos produtivos e na transparência da prestação de contas para a sociedade.

Salienta-se que sustentabilidade não tem nenhuma correlação com assistencialismo, mas como uma nova forma de se viver, em respeito aos limites do nosso planeta. Observa-se que as organizações, como um todo, buscam analisar o seu desempenho, já inserindo questões éticas em seu discurso, envolvendo todos os agentes da sua cadeia produtiva.

Como proposta pelo modelo do "triple bottom line", deve-se pensar em negócios, contemplando os modelos ambiental e social. A partir destas ideias, a proposta deste livro estava pronta, em função de pesquisas realizadas na literatura nacional e internacional para o tema proposto, observando a ausência de textos que correlacionassem logística reversa e sustentabilidade.

Como os próximos anos serão de grandes oportunidades, para o estabelecimento de novas bases para o desenvolvimento econômico, industrial e de serviços, a proposta deste livro é marcante, em busca de uma nova forma do pensamento e movimentos estratégicos para a logística, em especial.

Em resumo, a logística reversa e sustentabilidade aqui propostas são ações centradas nas organizações e governo, em busca de respostas ágeis para o que for amplamente necessário para o futuro. Desta forma, os caminhos possíveis para a escrita do livro são o resultado de entrevistas e participação em seminários sobre o novo modelo sustentável, colocando em dúvida o atual modelo econômico. Assim sendo, o primeiro capítulo foi escrito para relatar a importância dos fundamentos da logística reversa integrada. No segundo capítulo, a proposta é o gerenciamento reverso de resíduos sólidos urbanos no Brasil. De forma bem específica, mas como benchmarking para inúmeras organizações, o terceiro capítulo propõe uma análise sobre a logística reversa de resíduos de serviços de saúde, seguido do quarto capítulo com aplicações reais para o Estado de Minas Gerais. O quinto capítulo é de grande relevância, por relacionar dois temas até o momento com pouca base de dados, isto é, logística reversa e sustentabilidade. Finalmente, o sexto capítulo propõe uma análise da logística reversa e sustentabilidade para resíduos, como uma junção dos demais textos propostos.

Finalmente, recomenda-se este livro como uma fonte inesgotável de pesquisas e na busca por novos referenciais e soluções. Deseja-se a ação imediata das organizações e governo para um consumo consciente e um futuro viável para o planeta.

Capítulo 1
Fundamentos da logística reversa e integrada

Objetivos

O presente capítulo está dividido em cinco etapas. A primeira traz uma breve introdução da logística reversa contendo históricos e conceitos. A segunda etapa vai apresentar a logística reversa e os canais de distribuição reversos. Já a terceira parte descreve sucintamente aspectos legais, meio ambiente e logística reversa. Na quarta e quinta etapas apresentar-se-á a logística reversa de pós-venda e a logística de pós--consumo, respectivamente.

Essa divisão apresenta os seguintes objetivos:

- Conceituar a logística reversa e os canais de distribuição reversa de pós-venda e pós-consumo;
- Apresentar os objetivos da logística reversa de pós-venda e pós-consumo;
- Entender como é o funcionamento dos fluxos reversos de pós-venda e pós-consumo.

Resumo do capítulo

A logística reversa gradativamente ganha importância econômica, legal, ambiental e de competitividade. As empresas acompanham e investem na gestão do ciclo de vida de seus produtos e serviços, posto que os avanços tecnológicos possibilitam o lançamento de novos produtos de forma ágil e constante, e, além disso, essa mesma tecnologia permite que tais produtos tornem-se rapidamente obsoletos e descartáveis, gerando de forma também crescente e desordenada grandes volumes de resíduos em seus diversos formatos: sólidos, líquidos ou pastosos. As dimensões comerciais não estão restritas a apenas territórios locais ou regionais, assumiram dimensões globais e, com isso, grandes fluxos de produtos e serviços.

Essa situação tem motivado uma série de estudos e ações iniciadas em diversos países há algumas décadas em razão da crescente geração de resíduos. No Brasil, comprovamos, apesar de um grande atraso, diversas ações, sejam individuais, empresariais ou governamentais, que tratam desse tema de vital importância. Há uma enorme variedade de estudos, pesquisas e ações iniciadas ainda em meados do século XX e que tomaram força sem precedentes neste século XXI. Tais ações partem a princípio do poder público nas questões atinentes à coleta e tratamento de lixo industrial e urbano. Além disso, iniciativas de órgãos privados e institutos de pesquisa geraram ensaios, artigos jornalísticos e científicos, monografias, teses, dissertações e projetos. Afirmar a inexistência de bibliografia sobre esse tema é dizer uma inverdade; percebe-se uma variedade de publicações em diversas áreas do conhecimento, com destaque para a engenharia, administração, direito, turismo e meio ambiente, editadas em vários idiomas, até no português. É certo informar que há certa carência de livros editados, porém, comprova-se a existência de extensas e diversificadas pesquisas, bem como várias ações governamentais e privadas envolvendo de forma direta ou indireta agentes como secretarias municipais e estaduais de desenvolvimento econômico, meio ambiente, obras públicas, entre outras; indústrias, revendedores, distribuidores, operadores logísticos, transportadoras, escolas de ensino fundamental e médio, faculdades, centros universitários e universidades, fundações, organizações não governamentais (ONGs), associações e sindicatos diversos.

Introdução

A partir da década de 1980, o tema "logística reversa" passa a ser explorado de forma mais intensa tanto no ambiente acadêmico como nos meios empresarial e público. Em todos os países podemos identificar inúmeras publicações e estudos sobre esse tema. As abordagens tratam não só de questões ambientais ou ecológicas, como também de questões de ordem legal, econômica, entre outras. A Tabela 1.1 vai descrever de forma sucinta alguns enfoques e seus principais autores:

Tabela 1.1 – Breve histórico da evolução dos estudos em logística reversa.

Ano	Autor(es)	Enfoque(s)
1971	Zikmund e Stanton	Distribuição reversa.
1978	Ginter e Starling	Canais de distribuição reversos: recuperação de materiais.
1982	Barnes	Importância da reciclagem no processo de negócios.
1983	Ballou	Canais de distribuição diretos, reversos, pós-consumo.
1988	Constituição Federal Brasileira – Art. 23	Proteção ao meio ambiente.
	Rogers	Custos logísticos de retorno de bens.
1989	Brasil – Lei 7.802/89	Embalagens de agrotóxicos.
	Murphy e Poist	Conceitos e definições de logística reversa.
1990	Institute of Scrap Recycling Industries (ISR)	Desenvolvimento de cadeias reversas.
1991	Stilwell	Evolução do tratamento de resíduos plásticos.
1992	Ottman	Marketing verde.
1993	Council of Logistic Management (CLM)	Canais reversos, logística reversa, reúso, reciclagem.
	Ministério da Indústria, Ciência e Tecnologia (MCIT)	Estudo setorial sobre reciclagem de metais não ferrosos.
	Rosa	Reciclagem de plástico.
1995	Fueller e Allen	Fluxo reverso, resíduos, disposição final de bens.
	Fenman e Stock	Revalorização econômica de bens de pós-consumo.
	Miles e Munilla	Imagem corporativa e logística reversa.
1996	Valiante	Seminário brasileiro de reciclagem de alumínio (Associação Brasileira do Alumínio – ABAL).
1997	Wilt e Kincaid	Descarte e reciclagem na indústria automotiva.
1998	Calderoni *Revista Tecnologística*	Coleta, reciclagem e lixo. Logística reversa e canais de distribuição reversos (CDRs)
	Stock	Reúso, reciclagem e logística reversa.
	Nijkerk e Dalmijin	Técnicas de reciclagem.
	Carter e Dllram	Revisão de literatura de logística reversa.
1999	Leite	Logística reversa e meio ambiente.
	Rogers e Timber-Lembke	Canais de distribuição reversa de pós-venda (CDR-PV), fluxos reversos pós-venda e pós-consumo.
2000	Anpad (diversos autores)	Artigos diversos sobre logística reversa.
2001	Business Association of Latin America Studies (Balas)	Artigos diversos sobre logística reversa.
	Bowersox e Closs	Fluxo direto e fluxo reverso.
	Fleischmann	Modelos quantitativos de logística reversa.

2002	Brasil – Decreto 4.074/2002	Embalagens de agrotóxicos e disposição final
	Lacerda	Logística reversa, conceitos e práticas operacionais
	Daugherty, Myers e Richey	Logística reversa
2010	Brasil – Decreto 12.305 de 2/8/2010	Política nacional de resíduos sólidos

Em diversos relatos históricos percebe-se que no passado a sociedade já se preocupava com a preservação ambiental, porém somente no século XIX o biólogo e zoólogo alemão Ernest Haeckel utilizou o termo "ecologia" para referir-se à ciência das relações entre as espécies vivas e o ambiente em que vivem e interagem. O homem, apesar disso, continua por destruir, dia após dia, este ambiente de interação, contribuindo para o aumento exponencial dos índices de poluição e degradação ambiental. Apesar desse quadro caótico conseguimos identificar iniciativas que comprovam a preocupação com o desenvolvimento sustentável do planeta, conforme indicado na Tabela 1.2:

Tabela 1.2 – Evolução histórica de atividades para o desenvolvimento sustentável do planeta.

Ano	Evento	Origem	Objetivo
1273	Primeira legislação sobre o fumo	Reino Unido	Redução do fumo.
1808	Criação do primeiro jardim botânico do Brasil	Rio de Janeiro	Melhoria das condições de vida da população do Rio de Janeiro.
1838	Criação de reserva indígena por George Catlin	Estados Unidos	Preservação da vida natural.
1863	Publicação da obra *Homem e natureza*, de George P. Marsh	Estados Unidos	Preservação da natureza; primeiro livro sobre conservação ambiental.
1869	O biólogo e zoólogo alemão Ernst Haeckel propõe o termo "ecologia"	Alemanha	Conscientização da sociedade sobre a preservação do meio ambiente.
1872	Criação dos primeiros parques nacionais do mundo	Califórnia, Vale do Yosemite, e Wyoming, região do Yellowstone – Estados Unidos	Preservação da natureza; os governos estadual e nacional de um país passam a assumir funções de preservação, proteção e administração de áreas naturais.
1928	Primeiro serviço municipal de limpeza no Brasil	Rio de Janeiro	Serviço de coleta de lixo urbano.
1937	Criação do Parque Nacional do Itatiaia	Rio de Janeiro	Preservação da natureza.
1950	Contaminação por mercúrio da Baía de Minamata	Minamata, Japão	Contaminação por mercúrio das águas, peixes e população de Minamata gerado por uma empresa química.
1962	Publicação da obra *Primavera silenciosa*, de Rachel Carson	Estados Unidos	Alerta sobre riscos de pesticidas para o meio ambiente.

1968	Fundação do Clube de Roma	Roma, Itália	Organização internacional formada por líderes mundiais para atuar como catalisadora de mudanças globais.
1972	Publicação do relatório "Limits to growth" para o Clube de Roma	MIT, Cambridge, MA – Estados Unidos	Diagnósticos sobre os recursos terrestres e o processo de degradação ambiental.
	Conferência das Nações Unidas para o Meio Ambiente	Estocolmo, Suécia	Desenvolvimento do conceito ecodesenvolvimentista e início da estruturação de órgãos ambientais por diversas nações; poluir passa a ser crime.
1973	Criação da Secretaria Especial do Meio Ambiente (Sema)	Brasília, Brasil	Subordinada ao Ministério do Interior, passa a cuidar da preservação da natureza.
	Crise energética – Choque do petróleo	Golfo Pérsico	Tornou-se necessário buscar novas fontes de energia e combustíveis.
1975	Carta de Belgrado	Belgrado, Iugoslávia	Estabeleceu metas para a educação ambiental.
1977	Conferência de Tbilisi	Tibilisi, Geórgia	Declaração sobre educação ambiental, princípios e orientações.
1981	Lei 6.938, de 31 de agosto de 1981	Brasília, Brasil	Estabelecimento da política nacional de meio ambiente.
1983	A ONU cria a Comissão Mundial sobre Meio Ambiente e Desenvolvimento (Comissão Brundtland)	Estados Unidos	Propostas de novas formas de cooperação internacional e reformulação de questões críticas alusivas ao meio ambiente.
	Convênio de Viena	Viena, Áustria	Propostas para ações de preservação da camada de ozônio.
1986	Primeira resolução do Conselho Nacional do Meio Ambiente (Conama)	Brasília, Brasil	Estabelece padrões para os estudos de impacto ambiental no país.
1987	Relatório final da Comissão Brundtland, "Nosso futuro comum"	Estados Unidos	Diagnóstico dos problemas ambientais globais com propostas de desenvolvimento econômico integrado às questões ambientais.
	Protocolo de Montreal	Montreal, Canadá	Interrompeu a fabricação e a utilização de CFC (clorofluorcarbono), estabelecendo-se prazos para sua substituição.
1989	Convenção da Basileia	Basileia, Suíça	Estabelece regras para deslocamento transfronteiriço de resíduos, ou seja, controle de operações de importação e exportação proibindo envios de resíduos a países sem estrutura técnica, legal e administrativa para recepção e tratamento, utilização.
	Criação do Instituto Brasileiro do Meio Ambiente (Ibama)	Brasília, Brasil	Fusão do Sema, Sudepe, Sudhevea e IBDF tendo como objetivo a preservação ambiental.

1992	Normas BS7750	Londres, Inglaterra	Criação de bases e padrões para as normas ISO 14.000.
	RIO-92 (Cúpula da Terra) – Conferência sobre meio ambiente e desenvolvimento	Rio de Janeiro, Brasil	Reunião de 120 chefes de Estado de mais de 170 países, resultou na criação da Agenda 21 e do Tratado de Educação Ambiental para Sociedades Sustentáveis para discussão das questões ambientais.
1995	Conferência para o Desenvolvimento Social	Copenhague, Dinamarca	Criação de ambiente econômico, político, social, cultural e jurídico que possibilite o desenvolvimento social.
	Conferência Mundial do Clima	Berlim, Alemanha	
1997	3ª Conferência das Partes da Convenção sobre Mudanças Climáticas	Kyoto, Japão	Protocolo de Kyoto.
1998	Lei 9.605 – Lei sobre crimes ambientais	Brasília, Brasil	Sanções penais e administrativas de práticas e atividades lesivas ao meio ambiente.
2002	Decreto 4.074 / 2002 – Lei de descarte de embalagens de agrotóxicos	Brasília, Brasil	Disposição final de embalagens de produtos agrotóxicos.
2010	Lei 12.305 de 2/8/2010	Brasília, Brasil	Política nacional de resíduos sólidos.

Fonte: Adaptado de Mano, Pacheco e Bonelli, 2005.

Tais evidências comprovam que o crescente descarte de resíduos sólidos, líquidos e de outros tipos contribuem para o aumento da degradação ambiental. Após a fabricação, o manuseio e a utilização de quaisquer materiais, sobras, desperdícios e resíduos são gerados em suas diversas formas. Muitos desses resíduos são descartados de forma irregular, sem qualquer tipo de cuidado ou tratamento. Os resíduos sólidos (sobras, desperdícios ou simplesmente resíduos) são comumente denominados lixo. De acordo com Mano (2005), o lixo pode ser classificado quanto à origem, composição química, presença de umidade e, por fim, quanto à toxicidade. A seguir, vamos detalhar as características que os diferenciam:

a) Quanto à origem:
1. *Domiciliar*: lixo gerado em residências (restos de alimentos, jornais, revistas, embalagens, papéis, plásticos, metais, vidros, madeiras etc.).
2. *Comercial*: lixo gerado em estabelecimentos comerciais e de serviços (embalagens diversas, papéis, metais, plásticos, vidros etc.).

3. *Público*: lixo gerado nos serviços públicos (limpeza urbana, áreas de feiras livres e eventos públicos: embalagens diversas, papéis, plásticos etc.).
4. *Hospitalar*: lixo gerado por materiais hospitalares (embalagens diversas de plástico, vidros, papéis; resíduos sépticos: seringas, gazes, algodões, tecidos removidos, cadáveres de animais utilizados em testes, sangues, luvas, medicamentos com prazo de validade vencido; resíduos assépticos, que não entraram em contato direto com pacientes).
5. *Industrial*: lixo gerado por instalações industriais (cinzas, lodos, escórias diversas, papéis, metais, vidros e resinas, plásticos, ceramiais etc.).
6. *Agrícola*: lixo gerado de todas as atividades agrícolas (embalagens de produtos agroveterinários, embalagens de papel, plásticos, vidros, restos de ração, restos de colheitas etc.).
7. *Engenharia e construção civil*: lixo gerado pela atividade das engenharias e da construção civil (entulho, óleos, resinas, partes e peças descartadas, embalagens, pedras, madeiras, ladrilhos, caixas, caixotes, fios, vidros etc.).

b) Quanto à composição química:
1. *Orgânico*: restos alimentares, restos de colheitas.
2. *Inorgânico*: papel, jornal, revistas, plásticos, embalagens, borracha, pneus, luvas, remédios, metais, vidros, cerâmicas, areia, pedras.

c) Quanto à presença de umidade:
1. *Seco*: sem presença de qualquer umidade.
2. *Úmido*: com presença de umidade ou visivelmente molhado.

d) Quanto à toxicidade:
1. *Classe I*: perigosos (inflamáveis, corrosivos, reativos, tóxicos e patogênicos).
2. *Classe II*: não perigosos (classe II-A: não inertes; classe II-B: inertes).

Os resíduos sólidos ou outros tipos de resíduos que compõem o lixo em geral podem conter substâncias perigosas e, por essa razão, torna-se necessária sua separação em relação ao lixo urbano, industrial ou agrícola comum, para que tenham destinação segura, após seus respectivos descartes de pós-venda ou pós-consumo. Entre os resíduos que podem conter substâncias nocivas podemos destacar:

- Líquidos: óleos lubrificantes, fluidos de freio e de transmissão, água de radiador e baterias, tintas, vernizes, alguns tipos de óleos e resinas, solventes, pigmentos;

- Embalagens diversas: latas ou frascos de aerossóis, repelentes, inseticidas, pesticidas e herbicidas;
- Outros: pilhas, diversos tipos de lâmpadas etc.

Os principais componentes dos lixos agrícolas, urbano e industrial são semelhantes na grande maioria dos países. Os que mais comumente encontramos são: metais, vidros, papéis, plásticos, borrachas, materiais e matérias orgânicas e resíduos de construção civil. Detalharemos a seguir cada um desses componentes de forma clara e objetiva para o melhor entendimento dos fluxos reversos de pós-venda e pós--consumo, sobre os quais trataremos nos capítulos posteriores.

Os metais

Os metais são classificados como bens econômicos escassos e não renováveis e são utilizados para a fabricação de uma série de produtos: bens de capital (máquinas e equipamentos), embalagens (latas, latões, barris) etc. As embalagens metálicas são contituídas de ligas de aço e/ou alumínio (laminados de aço revestidos com estanho, cromo, laminados de alumínio e outros), utilizadas na fabricação de latas de conservas alimentícias, óleos, tintas e vernizes, cervejas, sucos e refrigerantes. O consumo de energia e reservas naturais não renováveis de minérios aceleraram o desenvolvimento de processos de reciclagem de metais. A Tabela 1.3 demonstra o consumo de energia gasto na produção de metais primários e secundários.

Tabela 1.3 – Consumo de energia empregada na produção de metais primários e secundários.

Metais	Energia empregada na produção de 1 tonelada de metal	
	Metal primário (KWh/t)	Metal secundário (KWh/t)
Níquel	23.000	600
Alumínio	17.600	750
Zinco	4.000	300
Magnésio	18.000	1.830
Chumbo	3.954	450
Cobre	2.426	310
Estanho	2.377	360

Fonte: Udacta e Kanayama, 1997.

Os vidros

Os vidros são materiais obtidos pela fusão de componentes inorgânicos (areia, barrilha, calcário e feldspato) a uma temperatura de aproximadamente 1.500 °C, sendo seu principal componente a sílica (SiO_2). São utilizados para armazenamento e conservação de alimentos, como potes, garrafas, garrafões, copos; para proteção, como janelas, para-brisas de automóveis etc. Os tipos de vidros mais comuns encontrados em nosso país são:

- *Vidro de soda-cal*: o tipo mais comum (90% da produção total);
- *Vidro de borossilicato*: vidro para fabricação de refratários;
- *Vidro de chumbo*: são os cristais (fabricados com óxido de chumbo);
- *Vidros especiais*: produzidos com fórmulas específicas.

Os vidros podem ser reciclados várias vezes, porém alguns exemplos de produtos vítreos apresentam algumas características técnicas que dificultam sua reciclagem em relação aos vidros de embalagens comuns, como espelhos, vidros de janelas, de boxe de banheiros, de automóveis, potes de cristais, lâmpadas, formas e travessas, e os utensílios de vidros temperados e à prova de balas. A reciclagem do vidro não gera perdas de volumes ou das propriedades do material: 1 kg de resíduos de vidro podem ser reciclados tantas vezes quanto necessário, resultando na mesma quantidade de material, ou seja, 1 kg de vidro reciclado. Isso significa que a reciclagem do vidro a partir dos cacos economiza a energia gasta na extração, beneficiamento e transporte dos minérios que não são utilizados na produção.

O papel

O papel é um composto de fibras celulósicas de madeira. É classificado de acordo com seu peso em gramas por m^2, sua espessura e sua rigidez, conforme apresentamos na Tabela 1.4.

A cadeia de abastecimento formada pela reciclagem de papel conta com a participação de um grande número de agentes. O processo de reciclagem conta com coleta, separação, classificação, consolidação, unitização (enfardamento), transporte, formação de massa celulósica com desfribilamento de grandes quantidades de água, compressão cilíndrica e retransformação em diferentes tipos de papéis, tais como: papel ondulado, papel kraft e papel de saco de cimento, os quais geram caixas para embalagens. A reciclagem de aparas de papel é possível por até três vezes em virtude da perda da fibra celulósica. A qualidade do material final diminui a cada ciclo de uso-descarte-reciclagem. Pode-se minimizar tal efeito adicionando-se material celulósico de fibra longa, como o papel kraft. As principais dificuldades para a reciclagem de papéis residem nos seguintes fatores:

- Aparas não homogêneas;
- Não eliminação de impurezas existentes na massa celulósica recolhida;
- Descarte e tratamento dos rejeitos e resíduos de papel;
- Complexidade da qualidade dos diversos tipos de papéis utilizados que dificultam a reciclagem;
- Altos custos de transportes das aparas e resíduos até os centros de reciclagem.

Tabela 1.4 – Características e tipos de papel.

Tipo	Definição	Gramatura (g/m²)	Espessura (μ)	Rigidez
Papel	Lâmina ou folha de fibras vegetais cruzadas	De 120 a 130	Até 150	Folha flexível
Cartolina	Cartão leve ou fino	De 120/150 a 200/250	De 150 a 300	Folha rígida
Papelão	Folha de papel grosso	A partir de 200/250	Superior a 300	Folha rígida

Fonte: Adaptado de Evangelista, 1994.

O plástico

O plástico é um material à base de polímeros que são classificados em dois grandes grupos quando sofrem processos de aumento de temperatura:

- *Termoplásticos*: polímeros que se fundem por aquecimento e solidificam-se por resfriamento, como o polietileno e o PET (politereftalato de etileno);
- *Termorrígidos*: polímeros que sofrerão reações químicas por aquecimento transformando-se em substâncias insolúveis e infusíveis, como resinas fenólicas e borracha vulcanizada.

Há ainda outra classificação dos polímeros, em virtude do comportamento mecânico:

- *Borracha ou elastômero*: material que à temperatura ambiente possui elasticidade e suporta grandes deformações sem ruptura e com rápida e espontânea retração ao tamanho original;

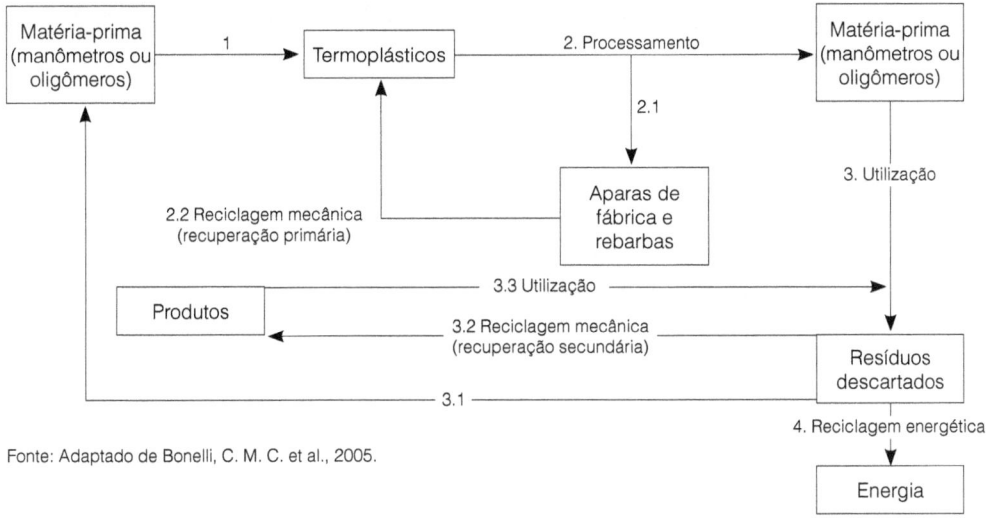

Fonte: Adaptado de Bonelli, C. M. C. et al., 2005.

Figura 1.1 – Tipos de reciclagem de termoplásticos.

- *Plásticos*: materiais que se tornam fluidos em altas temperaturas e são facilmente moldados por pressão tornando-se sólidos com o resfriamento;
- *Fibras*: materiais que apresentam alta resistência mecânica e elevada razão entre as dimensões longitudinal e transversal.

A reciclagem dos plásticos é realizada por diversas formas (Figura 1.1), considerando-se a origem da matéria-prima ou o respectivo processo de reciclagem. Os processos de reciclagem dos plásticos são os seguintes:

- *Reciclagem primária*: utiliza-se dos próprios resíduos e aparas, rebarbas, peças moldadas com defeito e reprocessamento de peças industriais fora de especificação. Os materiais limpos são moídos e recolocados nos equipamentos de transformação (extrusora, sopradora/injetora).
- *Reciclagem secundária*: utiliza os materiais após seu consumo, ou seja, a reciclagem de resíduos plásticos do lixo urbano.
- *Reciclagem terciária*: transforma os refugos plásticos em produtos químicos, ou seja, monômeros (obtenção de compostos que deram origem ao plástico) ou oligômeros (compostos químicos de baixo peso molecular).
- *Reciclagem quaternária*: incineração dos resíduos plásticos descartados para geração de energia. O resíduo mineral produzido após queima pode ser misturado ao solo sem causar qualquer dano ambiental.

- *Reciclagem mecânica*: reutilização de resíduo industrial (reciclagem primária) ou artefatos de plásticos pós-consumo (reciclagem secundária) para obtenção de outro artefato plástico. É a reciclagem mais utilizada nas indústrias recicladoras de plásticos. A reciclagem mecânica está associada à reutilização de resíduos para obtenção de outros artefatos plásticos por meio de processos de moldagem, como extrusão (origina barras, fitas, mangueiras e tubos), injeção, sopro (origina peças ocas) e termoformação, processos que geralmente utilizam calor e pressão. A Figura 1.2 ilustra as principais fases da reciclagem mecânica:

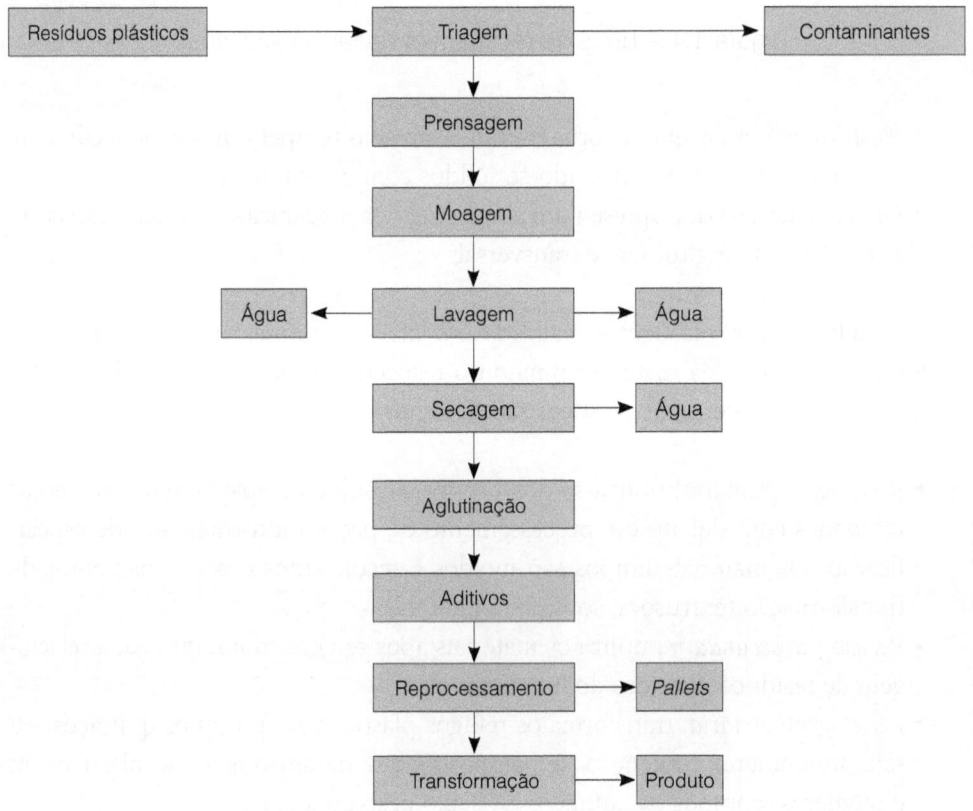

Fonte: Adaptado de Bonelli, C. M. C. et al., 2005.

Figura 1.2 – Etapas da reciclagem mecânica de resíduos plásticos.

- *Reciclagem química*: associada à reciclagem terciária envolvendo reações (solvólise, pirólise e degradação termoxidativa), é a mais adequada a tipos complexos de resíduos plásticos que ainda não dispõem de tecnologia de reciclagem apropriada, como carpetes, materiais têxteis plásticos, fios e cabos, materiais leves e resíduos plásticos hospitalares.
- *Reciclagem energética*: associada à reciclagem quaternária, compreende a incineração de resíduos plásticos com a recuperação de energia (sob forma de calor), produzindo-se vapor ou energia elétrica.

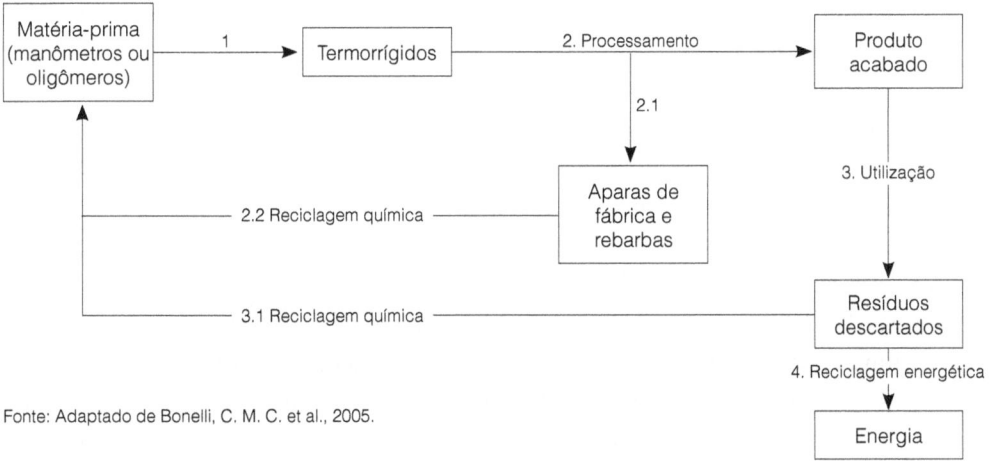

Fonte: Adaptado de Bonelli, C. M. C. et al., 2005.

Figura 1.3 – Tipos de reciclagem de termorrígidos.

Definições, conceitos e abordagens

Pesquisa-se muito sobre logística reversa no Brasil e no mundo. Há muitas definições sobre o tema, que em nosso entendimento são extensões do conceito original do CLM. Para tanto, apresentamos a seguir os principais conceitos, definições e ou abordagens:

- *CLM (1993, p. 323)*: "Logística reversa é um termo relacionado às atividades envolvidas no gerenciamento da movimentação e disposição de embalagens e resíduos".
- *Stock (1998, p. 20)*: "Logística reversa: refere-se ao papel da logística no retorno de produtos, redução na fonte, reciclagem, substituição de materiais, reúso de materiais, disposição de resíduos, reforma, reparação e remanufatura...".

- *Rogers e Tibben-Lembke (1999, p. 2)*: "Processo de planejamento, implementação e controle da eficiência e custo efetivo de matérias-primas, estoques em processo, produtos acabados e as informações correspondentes do ponto de consumo para o ponto de origem com o propósito de recapturar o valor ou destinar à apropriada disposição".
- *Dornier et al (2000, p. 40-42)*: "A logística moderna engloba, entre outros, os fluxos de retorno de peças a serem reparadas, de embalagens e seus acessórios, de produtos vendidos devolvidos e de produtos usados/consumidos a serem reciclados".
- *Bowersox e Closs (2001, p. 51-52)*: "[...] Trata-se de um dos objetivos operacionais da logística moderna, referindo-se a sua extensão além do fluxo direto dos produtos e materiais constituintes e à necessidade de considerar os fluxos reversos de produtos em geral".
- *Leite (2005, p. 16-17)*: "Área da logística empresarial que planeja, opera e controla o fluxo e as informações logísticas correspondentes, do retorno dos bens de pós-venda e pós-consumo ao ciclo de negócios ou ao ciclo produtivo, por meio dos canais de distribuição reversos, agregando-lhes valor de diversas naturezas: econômico, ecológico, de imagem corporativa, entre outros".
- *Mueller (2007, p. 6-7)*: "Logística reversa pode ser classificada como sendo apenas uma versão contrária da logística como a conhecemos. A logística reversa utiliza os mesmos processos que um planejamento convencional. Ambos tratam de nível de serviço e estoque, armazenagem, transporte, fluxo de materiais e sistema de informação, em resumo trata-se de um novo recurso para a lucratividade".

Entendemos então que o conceito de logística reversa como uma das áreas da logística empresarial engloba o conceito tradicional de logística, agregando um conjunto de operações e ações ligadas, desde a redução de matérias-primas primárias até a destinação final correta de produtos, materiais e embalagens com o seu consecutivo reúso, reciclagem e/ou produção de energia. Por isso observamos que a logística reversa recebe também denominações como logística integral ou logística inversa.

Logística reversa e canais de distribuição reversos

Para entender os canais de distribuição reversos (CDR) devemos retomar o conceito de canais de distribuição diretos (CDD). O canal de distribuição direto refere-se ao fluxo dos produtos na cadeia de distribuição, ou seja, matérias-primas virgens ou primárias, até o mercado consumidor, nesse caso, o mercado primário. O fluxo de distribuição no canal direto processa-se em diversas etapas, como etapa atacadista, distribuidores ou representantes, chegando-se à etapa varejista e desta até o consumidor final (Figura 1.4).

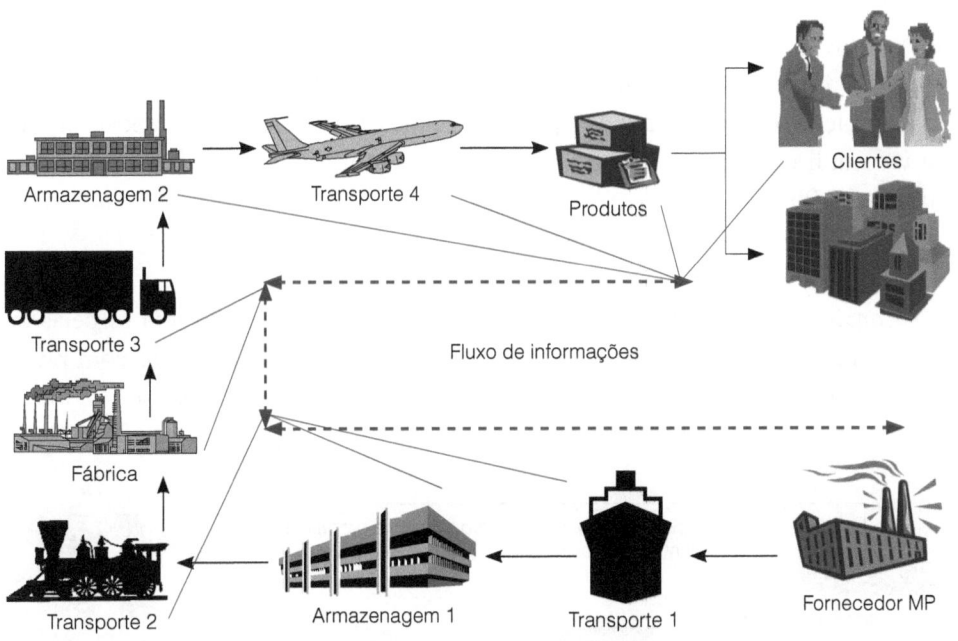

Fonte: Adaptado de Ballou, 2003.

Figura 1.4 – Cadeia de suprimentos – canal direto.

No Canal de Distribuição Direto o fornecedor de matéria-prima realiza a primeira etapa, seguida de transporte e armazenagem inicial. A fase seguinte corresponde ao transporte do armazém para o beneficiamento subsequente. Já na terceira fase, identifica-se o transporte da fábrica para os subsistemas de atacado/varejo, e, finalmente, o transporte de produtos aos clientes/consumidores finais. Os produtos/bens são movimentados (manuseio e transporte) com o objetivo de entrega ao consumidor final e a esta série de atividades denomina-se distribuição física de produtos/bens quando ela ocorre unicamente em um território nacional. Quando tal atividade é realizada entre territórios nacionais, denomina-se distribuição física internacional de produtos/bens (Handabaka, 1994).

O avanço dos sistemas de produção, de informação e de tecnologia aliados à escassez de matéria-prima básica, bem como questões de ordem ecológica e ambiental possibilitou o surgimento de um novo perfil de consumidor, um consumidor mais consciente e exigente. Esse novo perfil de consumidor forçou agentes públicos e privados a acompanharem a tendência que, de forma pontual, possibilitou o desenvolvimento dessa nova área da logística empresarial. Assim, agregou-se um novo fluxo de distribuição denominado canal de distribuição reverso (CDR). Esse fluxo é composto das atividades do fluxo direto, incluindo o retorno, o reúso, a reciclagem e a disposição segura de seus componentes e materiais constituintes após o fim de sua vida útil, ou, ainda, após apresentarem não conformidade, defeito, quebra ou inutilização (Figura 1.5).

Os CDRs, por sua vez, dividem-se em duas categorias:

- *Canais de distribuição reversos de pós-venda (CDR-PV)*: Constituem-se pelas diferentes modalidades de retorno de uma parcela de bens/produtos com pouca ou nenhuma utilização à sua origem, ou seja, têm seu fluxo inverso/reverso do

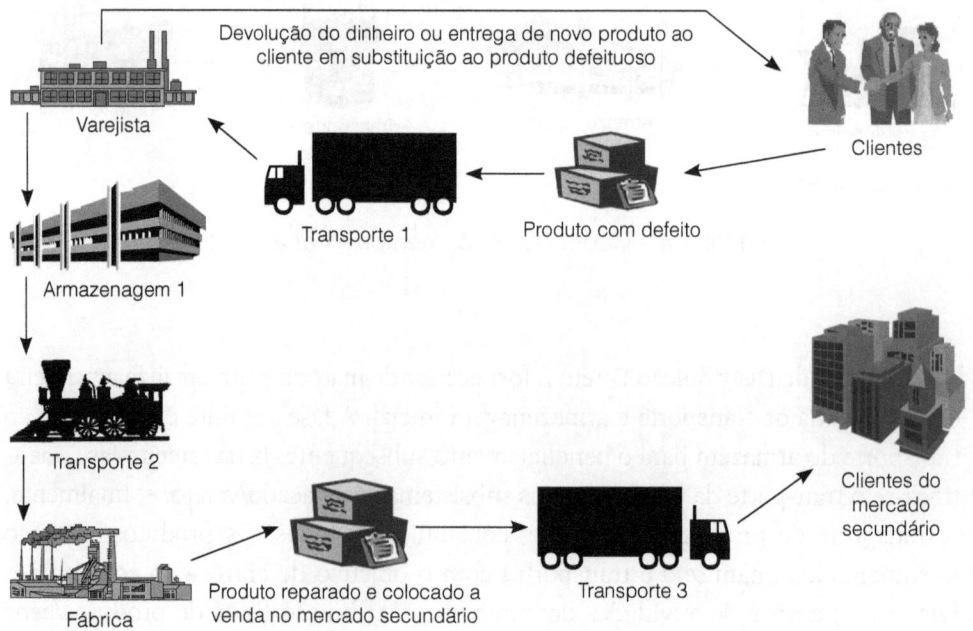

Fonte: Adaptado de Leite, 1996.

Figura 1.5 – Cadeia de suprimentos – canal reverso (defeito/devolução).

comprador, consumidor, usuário final ao atacadista, varejista ou ao fabricante pelo simples fato de defeitos, não conformidades, erros de emissão de pedido, conforme descrevemos na Figura 1.6, a seguir;

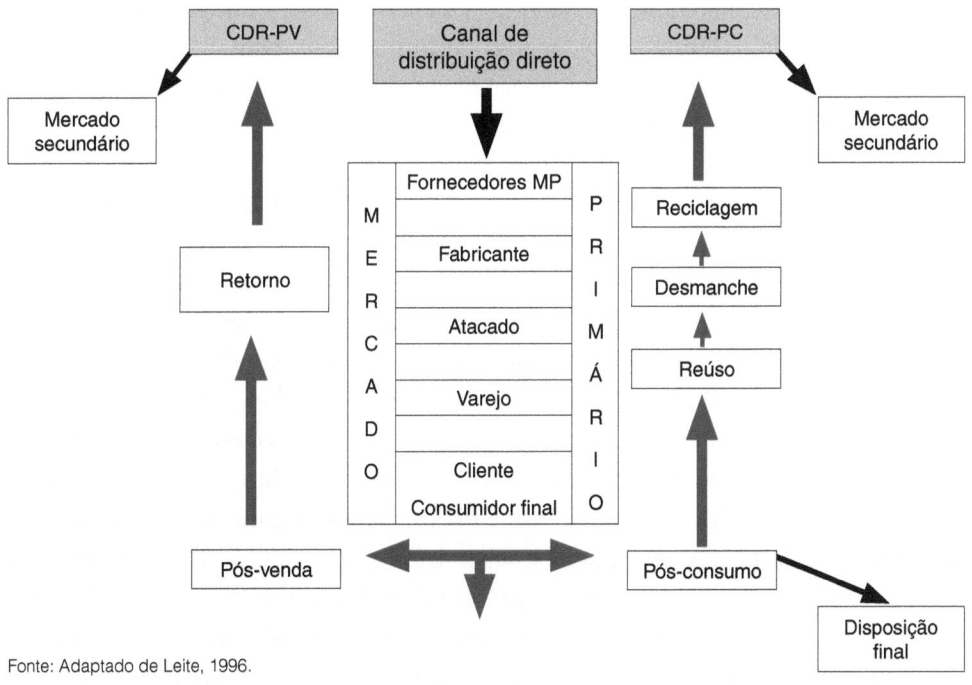

Fonte: Adaptado de Leite, 1996.

Figura 1.6 – Canais de distribuição diretos e reversos.

- *Canais de distribuição de pós-consumo (CDR-PC)*: É constituído por diferentes modalidades de retorno ao ciclo de produção/geração de matéria-prima de uma parcela de bens/produtos ou de seus materiais constituintes após o fim de sua vida útil. O CDR-PC subdivide-se em: (a) Reúso; (b) Desmanche; (c) Reciclagem (Leite, 1996).

Logística verde, ambiente legal, meio ambiente e logística reversa

Logística verde (*green logistics*)

Rogers e Tibben-Lembke (1998) descrevem que há uma considerável distinção entre a logística reversa e a logística verde. Já conceituamos a logística reversa neste capítulo de forma clara e objetiva, já a logística verde ocupa-se em compreender e minimizar os impactos ecológicos gerados pelas atividades logísticas. Tais atividades incluem ainda a medição do impacto ambiental gerado pelos diversos meios de transportes, certificações ISO 14.000, redução do consumo de energia, bem como a redução do uso de materiais. É prudente evidenciar também que muitas atividades da logística verde não estão relacionadas de forma direta com a logística reversa, porém há relação indireta ao considerarmos os aspectos de marketing e produção, utilização, reúso, reciclagem, entre outros.

Aterros: tecnologia, custos e logística verde (green logistics)

Ao retornarmos à história da civilização humana em relação à ocupação da terra e a migração da população para as cidades, comprova-se que a eliminação de resíduos não sofreu mudanças profundas, posto que as pessoas eram responsáveis pelo transporte dos resíduos gerados por suas atividades sociais, familiares e econômicas, como no século 5 a.C. na Grécia (Rogers e Tibben-Lembke, 1998). Já no antigo Império Romano, a população urbana dispunha de um sistema de coleta de lixo urbano realizado por vagões puxados por animais. Os resíduos eram dispostos em um local aberto fora dos domínios das cidades. Dados históricos comprovam que tal sistema ainda persiste em publicações, relatos e pesquisas diversas. A partir de 1880 o sistema sofreu algumas alterações, com tais locais sendo denominados aterros, onde os resíduos eram depositados, aterrados em grandes fossas e queimados em seguida, visando minimizar o volume de tais produtos. Setenta anos mais tarde (1950) reconheceu-se a necessidade do aprimoramento do sistema e os então aterros receberam a terminologia de aterro sanitário, onde a disposição dos materiais obedece a uma sequência de alocação: lixo, cobertura de terra, lixo, cobertura de terra, com os devidos cuidados para evitar a contaminação do lençol freático e de cursos de rios, lagos etc. A cobertura de terra impede a exalação de odores e aproximação de animais, contribuindo também para a decomposição orgânica de materiais constituintes do lixo. O sistema de aterros sanitários foi evoluindo e na década de 1990 passou-se a aproveitar os gases exalados da decomposição do lixo e adubo gerado pela compostagem.

Os produtos descartados em aterros sanitários urbanos variam de acordo com as características de cada município. Há também aterros especiais onde são recebidos resíduos específicos de indústrias, hospitais etc. e que necessitam de cuidados especiais. Porém, com o crescimento desordenado e acelerado das cidades e o descarte de resíduos domésticos e industriais, os aterros sanitários passaram a ser, ao invés de uma solução, um problema, uma vez que cada aterro tem sua capacidade e vida útil limitadas. O problema maior centrou-se nas legislações de ocupação de solo e legislações ambientais aliadas aos altos custos de manutenção e controles dos aterros sanitários.

Considerando-se uma tendência mundial o aumento das regulamentações sobre a localização, licenciamento ambiental para implantação, operação e funcionamento dos aterros sanitários controlados, a abertura de novos aterros está cada vez mais difícil. As inúmeras pesquisas e desenvolvimento de produtos e embalagens ecologicamente corretos e biodegradáveis, bem como a substituição de produtos descartáveis por produtos reutilizáveis e recicláveis já são uma realidade. Outra tendência é a restrição da disposição de determinados produtos em aterros, tais como: tubos catódicos (de monitores em geral), lâmpadas, telefones, pilhas e baterias diversas, termômetros e termostatos, aparelhos médico-hospitalares, embalagens de medicamentos (humanos, veterinários e agrotóxicos), plásticos, pneus, produtos perigosos, entre outros.

Os governos de alguns países, sua respectiva população e algumas empresas já estão conscientes dos benefícios dos programas de logística verde. Um dos reflexos diretos sobre tal conscientização foi o desenvolvimento do conceito de Responsabilidade Estendida sobre o Produto (EPR – *extended product responsability*), cujos exemplos mais evidentes são: baterias para celulares, pilhas, pneus, embalagens de produtos agropecuários, óleos, embalagens plásticas (PET, PVC, Pead), mercadorias de linha branca (eletrodomésticos em geral: fogões, geladeiras, micro-ondas) etc. As legislações mais avançadas neste quesito são encontradas em alguns estados dos Estados Unidos, países membros da Comunidade Europeia, com destaque para Alemanha, Holanda, Bélgica, entre outros. De acordo com Ackerman (1997), para ter uma ideia do impacto de medidas de logística verde, as empresas (fabricantes, distribuidores e varejistas) devem recolher as embalagens (caixas, vidros, metais, papéis, boxes, cartão, plásticos, contentores, paletes etc.) com a responsabilidade de recuperação/reciclagem acima de 70%. O impacto imediato de tais legislações foi o aumento de cerca de 30% sobre o interesse em embalagens reutilizáveis e recicláveis. O princípio básico é que a empresa responsável pelo produto pague pelo custo da limpeza e o produtor da embalagem pague pelo custo de sua reciclagem ou eliminação, mas, na verdade, quem desembolsará indiretamente por tais custos será o consumidor final.

Ambiente legal, meio ambiente e logística reversa

O ambiente legal que trata das questões atinentes a resíduos está intrinsecamente relacionado aos impactos que estes causam ao meio ambiente e seu entorno. O tratamento jurídico dado por vários países tem por objetivo regulamentar, intervir, orientar, disciplinar e controlar as diversas fases diretas e reversas de forma a possibilitar não só o equilíbrio ambiental, mas também a redução da exploração de matérias na fonte e o aumento das condições de oferta e demanda por produtos reutilizáveis e/ou recicláveis. Neste sentido, Leite (2003) destaca o ambiente legal de acordo com os seguintes critérios:

a) Legislação relativa à coleta e disposição final:
- Legislação sobre a proibição de lixões e aterros sanitários;
- Legislação sobre a implantação de coleta seletiva;
- Legislação sobre PTB (*product take back*), ou seja, responsabilidade do fabricante sobre o canal reverso de seus produtos/embalagens;
- Legislação sobre índices mínimos de reciclagem;
- Legislação sobre valor monetário pago/depositado na aquisição de certos produtos/embalagens.

b) Legislações relativas ao marketing:
- Legislação de incentivos fiscais e creditícios ao conteúdo de reciclados nos produtos;
- Legislação sobre proibição de venda ou uso de certos produtos;
- Legislação sobre proibição de embalagens descartáveis;
- Legislação sobre rótulos ambientais.

c) Legislações relativas à redução na fonte:
- Legislação de incentivos fiscais e financeiros;
- Legislação de apoio à pesquisa e desenvolvimento de tecnologia e produtos.

Observa-se que as legislações, além do caráter orientador, regulador e disciplinar, possuem componentes de pesadas punições pelo descumprimento das normas. Como já destacamos anteriormente, a responsabilidade da coleta e a disposição dos resíduos constituía-se responsabilidade exclusiva do poder público. Notadamente, essa tendência tem sido modificada com o desenvolvimento da sociedade e dos sistemas de produção. Desse raciocínio, aliado a uma série de outras questões de ordem produtiva, tecnológica e filosófica, como a Extensão de Responsabilidade de Produto (EPR – *extended product responsability*) pode ser verificada no âmbito dos sistemas de produção e logística reversa. Wilt e Kincaid (1997), em relação ao princípio EPR, defendem a extensão da responsabilidade a toda cadeia industrial de reduzir impactos diretos e indiretos de seus processos, produtos e embalagens no meio ambiente, seja na distribuição direta ou reversa. É certo que todo o processo direto e reverso deverá adicionar valor para empresa, seja ele econômico, legal, mercadológico, ecológico ou financeiro.

Outra questão importante a destacar é o nível de participação e intervenção governamental sobre as práticas de mercado ou até mesmo o equilíbrio deste. Pode-se inferir que em economias estabilizadas os integrantes da cadeia (*supply chain*) antecipam-se e colaboram efetivamente com as instituições públicas para o provimento de soluções para problemas de desequilíbrios geradores de impactos na sociedade e no meio ambiente. O poder público torna-se peça chave na definição de normas, regulamentos, restrições e controle.

Legislação sobre logística reversa no Brasil e no mundo

A grande maioria das legislações sobre bens de pós-venda e pós-consumo está direcionada principalmente aos fabricantes, exigindo-se destes a responsabilidade, por meio de programas como EPR e PTB, sobre produtos e embalagens. Todos os fabricantes são responsabilizados pela organização dos canais reversos após seu ciclo de vida útil. Entretanto, em muitos países não há legislação ou programas voltados para os consumidores finais. Além disso, muitos consumidores não têm a consciência de sua responsabilidade perante a sociedade e ao meio ambiente. Leite (2003) afirma que quando as condições naturais não propiciam equilíbrio eficiente entre fluxos diretos e reversos, torna-se necessária a intervenção do poder público por meio de legislações governamentais que permitam a alteração de condições e melhores formas de retorno dos bens de pós-consumo e seus materiais constituintes, incluindo também embalagens.

É evidente a necessidade da cumplicidade entre poder público, empresas e a sociedade para, de um lado, elaborar mecanismos de regulamentação e controle e, de outro lado, haver o efetivo cumprimento das normas pactuadas. A revalorização legal de bens de pós-consumo acontecerá por meio do cumprimento dessas normas e regulamentos, posto que a responsabilidade sobre um produto não é finalizada quando se termina a venda, estende-se até a disposição segura e correta até seu destino final, reutilizando-o, reciclando-o, ou até mesmo gerando novas formas de energia e ou utilização. A Tabela 1.5 identificará de forma direta e objetiva algumas formas de legislações adotadas por alguns países/blocos:

Tabela 1.5 – Resumo das principais legislações.

País/Bloco econômico	Legislação	Foco
Alemanha	Legislação sobre reciclagem (1991)	Reciclagem de embalagens e produtos duráveis.
	Lei sobre reciclagem (1992)	Obrigatoriedade de reciclagem de embalagens secundárias.
	New approach standard (1992)	Reutilização e reciclagem para embalagens (60% reciclagem e 90% para captura de resíduos sólidos), etiquetas ecológicas, regras de incineração etc.
	Lei sobre reciclagem (1993)	Obrigatoriedade de reciclagem de embalagens primárias em geral.
	Reciclagem de automóveis (1996) (em associação com França e Holanda)	Definição de sistemas de reciclagem, passando a responsabilidade de governos para as companhias automobilísticas.
Brasil	Programa brasileiro de reciclagem (1998)	Política sobre resíduos sólidos.
	Coleta seletiva domiciliar	Coleta seletiva domiciliar obrigatória em municípios com mais de 150 mil habitantes.
	Agroveterinários e pneumáticos	Obrigatoriedade por parte dos fabricantes e distribuidores de produtos agroveterinários e pneumáticos pela coleta de embalagens e produtos de pós-consumo.
	Tributação diferenciada	Incentivos com tributação diferenciada às atividades de reciclagem de materiais.
Estados Unidos	Leis estaduais	Redução de resíduos sólidos e reciclagem.
	Legislações sobre coletas e disposição final	Condições de coleta, aterros sanitários e coletas seletivas obrigatórias.
	Leis de conteúdo de reciclado	Incentivo ao uso de reciclados em produtos.
	EPA (Environment Protection Agency) e FTC (Federal Trade Commission)	Definição de padrões e termos como reciclável, reutilizável, ambientalmente correto, degradável, com conteúdo reciclado.
Países escandinavos	Lei sobre embalagens descartáveis	Proibição do uso de embalagens descartáveis em geral.
	Lei sobre embalagens retornáveis	Embalagens retornáveis de bebidas.
	Lei sobre sacolas plásticas	Proibição do uso de sacolas plásticas em supermercados.
Japão (Caracteriza-se pela baixa intervenção governamental e altas taxas de reciclagem.)	Lei da reciclagem de automóveis (1991 e 1997)	Transferência da responsabilidade de reciclagem de automóveis.

Reino Unido	Legislação de reciclagem	Legislação sobre índices de reciclagem de descartáveis.
Comunidade Europeia (27 países)	New standard approach	Reutilização e reciclagem, principalmente voltada para embalagens (60%), níveis de captura de resíduos sólidos de 90%, etiquetas ecológicas, regras de incineração e outras.

Fonte: Leite (2003), Rogers & Tibben-Lembke (1998).

Logística reversa de pós-venda

Para que possamos entender os Canais de Distribuição Reversa de Pós-Venda (CDR-PV) torna-se necessário conceituar este termo. Leite (2003) denomina logística reversa de pós-venda a área específica de atuação da logística reversa que realiza o planejamento, operação e o controle do fluxo físico e das informações logísticas correspondentes de bens de pós-venda, sem uso ou com pouco uso que por diferentes motivos retornam aos diversos elos da cadeia de distribuição direta, que compõem uma parte dos canais reversos por onde fluem tais produtos. A Figura 1.7 demonstra

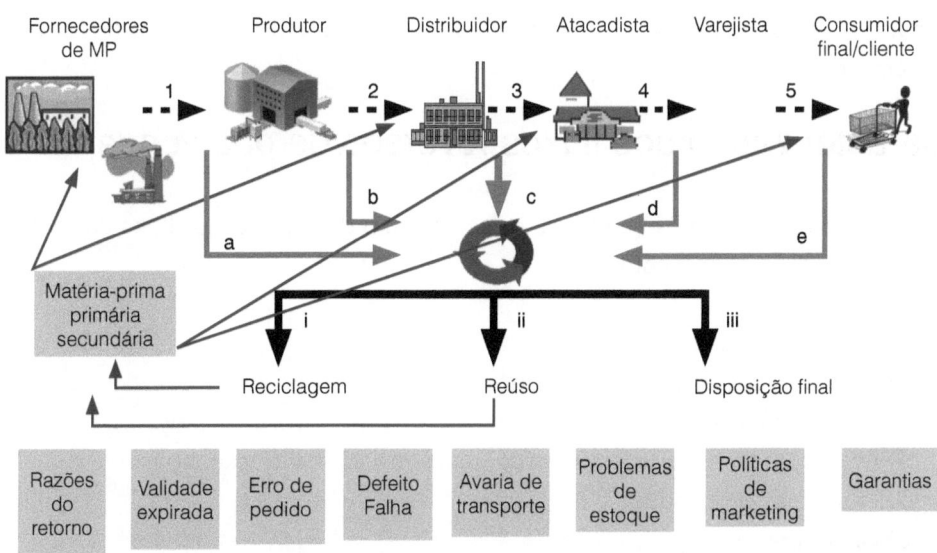

Fonte: Adaptado de Stock, Leite, Fortes, 2001.

Figura 1.7 – Logística reversa de pós-venda.

de forma clara e objetiva as razões motivadoras do retorno dos bens de pós-venda, considerando as suas várias possibilidades a partir do produtor até o consumidor final, ou quaisquer outros membros do canal direto de distribuição, configurando-se, assim, as formas reversas de pós-venda.

Ao observamos a Figura 1.7 percebemos que os bens são originados a partir da obtenção de matérias-primas primárias e ou secundárias (item 1) e seguem para a transformação pelo produtor/fabricante (2). Depois seguem o caminho até o distribuidor (3), partindo para o setor atacadista (4) e/ou para o setor varejista (5) atingindo-se, assim, a fase final da cadeia logística direta, ou seja, o consumidor final/cliente. Consideramos ainda a possibilidade do retorno do bem/produto pelas razões motivadoras dentro da própria cadeia direta e que a partir delas passam a figurar como logística reversa de bens de pós-venda, ou seja, o retorno do bem/produto do consumidor final para o varejista seja para reúso (mercado secundário) ou para reciclagem (mercado primário). Há ainda a possibilidade do retorno do varejista para o fabricante ou para distribuidor e ou ainda do atacadista para o fabricante ou empresa fornecedora (canal de distribuição direta empresarial – CDDE).

A fase de coleta inicia-se em quaisquer dos elos que compõem o fluxo de distribuição direta. Na fase de seleção, os produtos são classificados e separados por categorias e classes. Em seguida realiza-se a consolidação dos lotes de bens de pós-venda de acordo com a destinação dos produtos: desmanche, remanufatura tendo em vista os mercados secundários de componentes e de produtos, ou a reciclagem industrial.

Caracterização dos fluxos reversos de pós-venda

A logística reversa de pós-venda estabelece o fluxo de retorno dos bens devolvidos por alguns motivos, tais como:

1) Prazo de validade expirado;
2) Erro de processamento de pedidos;
3) Falhas/defeitos;
4) Avarias no transporte (transbordo, redestinação, baldeação etc.);
5) Problemas de estoque;
6) Garantias;
7) Políticas de marketing;
8) Outros motivos (extravio, furto, roubo, sinistros etc.).

Ao visualizarmos a Figura 1.8 observamos o fluxo direto do produto partindo do fornecedor de matéria-prima até a chegada em qualquer nível da cadeia. A partir daí o bem de pós-venda inicia as fases reversas na seguinte ordem:

1) Coletas;
2) Seleção;
3) Consolidação;
4) Destinação (desmanche e remanufatura).

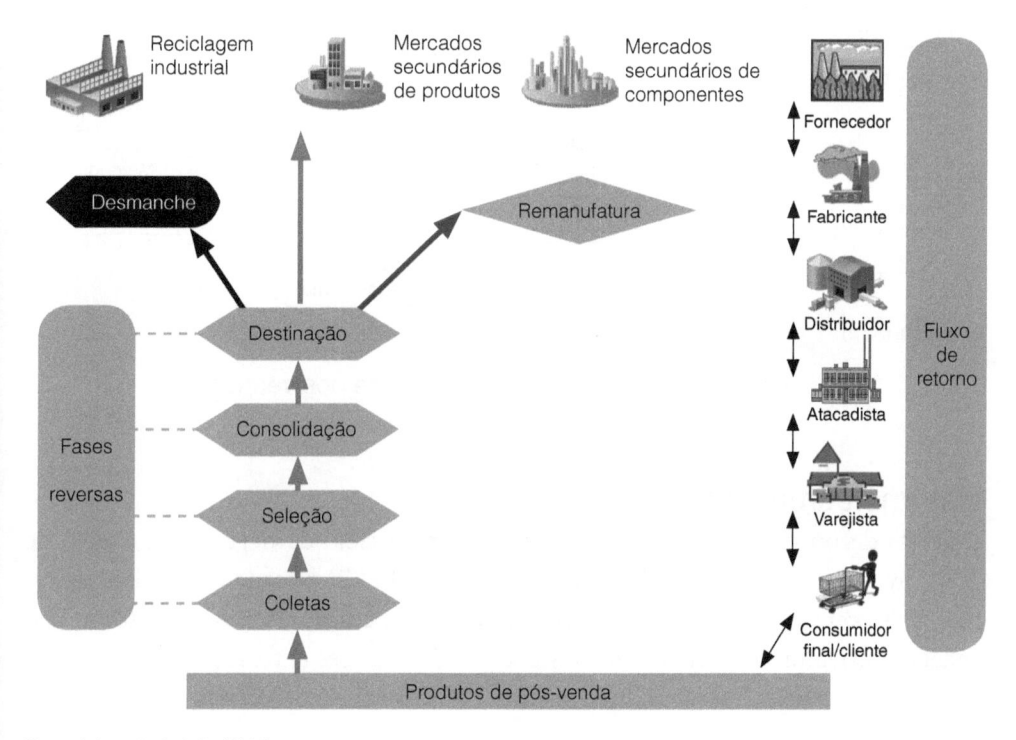

Fonte: Adaptado de Leite (2003).

Figura 1.8 – Fluxos reversos de pós-venda.

Leite (2003) descreve três categorias de retorno de pós-venda (Figura 1.9): retorno comercial, retorno de garantia/qualidade e substituição de componentes.

Fonte: Leite (2003).

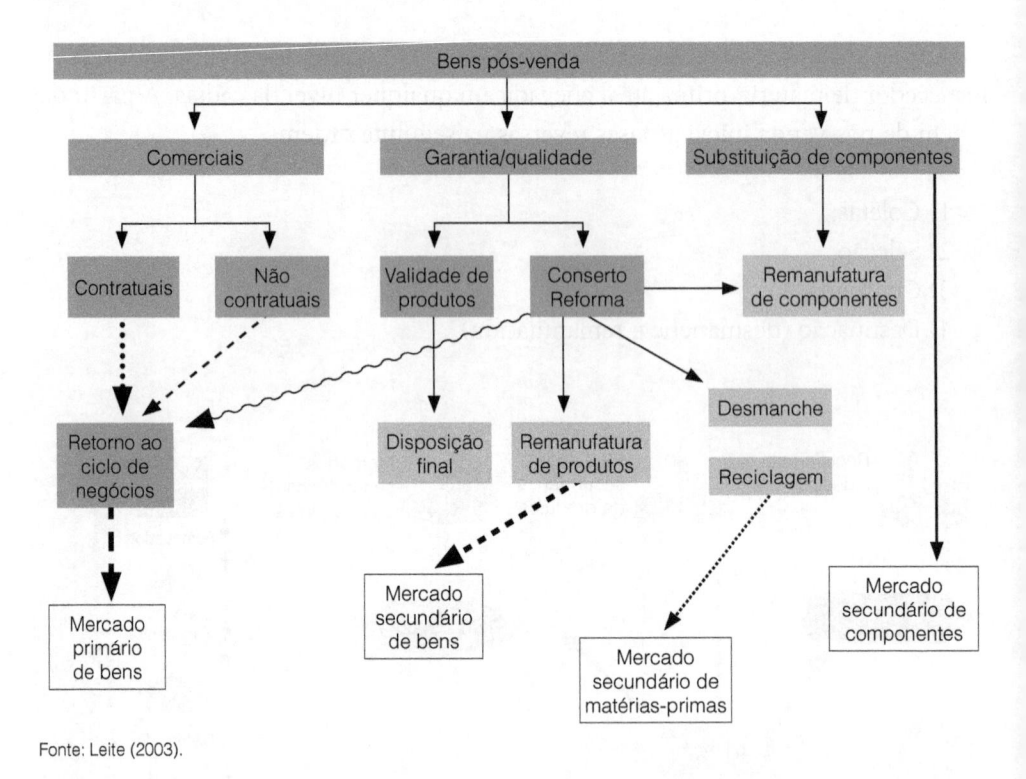

Figura 1.9 – Categorias de retorno de pós-venda.

Retorno comercial

Os bens de pós-venda nesta categoria retornam ao ciclo de negócios por meio de duas divisões: (1) retorno comercial não contratual e (2) retorno comercial contratual. Tais eventos ocorrem em função de erros de expedição, excesso de estoques no canal de distribuição, vendas em consignação, liquidações entre estações de vendas, pontas de estoques, e serão redirecionados a outros canais de vendas.

» Retorno comercial não contratual

Ocorre mais especificamente por erro do fornecedor em vendas diretas realizadas ao consumidor final por varejistas, vendas por meio de catálogos de produtos, comércio eletrônico (internet) e erros de expedição em operações realizadas pelas empresas em geral. A devolução é efetuada no ato do recebimento do produto ou até mesmo após prazo determinado, respeitando as condições contratuais e legislação pertinente (Código de Defesa do Consumidor etc.). Tais retornos têm reduzido de forma considerável, posto que as empresas efetuam grandes investimentos em modernos

Capítulo 1 – Fundamentos da logística reversa e integrada

```
                          Bens pós-venda
                                │
                                ▼
                       Retornos comerciais
                    ┌───────────┴───────────┐
                    ▼                       ▼
              Contratuais              Não contratuais
            ┌──────┴──────┐         ┌──────────┴──────────┐
            ▼             ▼         ▼                     ▼
       Devolução de   Ajuste de   Devolução em        Devolução por
       produtos em   estoque no   vendas diretas      erro de
       consignação     canal      ao cliente final    expedição
                              ┌──────┬──────┬──────┐
                              ▼      ▼      ▼
                         Varejistas Catálogos Internet
         Retorno ao                                      Retorno ao
         ciclo de                                        ciclo de
         negócios                                        negócios
                              ▼             ▼
                          Mercado       Mercado
                          primário      secundário
                          de bens       de bens
```

Fonte: Adaptado de Leite (2003).

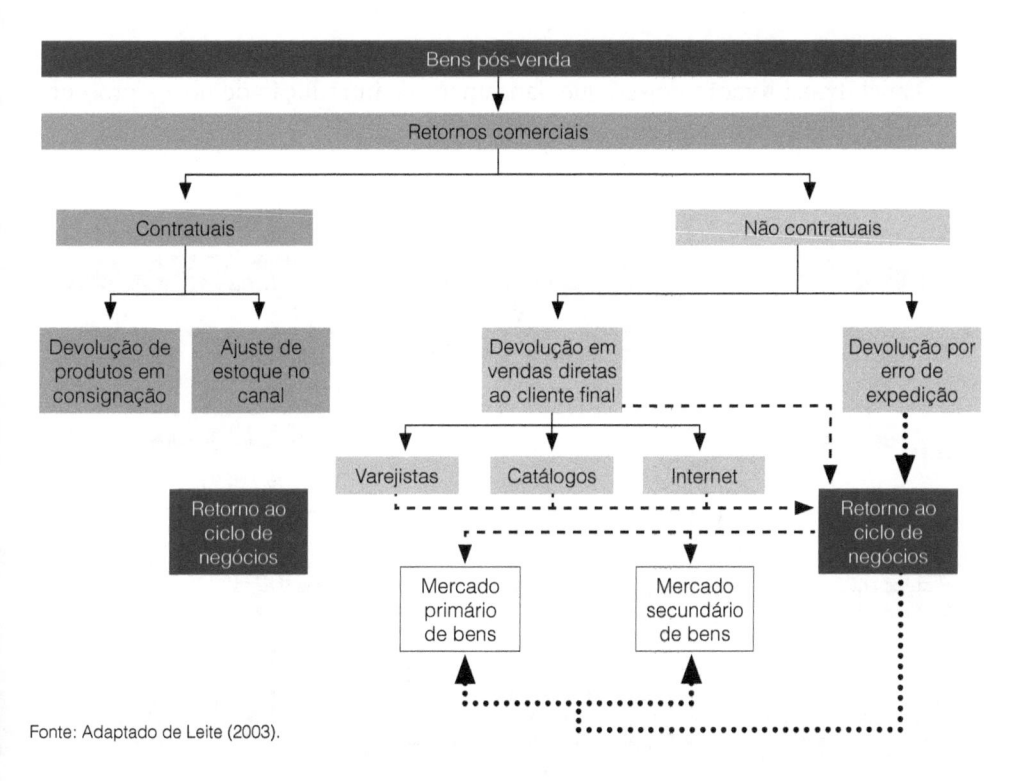

Figura 1.10 – Retorno comercial não contratual de pós-venda.

sistemas de informação logística e utilização de ferramentas como o EDI (*electronic data interchange*), código de barras, RFS (*radio frequency system*), entre outros.

» Retorno comercial contratual (Figura 1.11)

Ocorre quando há acordo prévio entre os agentes envolvidos na operação, especificando prazos, quantidades negociadas, condições de armazenagem e estocagem, responsabilidades, direitos e como será a distribuição e o retorno do bem. Seus principais exemplos são:

a) Contratos de produtos com venda em consignação: ao final do contrato é providenciado o retorno do bem não vendido ao consumidor final;

b) Contrato de retorno de ajuste de estoques no canal: produtos (calçados, têxteis, alguns eletroeletrônicos) em liquidação ou devolução sofrem revalorização e retornam ao mercado, porém ao mercado secundário, com preços mais competitivos do que no mercado normal ou até mesmo oferecidos como produtos de ponta de estoque. Tal evento ocorre em casos de excesso de estoque no canal, baixa rotação de estoque, lançamento e introdução de novos produtos, período entre estações etc.

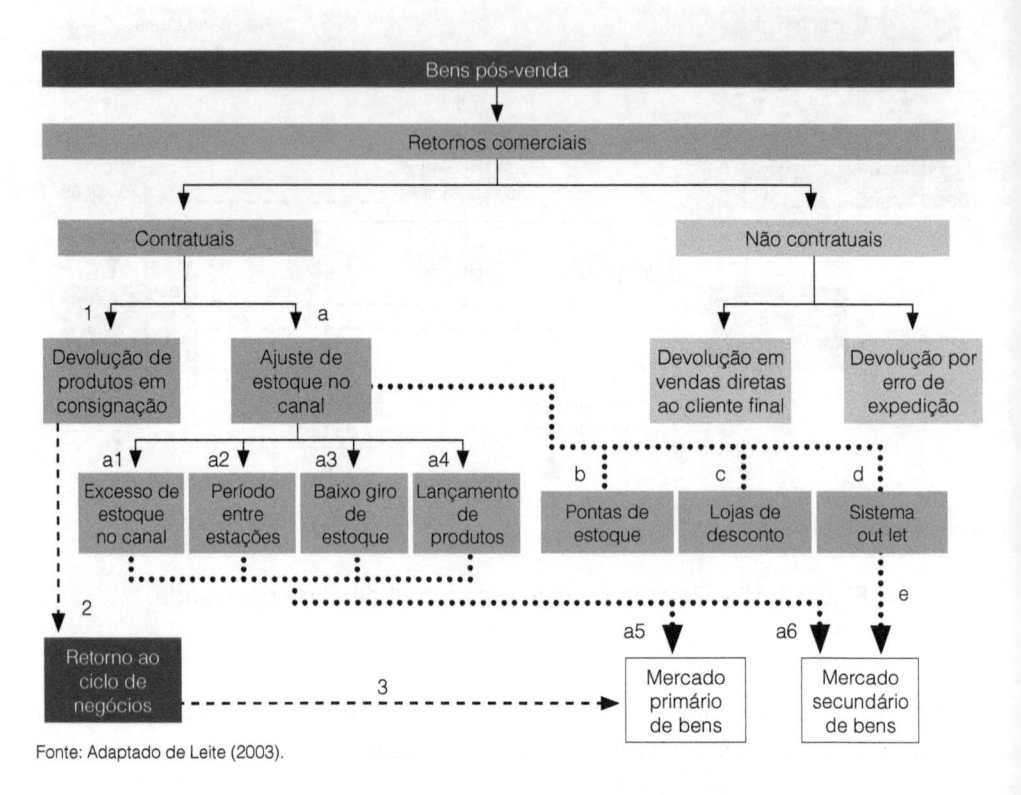

Fonte: Adaptado de Leite (2003).

Figura 1.11 – Retorno comercial contratual de pós-venda

Retorno por garantia/qualidade (Figura 1.12)

Os bens de pós-venda na categoria de retornos por garantia/qualidade ocorrem devido a falhas de funcionamento, defeitos gerais de fabricação e/ou montagem. Ocorrem também em razão de avarias na embalagem que afetam o funcionamento e/ou a qualidade do produto. Também se observa o término de validade do produto ou ainda outros problemas que geram o retorno do bem ao distribuidor ou fabricante (*recall*), muito comum na indústria automobilística e eventualmente na indústria eletroeletrônica. Nessa classificação, os produtos retornam pelas seguintes formas:

» **Devolução por qualidade intrínseca:**
- *Devolução de produtos defeituosos*: produtos que são devolvidos por empresas, empresas de vendas diretas e consumidores finais, seja por força legal ou por garantia de fábrica;
- *Devolução de produtos danificados*: produtos que apresentam danos antes da chegada ao consumidor final em virtude de manuseio, armazenagem e transporte mal executados, ou até mesmo acidentes e incidentes ocorridos;
- *Devolução por vencimento de validade do produto*: produtos que possuem contratos entre fabricante/fornecedor, distribuidores, atacadistas e varejistas visando o retorno aos estoques de produtos que perdem a validade.

» **Devolução por substituição de peças e componentes**
Ocorre na substituição de peças e componentes de bens duráveis e semiduráveis que retornam após remanufatura e/ou reciclagem aos mercados primários e ou secundários.

Fonte: Adaptado de Leite (2003).

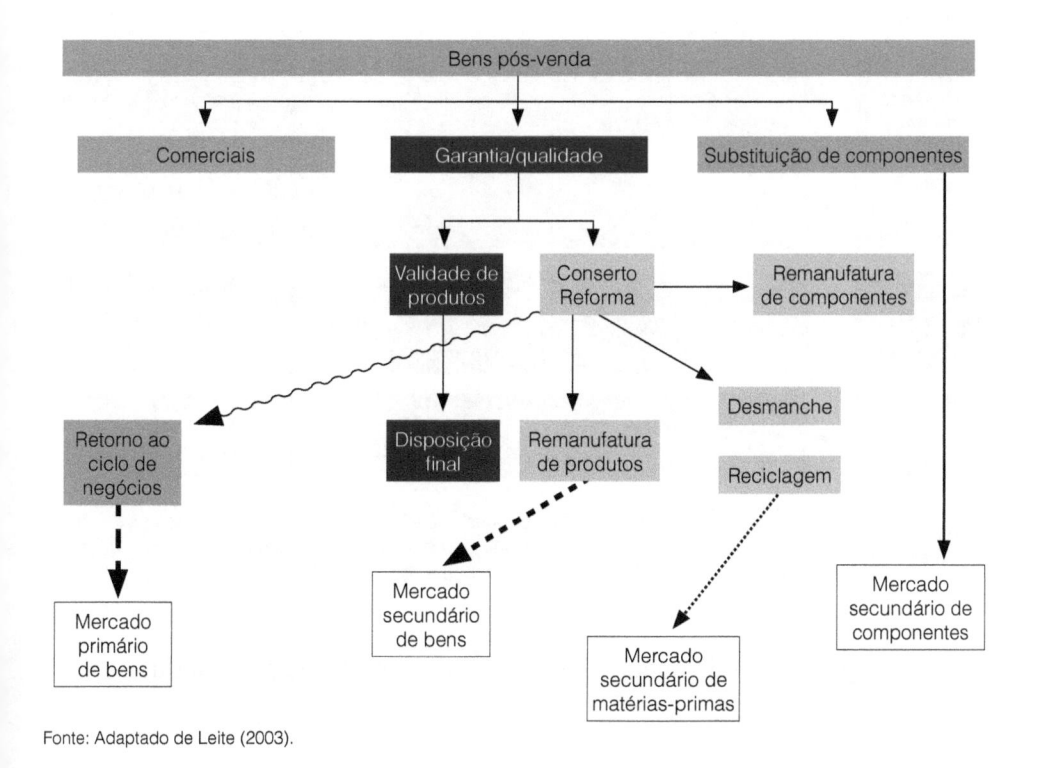

Figura 1.12 – Retorno por garantia/qualidade.

Os bens e produtos de pós-venda retornam ao mercado sob várias modalidades. Tal retorno carece de uma infraestrutura que possibilite que esse bem/produto seja devidamente preparado ou reparado e, assim, direcionado ao mercado consumidor (primário e/ou secundário). Essa infraestrutura a qual nos referimos é composta das fases constituintes da cadeia reversa de pós-venda: coleta, seleção, consolidação, destinação para desmanche tendo em vista a reciclagem industrial, destinação tendo em vista o mercado secundário de produtos, destinação tendo em vista a remanufatura para mercado secundário de componentes e finalmente para disposição final apropriada. Essas operações são efetuadas pelos próprios membros da cadeia (fornecedores, fabricantes, distribuidores, atacadistas, varejistas e representantes) ou então por agentes ou operadores logísticos especializados. A Figura 1.13 sintetiza os destinos às diversas modalidades de retorno:

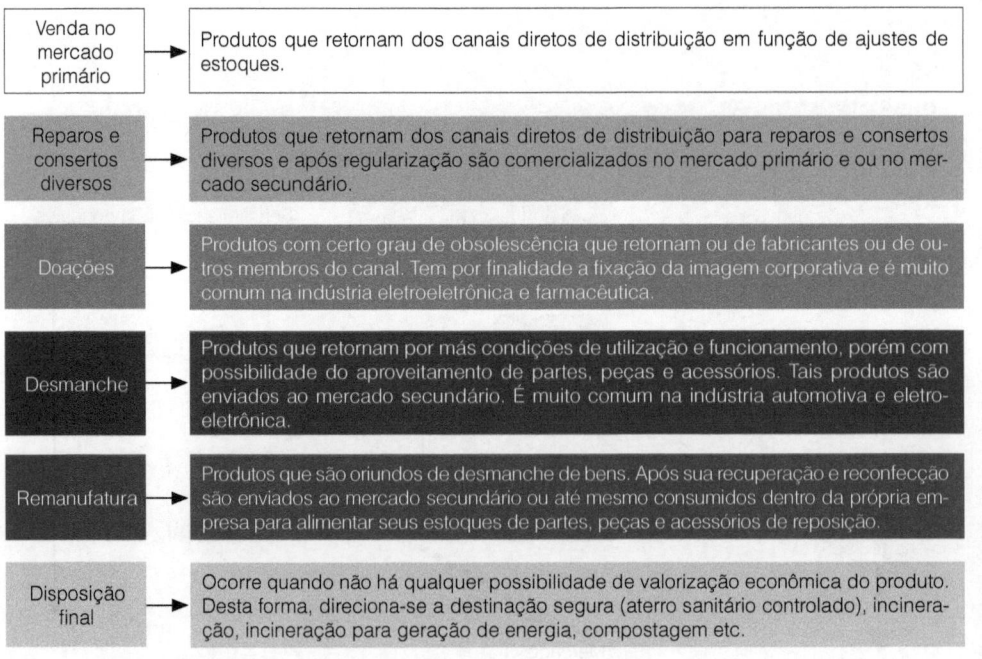

Venda no mercado primário	Produtos que retornam dos canais diretos de distribuição em função de ajustes de estoques.
Reparos e consertos diversos	Produtos que retornam dos canais diretos de distribuição para reparos e consertos diversos e após regularização são comercializados no mercado primário e ou no mercado secundário.
Doações	Produtos com certo grau de obsolescência que retornam ou de fabricantes ou de outros membros do canal. Tem por finalidade a fixação da imagem corporativa e é muito comum na indústria eletroeletrônica e farmacêutica.
Desmanche	Produtos que retornam por más condições de utilização e funcionamento, porém com possibilidade do aproveitamento de partes, peças e acessórios. Tais produtos são enviados ao mercado secundário. É muito comum na indústria automotiva e eletroeletrônica.
Remanufatura	Produtos que são oriundos de desmanche de bens. Após sua recuperação e reconfecção são enviados ao mercado secundário ou até mesmo consumidos dentro da própria empresa para alimentar seus estoques de partes, peças e acessórios de reposição.
Disposição final	Ocorre quando não há qualquer possibilidade de valorização econômica do produto. Desta forma, direciona-se a destinação segura (aterro sanitário controlado), incineração, incineração para geração de energia, compostagem etc.

Fonte: Adaptado de Leite (2003).

Figura 1.13 – Seleção e destinação de produtos de pós-venda.

Objetivos da logística reversa de pós-venda

Nos itens anteriores foram detalhadas as possibilidades de tratamento e retorno dos produtos de pós-venda. Leite (2003) destaca os seguintes objetivos da logística reversa de pós-venda:

a) Objetivo econômico (recuperação de ativos e revalorização econômica): O foco é efetuar a revalorização financeira do produto de pós-venda. Tal evento só é possível se houver integração, agilidade e conectividade logística. As diferentes possibilidades de revalorização financeira são:

- Revenda no mercado primário;
- Venda no mercado secundário;
- Desmanche;
- Remanufatura;
- Reciclagem industrial;
- Disposição final.

b) Objetivo de competitividade (limpeza de canal): Neste caso o foco é a revalorização mercadológica do produto de pós-venda. Tal evento é possível com a gerência do retorno de bens e a sua consecutiva redução reposicionando também estoques excedentes no canal. Isso possibilita melhor aproveitamento de oportunidades e o próprio espaço da área de estocagem e da loja.

c) Objetivo legal: O foco central é o atendimento às diversas legislações ambientais (municipal, estadual e federal), normas de certificação, padronização e qualidade.

d) Objetivos logísticos: Possibilita identificar os bens e volumes destinados ao fluxo direto e reverso dos bens. Rogers e Tibben-Lembke (2002) descrevem as diferenças entre distribuição direta e reversa de pós-venda (coleta, seleção/separação, consolidação e destinação). Há de se considerar também a tecnologia de informação, prestação e terceirização de serviços logísticos. A Tabela 1.6 resume os serviços de logística reversa de pós-venda.

Tabela 1.6 – Serviços de terceirização em logística reversa pós-venda.

Serviços terceirizados em logística reversa de pós-venda	Operações executadas
Coleta de bens de pós-venda de alto valor agregado.	• Separação de partes, peças e acessórios; • Consolidação de bens de pós-venda: eletroeletrônicos.
Coleta, separação e comercialização de resíduos.	• Separação de papéis, embalagens (vidros, plásticos, metais), metais e outros; • Consolidação de papéis, embalagens, metais e outros.
Engradados, *pallets*, embalagens, contentores.	• Separação de embalagens reutilizáveis; • Consolidação de embalagens reutilizáveis; • Remanufatura, troca, venda de contentores, *pallets*, engradados.
Coleta de resíduos controlados, especiais.	• Separação de líquidos (água de baterias, óleos diversos, solventes); • Filtragem e recuperação de líquidos; • Reutilização sustentável de líquidos recuperados.

Fonte: CLM (1993).

Logística reversa de pós-consumo

Os canais de distribuição reversa de pós-consumo (CDR-PC) estão configurados segundo fases de comercialização em que os bens de pós-consumo são disponibilizados. Considera-se que não só os bens em suas formas originais fluem pelo canal, como também partes, peças, materiais constituintes e resíduos que de uma forma ou de outra poderão retornar à cadeia pelos subsistemas de revalorização (desmanche, reúso e reciclagem). Tais canais reversos de pós-consumo são possíveis em virtude de uma série de fatores, como exigências legais, revalorização econômica, interesses mercadológicos, interesses ecológicos e ambientais, hábitos de consumo industriais e da sociedade em geral.

Para que possamos entender todo o funcionamento da cadeia logística reversa de pós-consumo torna-se imperativo conhecer conceitos de diversas áreas das quais destacamos: administração de materiais, administração da produção, administração mercadológica, gestão do meio ambiente, pesquisa operacional, gestão de transportes, logística empresarial, entre outras. Também se faz necessário conhecer o tipo de produto/bem de pós-consumo a ser explorado.

Os bens de pós-consumo são classificados em relação à duração de sua vida útil. A vida útil de um bem é tida como o tempo transcorrido desde a sua produção original até o momento em que o primeiro possuidor se desfaz dele. Para a logística reversa e canais reversos de pós-consumo considera-se três grandes categorias de bens produzidos:

a) *Produtos duráveis*: produtos ou bens que apresentam duração de vida útil média variando de alguns anos a algumas décadas. Constituem-se bens produzidos para a satisfação de necessidades da vida social e incluem os *bens de capital* em geral. Os exemplos mais significativos são: automóveis, eletrodomésticos, eletroeletrônicos, máquinas e equipamentos industriais, edifícios de diversas naturezas, aeronaves, construções civis, embarcações, entre outros;
b) *Produtos semiduráveis*: produtos ou bens que apresentam duração de vida útil média de alguns meses, raramente superior a dois anos. Trata-se de uma categoria intermediária que ora apresenta características de bens duráveis, ora de bens descartáveis; exemplos: baterias de automotores, óleos lubrificantes e, em geral, baterias de celulares, computadores e seus periféricos, revistas especializadas, entre outros.
c) *Produtos descartáveis*: bens que apresentam duração de vida útil média de algumas semanas, raramente superior a 6 meses. Constituem-se exemplos embalagens, brinquedos, materiais para escritório, suprimentos para computadores, artigos cirúrgicos, pilhas e baterias de equipamentos eletrônicos, fraldas, jornais, revistas etc.

Para o melhor entendimento dos fluxos diretos e reversos de pós-consumo é necessário efetuar uma comparação qualitativa e quantitativa considerando as categorias de bens de pós-consumo e duração de vida útil. Leite (2003) define os seguintes índices:

1) *Índice de reciclagem de um bem durável*: definido como relação percentual entre as quantidades recicladas (FR) de determinado bem durável pós-consumo, em um período de tempo e em determinada região, e a quantidade produzida do mesmo bem, no mesmo período e na mesma região. Não retrata a realidade efetiva perante as dificuldades de contabilizadas das quantidades que foram colocadas no mercado e as efetivamente recicladas.
2) *Índice de reciclagem dos componentes de um bem durável*: refere-se às porcentagens de componentes ou de materiais constituintes reciclados de determinado bem em relação ao peso do próprio bem. Este índice ainda é pouco usado, sendo importante definir seu cálculo em caso de utilização. Exemplo: automóveis (mais de 85% em peso de seus materiais constituintes – metais, plásticos, têxteis, vidros, líquidos – são reciclados).
3) *Índice de reciclagem do material constituinte*: refere-se à relação percentual entre quantidades recicladas (FR) de determinado material constituinte em determinado intervalo de tempo e as quantidades totais produzidas do material, durante o

mesmo intervalo de tempo, provenientes de todos os produtos de pós-consumo dos quais possa ser extraído. Exemplo: plásticos, papéis, vidros, latas de metais.

Ciclos reversos abertos e ciclos reversos fechados

Depois de concluídas as fases de fluxo logístico direto grande parte dos bens de pós-consumo retornarão ao ciclo de produção de matéria-prima, partes, peças, componentes e acessórios por meio dos canais reversos de pós-consumo, seja por meio do reúso, seja por meio da reciclagem após a revalorização de suas partes/materiais/peças constituintes, originando produtos semelhantes ou similares bem como outro produto. Leite (2003) classifica as categorias de ciclos reversos de retorno ao ciclo produtivo em:

a) *Canais de distribuição reversos de ciclo aberto* (Figura 1.14): são CDRs formados pelas diversas etapas de retorno de materiais constituintes dos produtos de pós-consumo: metais, plásticos, vidros, papéis etc., materiais extraídos de diferentes produtos de pós-consumo, visando a reintegração ao ciclo produtivo e substituindo matérias-primas novas na fabricação de diferentes tipos de produtos.

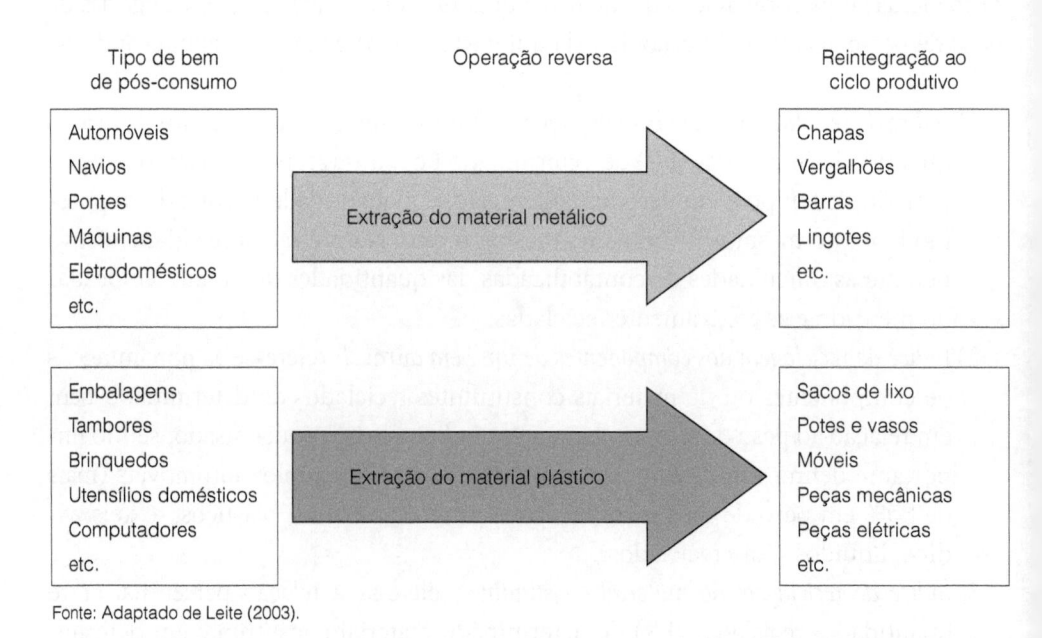

Tipo de bem de pós-consumo	Operação reversa	Reintegração ao ciclo produtivo
Automóveis Navios Pontes Máquinas Eletrodomésticos etc.	Extração do material metálico	Chapas Vergalhões Barras Lingotes etc.
Embalagens Tambores Brinquedos Utensílios domésticos Computadores etc.	Extração do material plástico	Sacos de lixo Potes e vasos Móveis Peças mecânicas Peças elétricas etc.

Fonte: Adaptado de Leite (2003).

Figura 1.14 – Exemplos de canais reversos de ciclo aberto.

Como exemplo, podemos citar: ferro e aços extraídos de automóveis, máquinas e equipamentos, navios, latas de embalagens, resíduos industriais de metalúrgicas e fundições os quais serão reintegrados com matérias-primas secundárias na fabricação de chapas de aço, barras de ferro, vigas e outros produtos. Os canais de ciclo aberto têm as seguintes características:

1) Não distinguem os produtos de origem pós-consumo: metais, plásticos (polímeros, polietilenos, polipropilenos), vidros, papéis em geral;
2) Especialização por natureza dos materiais constituintes, ou seja, os agentes das cadeias reversas elegem os produtos que apresentam a melhor relação entre materiais de interesse, facilidade e tecnologia de separação e extração dos materiais constituintes dos produtos de pós-consumo descartados, com melhores índices/taxas de revalorização;
3) Concepção de produtos que facilitem a desmontagem, utilizando um reduzido número de materiais, ligas e misturas com natureza de diferentes produtos evitando os problemas nas linhas de desmontagem reversas (*design for recycling* – produto projetado para reciclagem).

b) *Canais de distribuição reversos de ciclo fechado* (Figura 1.15): são CDRs constituídos pelas etapas de retorno de materiais constituintes dos produtos de pós--consumo, nas quais os materiais constituintes de determinado produto descartado ao fim de sua vida útil são extraídos seletivamente dele para fabricação de um produto similar ao de origem. Neste caso, por interesses tecnológicos, econômicos, logísticos ou de outra ordem, todas as fases da cadeia produtiva reversa são especializadas para a revalorização do material constituinte de determinado produto.

Canais de distribuição reversos de pós-consumo de bens duráveis e semiduráveis

Depois de apresentarmos os conceitos de canais reversos de ciclo aberto e de ciclo fechado, estudaremos os canais de distribuição reversos de pós-consumo de bens duráveis e semiduráveis. Este estudo se faz necessário em virtude da diversidade e das características dos canais reversos de pós-consumo, posto que um bem durável tem em sua constituição uma série de materiais com diferentes ciclos de vida. A Figura 1.16 vai auxiliar no entendimento do canal de distribuição reverso de pós--consumo de bens duráveis.

Observa-se que, dependendo do grau de sua reutilização, o bem poderá retornar ao ciclo produtivo ou até mesmo ao mercado de produtos de segunda mão. Os bens

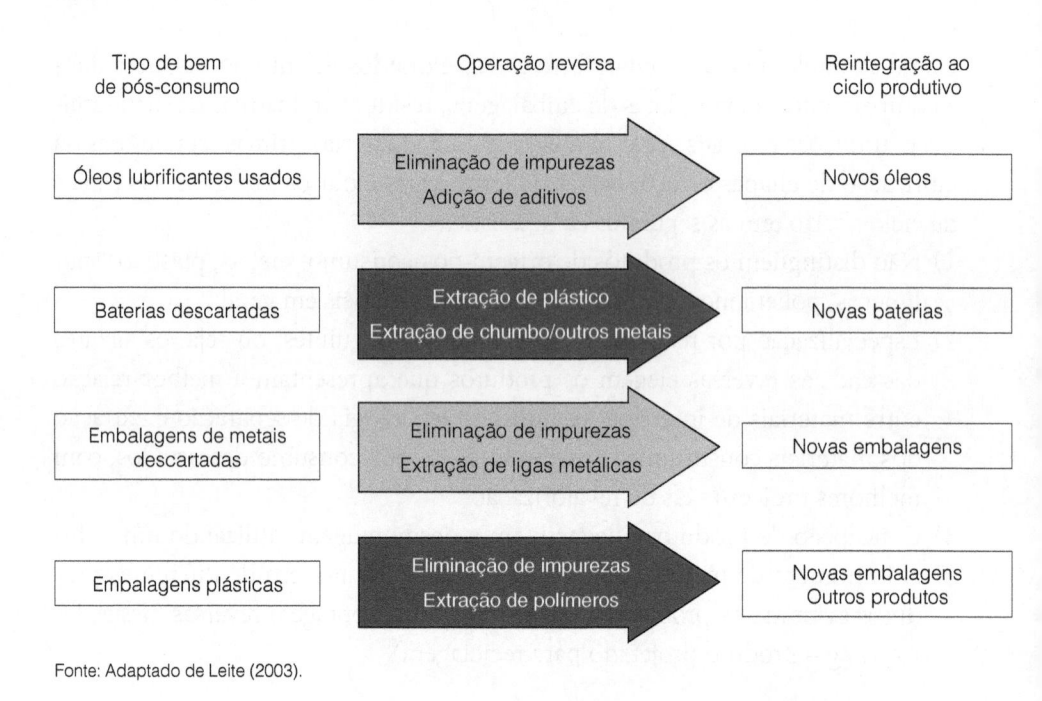

Tipo de bem de pós-consumo	Operação reversa	Reintegração ao ciclo produtivo
Óleos lubrificantes usados	Eliminação de impurezas / Adição de aditivos	Novos óleos
Baterias descartadas	Extração de plástico / Extração de chumbo/outros metais	Novas baterias
Embalagens de metais descartadas	Eliminação de impurezas / Extração de ligas metálicas	Novas embalagens
Embalagens plásticas	Eliminação de impurezas / Extração de polímeros	Novas embalagens / Outros produtos

Fonte: Adaptado de Leite (2003).

Figura 1.15 – Exemplos de canais reversos de ciclo fechado.

duráveis e semiduráveis chegam até a cadeia reversa de pós-consumo de várias formas, entre as quais destacamos:

- Acidentes no manuseio em virtude de operações de transporte (destinação, redestinação, transbordo etc.);
- Fim da vida útil em função de obsolescência, fadiga, performance etc.;
- Final de estação ou modernização de modelos;
- Leilões;
- Coleta seletiva;
- Coleta informal: pessoas físicas (carroceiros, catadores etc.);
- Sistema reverso organizado (*reverse take back*).

Canais de distribuição reversos de reúso, desmanche e reciclagem

Depois de finalizarmos o estudo dos canais reversos de pós-consumo de bens duráveis e semiduráveis, vejamos agora os canais de distribuição reversos de reúso, desmanche e reciclagem.

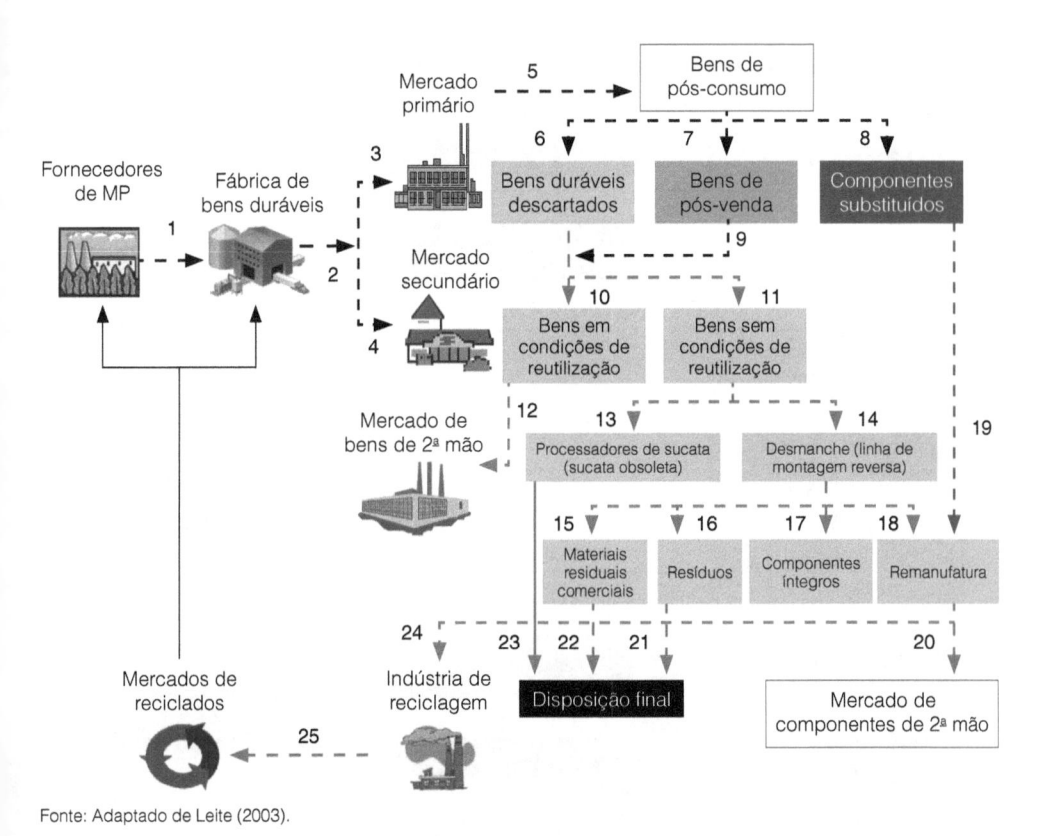

Capítulo 1 – Fundamentos da logística reversa e integrada

Fonte: Adaptado de Leite (2003).

Figura 1.16 – Fluxo dos canais de distribuição reversos de pós-consumo de bens duráveis.

Para que haja o canal reverso de reúso é necessário que o bem de pós-consumo tenha condições e que a cadeia esteja estruturada para a coleta, seleção e revalorização, assim, ocorrerá o encaminhamento desse bem ao mercado de bens de segunda mão. O mercado secundário de bens usados ou remanufaturados corresponde a uma considerável fatia de mercado não só no Brasil, como também na grande maioria dos países. Alguns setores respondem positivamente a esse mercado secundário, como o setor de automóveis (autopeças) e eletrodomésticos (eletroeletrônicos). A existência desse canal foi possibilitada, entre outros fatores, pelo desenvolvimento de novas tecnologias.

Em relação aos canais reversos de reciclagem, eles iniciam-se quando se encerra o ciclo de revalorização de reúso do bem de pós-consumo, ou seja, a reciclagem é possibilitada após a reutilização desse produto até esgotar-se a possibilidade de reutilização. A Figura 1.17 descreve sucintamente o fluxo reverso de reúso, desmanche e reciclagem.

Logística reversa e sustentabilidade

Fluxo de distribuição reverso de reúso, desmanche e reciclagem de bens de pós-consumo

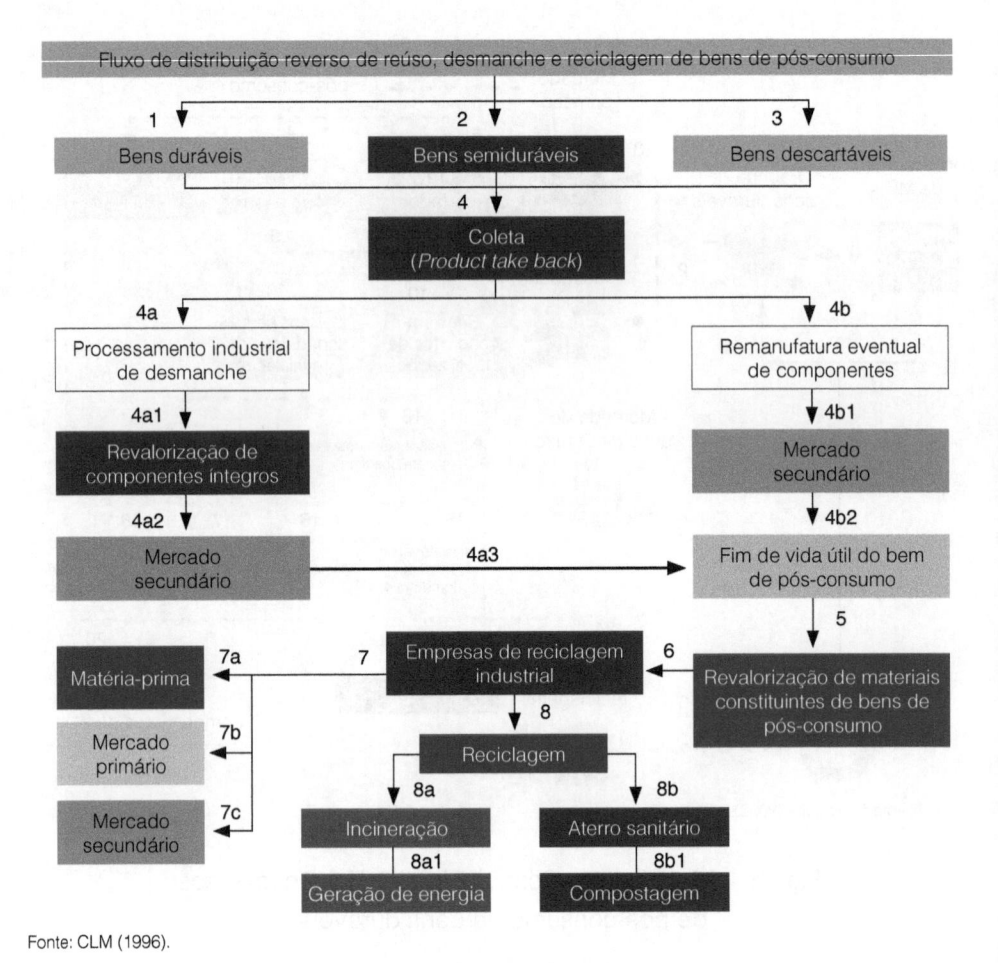

- 1: Bens duráveis
- 2: Bens semiduráveis
- 3: Bens descartáveis
- 4: Coleta (*Product take back*)
  - 4a: Processamento industrial de desmanche
    - 4a1: Revalorização de componentes íntegros
      - 4a2: Mercado secundário
      - 4a3 → Fim de vida útil do bem de pós-consumo
  - 4b: Remanufatura eventual de componentes
    - 4b1: Mercado secundário
    - 4b2: Fim de vida útil do bem de pós-consumo
- 5: Revalorização de materiais constituintes de bens de pós-consumo
- 6 → 7: Empresas de reciclagem industrial
  - 7a: Matéria-prima
  - 7b: Mercado primário
  - 7c: Mercado secundário
- 8: Reciclagem
  - 8a: Incineração
    - 8a1: Geração de energia
  - 8b: Aterro sanitário
    - 8b1: Compostagem

Fonte: CLM (1996).

Figura 1.17 – Fluxo de distribuição reverso de reúso, desmanche e reciclagem de bens de pós-consumo.

Canais de distribuição reversos de pós-consumo de bens descartáveis

Os canais de distribuição reversos de pós-consumo de bens descartáveis têm sua origem no descarte proveniente de domicílios urbanos, empresas industriais e empresas comerciais. Os produtos descartáveis disponibilizados são, em sua maioria, papéis, plásticos, vidros, latas, metais, restos de alimentos, outros resíduos sólidos, óleos vegetais e embalagens de diversas naturezas. Há três formas usuais de coleta:

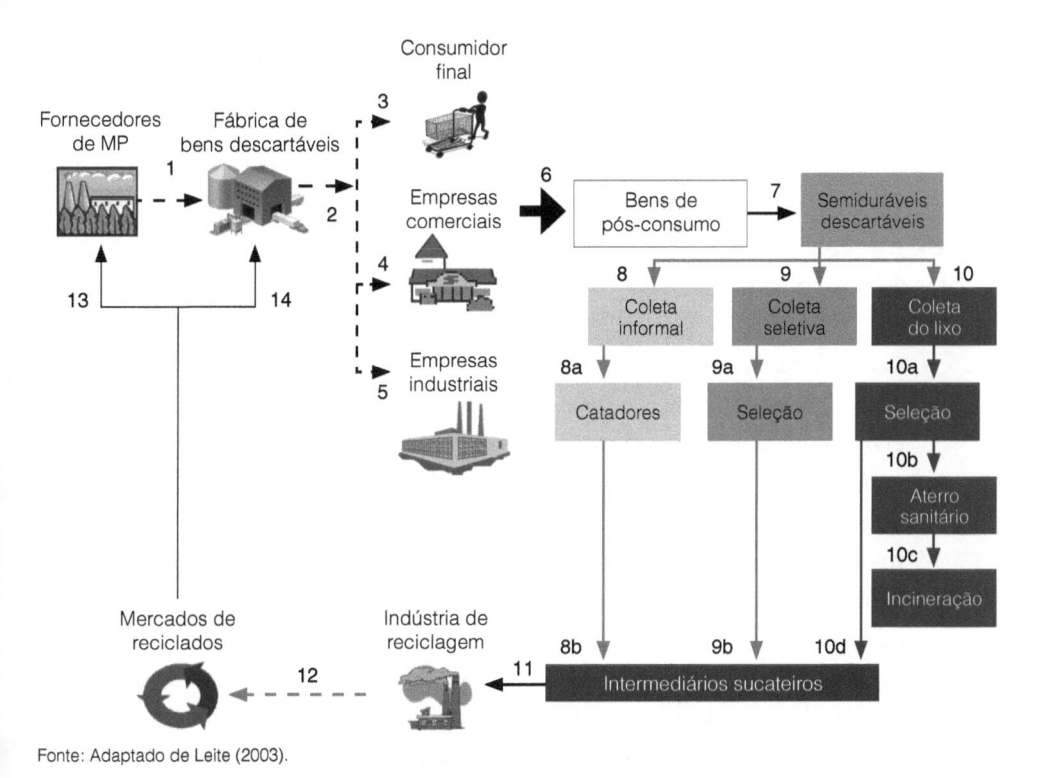

Figura 1.18 – Fluxo de distribuição reverso de bens de pós-consumo descartáveis.

Fonte: Adaptado de Leite (2003).

coleta do lixo urbano, coleta seletiva e a coleta informal. Na Figura 1.18 apresentamos o fluxo no canal de distribuição reverso de pós-consumo de bens descartáveis. Os materiais aos quais nos referimos serão processados conforme as normas e as legislações municipais, estaduais e federais, bem como os objetivos econômicos, mercadológicos e sociais aos quais agentes públicos, privados e a sociedade civil em geral almejam.

Sistemas de coleta de bens de pós-consumo

O desenvolvimento da sociedade humana possibilitou uma profunda mudança nos hábitos de consumo, mudanças de ordem tecnológica, ecológica, sanitárias e legais. O homem primitivo ocupava inicialmente espaços onde havia fartura de alimentos e proximidade de água e cavernas. Formava grupos sociais que já nessa época geravam resíduos. Esses grupos foram crescendo; deslocavam-se e fixavam-se em determinadas áreas, formando aglomerados, que ao passar dos anos se transformavam em vilarejos e, em seguida, grandes cidades. Logicamente, cresceram também as necessidades humanas e o consumo por serviços e produtos. As trocas atingiram um volume sem precedentes e o descarte e geração de resíduos também aumentaram na mesma proporção. Relatos históricos afirmam que na Grécia e Roma antiga já existia um sistema de descarte, coleta e disposição de resíduos. Leite (2003) destaca os diversos tipos de coletas de pós-consumo, como:

a) *Coleta domiciliar do lixo*: os índices crescentes de descarte e geração de resíduos domiciliares, comerciais e industriais forçam os agentes públicos e a sociedade civil em geral a adotarem medidas efetivas para descarte, coleta, seleção, tratamento, destinação e disposição segura de bens de pós-consumo. Vale salientar que em muitos países e, pior ainda, na grande maioria dos municípios brasileiros, não há esse tipo de coleta, apesar de haver legislações estaduais e até mesmo federais sobre o tema em questão. No entanto, alguns municípios tratam o tema de forma bem direta e correta.

b) *Aterros sanitários e lixões*: em sequência à coleta domiciliar do lixo urbano, tanto os bens de pós-consumo descartáveis quanto recicláveis são dispostos em aterros sanitários urbanos e em locais despreparados denominados lixões. A diferença entre aterro sanitário e lixão é que no primeiro são utilizadas técnicas de engenharia sanitária e outras técnicas para acomodação e recobrimento do material descartado em camadas, com o devido escoamento de líquidos e tratamento dos gases oriundos da combustão dos materiais orgânicos depositados. O piso onde são assentados os resíduos é impermeabilizado visando a não contaminação do terreno e do lençol freático abaixo da camada de terra, bem como evitar a contaminação das áreas circunvizinhas ao aterro. É um sistema projetado para tratamento de lixo, porém com tempo de vida útil, e ao final deste prazo de saturação outra área será selecionada, gerando ocupação de espaço e ociosidade de outro em função do período de recuperação da área ocupada pelo aterro e a sua respectiva descontaminação. Já os lixões são áreas totalmente despreparadas que recebem o lixo a um custo operacional baixíssimo, porém de efeitos devastadores para agentes públicos e para a sociedade em geral.

c) *Coleta seletiva domiciliar*: tipo de coleta que contém prévia seleção do material descartado ou realizada para o respectivo material descartado. Genericamente, compreende domicílios particulares e empreendimentos comerciais onde são selecionados os produtos descartáveis não orgânicos (vidros, metais, plásticos, embalagens em geral, papéis etc.). Tal atividade proporciona o aproveitamento econômico de materiais recicláveis, bem como contribui para a qualidade e diminuição do volume de resíduos sólidos descartados.

d) *Coleta informal*: constitui-se na coleta manual de bens de pós-consumo em pequenas quantidades com melhor valor de revenda feita pelos catadores, carroceiros e/ou garrafeiros. Os materiais são revendidos aos sucateiros e estes, após consolidação, revendem para as indústrias de reciclagem. Esse tipo de coleta, apesar de bem rudimentar, é realizada em larga escala em grandes cidades ao redor do mundo, inclusive no Brasil. A coleta seletiva possibilita, em alguns municípios brasileiros, a organização de associações de catadores patrocinados pelas prefeituras locais e que contribuem para o lado social e econômico de determinados grupos de recicladores.

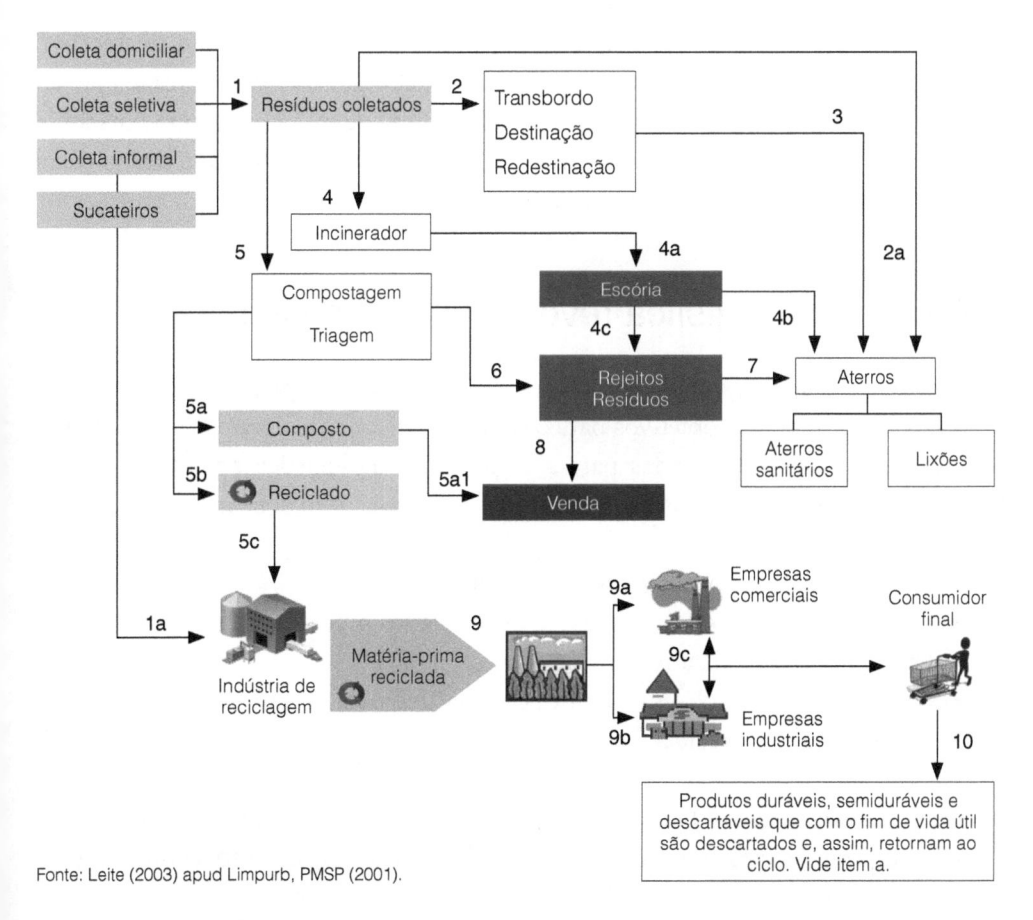

Fonte: Leite (2003) apud Limpurb, PMSP (2001).

Figura 1.19 – Fluxo de coleta, distribuição reversa e destinação final de bens de pós-consumo.

Canais de distribuição reversos de pós-consumo de resíduos industriais

Os complexos industriais (têxtil, siderúrgico, metalúrgico, alimentos e bebidas, celulose, automotiva etc.) de todos os segmentos geram resíduos, sucatas, escórias e rejeitos de toda natureza ao efetuarem o processamento de seus produtos, e grande parte desses complexos realizam operações de reciclagem internas. Os materiais reciclados internamente são fonte de matéria-prima não só para a própria empresa, mas também para indústrias do mesmo segmento ou de segmentos distintos. Tais atividades alimentam o mercado de produtos recicláveis contribuindo para a diminuição da extração de matéria-prima na fonte, além de possibilitar a redução de custos industriais, tornando seus produtos com preços competitivos no mercado onde atuam, além de gerar emprego e renda. Os resíduos industriais, contrariamente aos resíduos domiciliares, têm características peculiares, uma vez que são disponibilizados de forma constante, e são separados e selecionados por categorias e pela natureza de materiais, sendo uma fonte importante de matéria-prima secundária. A Figura 1.20 sintetiza o fluxo de um canal de distribuição reverso de pós-consumo de resíduos industriais.

Objetivos da logística reversa de pós-consumo

Como toda e qualquer atividade comercial e industrial, é imprescindível que as organizações cumpram os objetivos para os quais foram criadas. Dessa forma, algumas condições se fazem necessárias para a organização da logística reversa em canais reversos de bens de pós-consumo. Tais condições, de acordo com Leite (2003), são:

- Remuneração em todas as etapas reversas;
- Qualidade e integridade dos materiais reciclados processados;
- Escala econômica da atividade;
- Existência de mercado consumidor competitivo para produtos/matérias-primas com conteúdo de reciclados.

Havendo as condições listadas anteriormente torna-se imprescindível também conjugá--los aos seguintes fatores necessários e modificadores para a organização logística reversa:

1) *Fatores econômicos*: condições que permitam a realização de economias necessárias para reintegração das matérias-primas secundárias aos processos produtivos

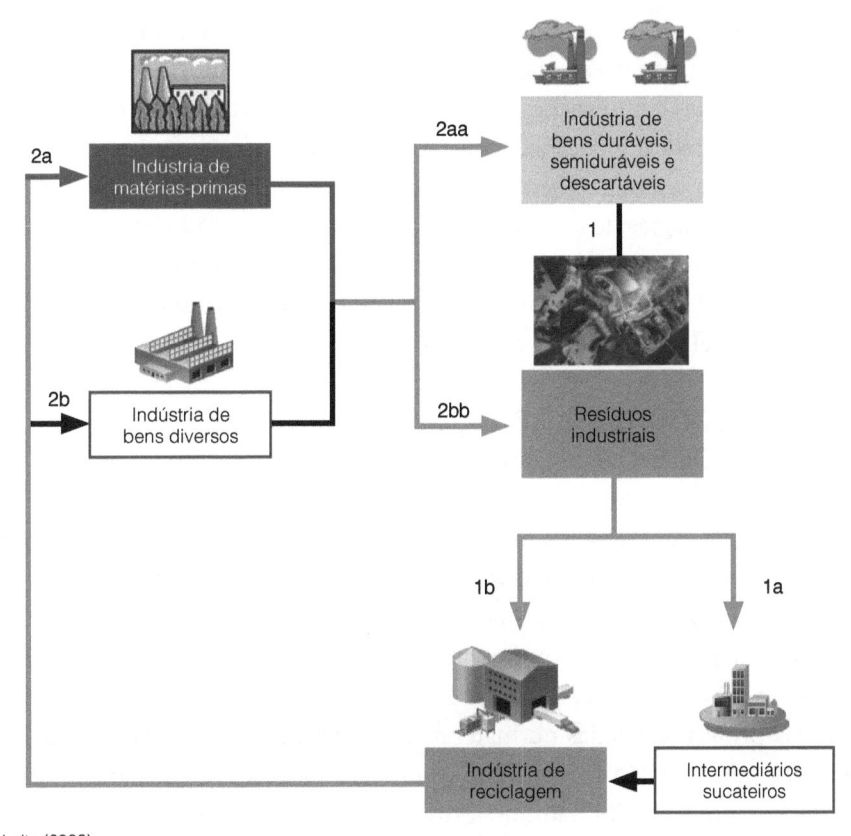

Capítulo 1 – Fundamentos da logística reversa e integrada 43

Fonte: Leite (2003).

Figura 1.20 – Fluxo de um canal de distribuição reverso de pós-consumo de resíduos industriais.

e que possibilitem o financiamento e retorno financeiro adequado aos agentes da cadeia produtiva reversa;

2) *Fatores tecnológicos*: existência de tecnologia que permita o tratamento econômico de resíduos a partir de seu descarte, passando por sua coleta, desmontagem, seleção e separação de materiais constituintes, no processo de reciclagem ou tratamento no processo de transformação de resíduos em matérias-primas recicladas, as quais substituirão as novas quando de sua reintegração ao ciclo produtivo;

3) *Fatores logísticos*: relacionam-se à existência de sistemas de transporte, localização e organização da cadeia de distribuição reversa: fontes primárias e secundárias de captação, centros de coleta, separação, consolidação e adensamento de materiais de pós-consumo, processadores intermediários, centros de processamento de reciclagem e mercado consumidor para tais materiais reciclados;

4) *Fatores ecológicos*: devem-se a pressões geradas pelo comportamento de consumidores, bem como exigências de ordem legal, de competitividade e imagem corporativa das organizações. São incentivados pelas iniciativas dos agentes que compõem a cadeia: governo, sociedade, consumidores e empresas.

5) *Fatores legais*: visam à educação, regulamentação, promoção e incentivos à melhoria de condições de retornos dos produtos ao ciclo produtivo, possibilitando a organização dos canais reversos. Outro fator é o incentivo à redução de captação de matéria-prima na fonte e menor agressão ao meio ambiente e crescimento sustentável de populações e países.

Objetivo econômico na logística reversa de pós-consumo

Para Leite (2003), o objetivo econômico na logística reversa de pós-consumo visa resultados financeiros possibilitados pelas economias obtidas em operações industriais com o aproveitamento de matérias-primas secundárias oriundas dos canais reversos de reciclagem, ou da revalorização do bem nos canais reversos de reúso e de remanufatura. Os ganhos econômicos e financeiros gerados pelos preços inferiores de matérias-primas recicladas ou matérias-primas secundárias reintegradas ao ciclo produtivo, e pela redução do consumo de energia e investimentos para aquisição de matéria-prima nova possibilitam, de forma direta e indireta, rentabilidade aos agentes comerciais e industriais em todas as etapas dos canais reversos. Nesse sentido, o bem em condições de utilização será comercializado nos mercados de segunda mão, ou ainda, se não for possível sua reutilização, será encaminhado ao desmanche para que seja possível o aproveitamento de partes, peças e acessórios que após revalorização serão reintegrados ao ciclo produtivo.

Segundo Penmam e Stock (1995), os canais de distribuição reversos são estruturados e organizados para realizar o fluxo reverso dos materiais e produtos e respectiva distribuição de bens de pós-consumo, visando a obtenção de resultados financeiros compatíveis às atividades dos agentes envolvidos na cadeia de distribuição reversa. No caso de um canal reverso de reciclagem o objetivo econômico é a reintegração dos materiais de bens de pós-consumo, como substitutos de matérias-primas na fabricação de outras matérias-primas, ou ainda na fabricação de outros produtos. As principais fontes de economias de acordo com os autores são:

a) Economias obtidas com diferença de preços entre matérias-primas primárias e matérias-primas secundárias:

i. Etapa da coleta

$$\text{Custo da coleta (Cc)} = \text{Custo de posse (Cp)} + \text{Custo do beneficiamento inicial (Cbi)}$$

Preço de venda ao sucateiro = Cc + Lucro do coletor (Lc)

ii. Etapa do sucateiro

Custo para o sucateiro = Cc + Lc + Custo próprio (Cs)
Preço de venda do sucateiro = Cc + Lc + Cs + Lucro do sucateiro (Ls)

iii. Etapa de reciclagem

Custo para o reciclador = Cc + Lc + Cs + Ls + custo próprio (Cr)
Preço de venda do reciclador = Cc + Lc + Cs + Ls + Cr + Lucro do reciclador (Lr)

As fórmulas detalhadas permitem comprovar os ganhos econômicos e financeiros nas diversas etapas reversas para os agentes intervenientes.

b) Economias obtidas na quantidade de energia elétrica, térmica e de outras fontes de energia utilizadas pelas diversas indústrias na fabricação de seus produtos, considerando o fato que tal energia já fora despendida na primeira fabricação do bem e ou até mesmo em sua etapa de revalorização;
c) Economia de componentes que entram na composição da matéria-prima virgem. Economia gerada pela substituição de matérias-primas virgens por matérias-primas recicladas;
d) Economias obtidas pela diferença entre investimentos em fábricas de matérias--primas primárias e de matérias-primas recicladas. Trata-se de uma economia possível por ser bem mais viável e por ser muito menor o custo dos investimentos em fábricas de reciclados.

Nesta parte do capítulo destaca-se o objetivo econômico nos canais reversos de reciclagem. Torna-se prudente ressaltar, porém, o objetivo econômico nos canais reversos de reúso, em que há revalorização de produtos e componentes em alguns segmentos tais como automotivo, eletroeletrônico, siderúrgico, metalúrgico e embalagens entre outros.

Objetivo ecológico na logística reversa de pós-consumo

Ansoff (1978) retratou sua preocupação com os impactos dos processos de produção, produtos e meio ambiente motivada ora por legislações governamentais ora pela mudança de comportamento dos consumidores e da própria sociedade civil em minimizar os impactos dos processos industriais tanto para a sociedade como para o meio ambiente e seu entorno.

Nesse sentido, Lozada e Mintu-Wimsatt (1999) descrevem o que se chamou de "onda verde" no início da década de 1970 que ocorreu de uma forma exagerada, gerando certa desconfiança em consumidores e empresas. A segunda onda verde, iniciada na década de 1990 e sem os exageros e desconfiança da primeira onda, elucidou os conceitos de desenvolvimento sustentável esclarecendo a relação: objetivo econômico × meio ambiente × descarte × recuperação de bens.

Nesse período várias teorias e críticas foram defendidas: teoria do desenvolvimento sustentável; críticas ambientalistas à cultura do consumo; críticas puritana, quaker, republicana, aristocrática, marxista, sistêmica; teorias eco-desenvolvimentista, pigouviana e neoclássica,

Para finalizar o capítulo apresentaremos a Figura 1.21 que sintetiza os objetivos gerais na logística reversa de pós-consumo.

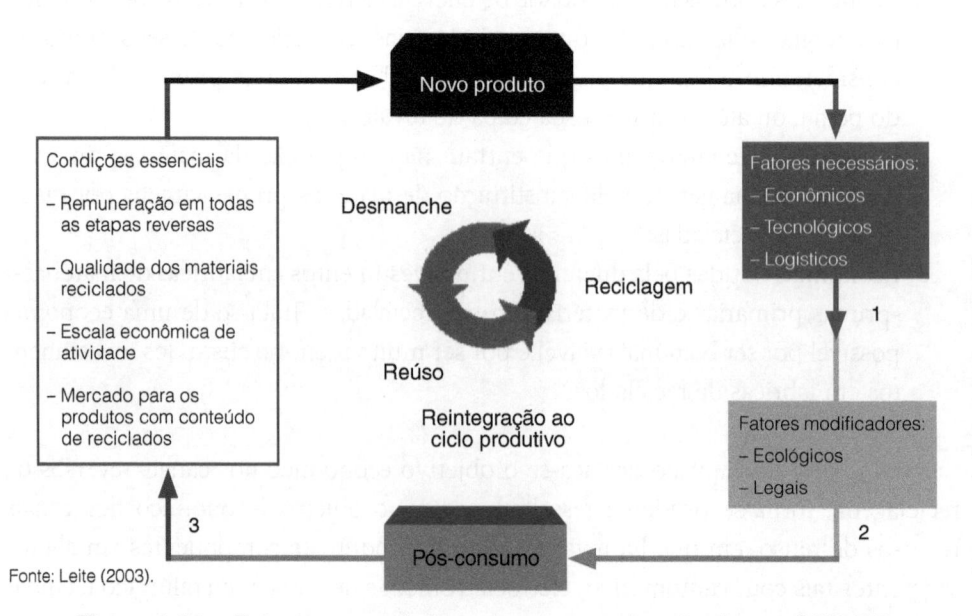

Fonte: Leite (2003).

Figura 1.21 – Fatores e condições para a organização de um CDR-PC.

CAPÍTULO 2
Gerenciamento reverso de resíduos sólidos urbanos no Brasil

Objetivos

- Entender a problemática dos resíduos sólidos urbanos;
- Diferenciar os resíduos de serviços de saúde dos demais resíduos sólidos urbanos;
- Aplicar conceitos de logística na compreensão do gerenciamento reverso de resíduos.

Resumo do capítulo

A produção de lixo urbano é de tal intensidade que não é possível conceber uma cidade sem considerar a problemática gerada pelos resíduos sólidos, desde a etapa da geração até a disposição final. Nas cidades brasileiras, geralmente, esses resíduos são destinados a um local a céu aberto. A problemática ambiental gerada pelo lixo é de difícil solução e a maior parte das cidades brasileiras apresenta um serviço de coleta que não prevê a segregação dos resíduos na fonte. O que a sociedade descarta em seus processos humanos só passou a se constituir problema com o crescimento da população mundial em direta correlação com o volume de resíduos. Em países em desenvolvimento como o Brasil, há previsão de que 95% do aumento populacional se dará em áreas urbanas, dobrando para cerca de 4 bilhões na próxima geração (Davis,

2006). A quantidade de lixo gerada no mundo tem sido grande e seu mau gerenciamento, além de provocar gastos financeiros significativos, pode provocar graves danos ao meio ambiente e comprometer a saúde e o bem-estar da população.

Uma parcela dos resíduos urbanos é composta de resíduos dos serviços de saúde (RSS). De acordo com Bartoli (1997), os RSS representam uma das menores partes do total de resíduos gerados nos municípios brasileiros. Apesar desse pequeno volume, eles apresentam potenciais riscos. A resolução RDC nº 306/2004, Capítulo II, da Anvisa, define o que são resíduos dos serviços de saúde e os geradores. A resolução nº 358 do Conselho Nacional do Meio Ambiente (Conama) determina que caberá ao responsável legal pela organização geradora a responsabilidade pelo gerenciamento de seus resíduos desde a geração até a disposição final. Esse gerenciamento reverso de resíduos por organização é denominado Plano de Gerenciamento de Resíduos dos Serviços de Saúde (PGRSS). De acordo com a mesma resolução, o responsável legal das organizações prestadoras de serviços de saúde deve ainda disponibilizar o Plano de Gerenciamento de Resíduos de Serviços de Saúde para os órgãos ambientais dentro de suas respectivas esferas de competência (Zamoner, 2009). O PGRSS é uma ferramenta de gerenciamento de resíduos em que a organização dispõe sobre como se dará o manejo dos resíduos do momento da geração até a coleta, previsto no inciso VI do art. 14 da Lei nº 12.305 (Brasil, 2010). Além deste assunto, o capítulo também trata das tecnologias de tratamento de resíduos de serviços de saúde, os compostos de desinfecção química, seus riscos, equipamentos e as formas de neutralização mais utilizadas. Passa-se também pelas formas de tratamento de resíduos, de cada grupo. A última parte trata do transporte de resíduos. O gerenciamento da coleta e transporte dos RSS deve considerar os roteiros, a frequência e os horários de coleta, as características dos meios de transporte, as condições de carga e descarga, manutenção e a desinfecção de equipamentos e utensílios, bem como as medidas de segurança e capacitação do pessoal envolvido (Ministério da Saúde, 2006). Há duas principais etapas no transporte de resíduos: o trânsito de resíduos internamente à organização e do momento da coleta até a destinação final.

Introdução

Em qualquer parte do mundo as sociedades requerem a transformação de recursos naturais em produtos beneficiados para as suas necessidades em geral. Esses produtos, quando atingem os fins para os quais foram criados, ou seja, o fim de sua vida útil, acabam por ser descartados.

Todo esse processo acaba levando à deterioração do ambiente natural, pois a quantidade de resíduos sólidos que a sociedade produz é uma das fontes indiscutíveis de deterioração ambiental. O crescimento desordenado da população e o crescimento da renda *per capita*, associados à inadequação produtiva e de consumo, constituem fatores globais que explicam o crescente descarte dos resíduos sólidos no meio ambiente (Ely, 1988).

A produção de lixo urbano é de tal intensidade que não é possível conceber uma cidade sem considerar a problemática gerada pelos resíduos sólidos desde a etapa da geração até a disposição final. Nas cidades brasileiras, geralmente, esses resíduos são destinados a locais a céu aberto. A problemática ambiental gerada pelo lixo é de difícil solução e a maior parte das cidades brasileiras apresenta um serviço de coleta que não prevê a segregação dos resíduos na fonte.

Gerenciamento de resíduos sólidos

Aquilo que a sociedade descarta em seus processos humanos só passou a se constituir problema com o crescimento da população mundial em direta correlação com o volume de resíduos. A quantidade de lixo gerada no mundo tem sido grande e seu mau gerenciamento, além de provocar gastos financeiros significativos, pode provocar graves danos ao meio ambiente e comprometer a saúde e o bem-estar da população.

As formas de gerenciar os resíduos urbanos é um tema que precisa ser devidamente estudado. O fluxograma a seguir (Figura 2.1) representa um gerenciamento de resíduos orientado à redução e reciclagem e encaixa-se no que é proposto por Cunha e Filho (2002) e também na logística reversa mencionada por Rogers e Tibben-Lembke (2001).

Em países em desenvolvimento como o Brasil, há previsão de que 95% do aumento populacional se dará em áreas urbanas, dobrando para cerca de 4 bilhões na próxima geração (Davis, 2006). Apesar das megacidades superpovoadas serem o destaque do crescimento urbano, três quartos do crescimento populacional ocorrerão em cidades do segundo escalão, pouco visíveis, e áreas urbanas menores, em que há pouco ou nenhum planejamento para acomodar os residentes e prestar-lhes serviços (UN-Habitat, 2003).

Para melhor compreensão a respeito do gerenciamento dos resíduos sólidos apresentar-se-á, a seguir, algumas deliberações do Conselho Nacional de Política Ambiental (Copam).

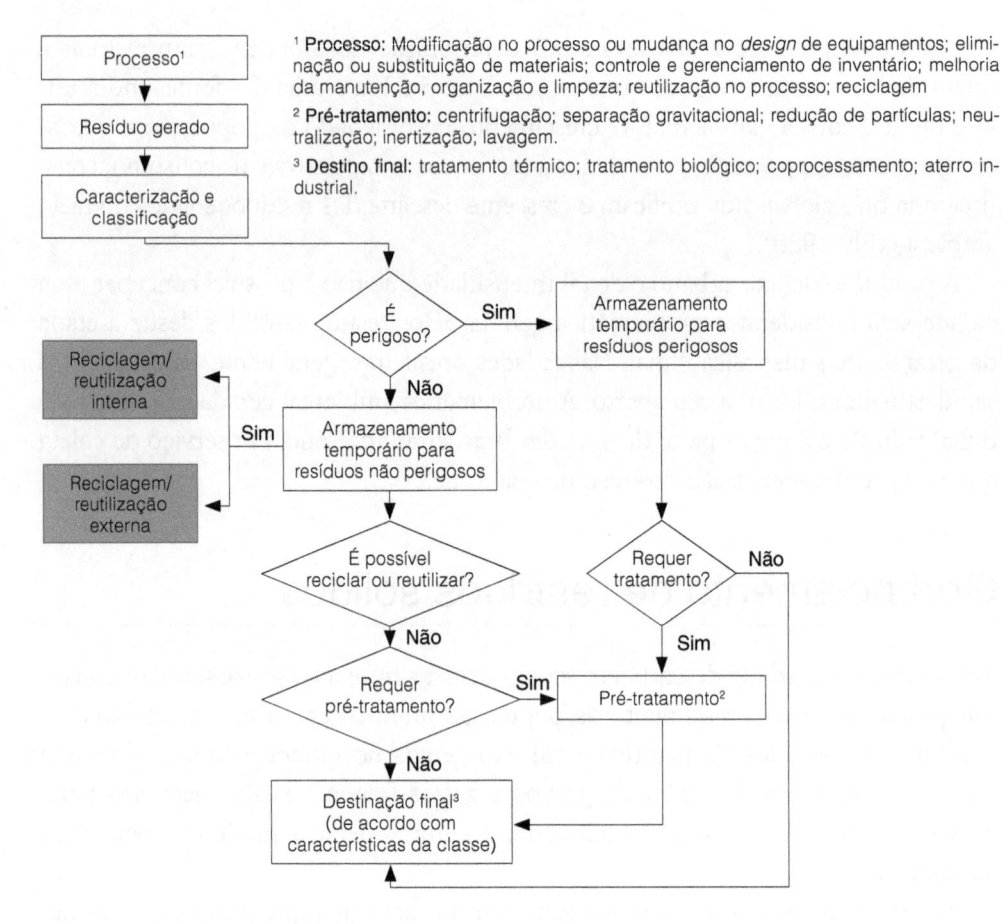

[1] **Processo:** Modificação no processo ou mudança no *design* de equipamentos; eliminação ou substituição de materiais; controle e gerenciamento de inventário; melhoria da manutenção, organização e limpeza; reutilização no processo; reciclagem

[2] **Pré-tratamento:** centrifugação; separação gravitacional; redução de partículas; neutralização; inertização; lavagem.

[3] **Destino final:** tratamento térmico; tratamento biológico; coprocessamento; aterro industrial.

Fonte: Adaptado de Sistema Firjan (2006).

Figura 2.1 – Fluxograma de gerenciamento de resíduos sólidos.

Deliberação Normativa do Copam a respeito da destinação final de resíduos urbanos

A Deliberação Normativa Copam nº 118 (Copam, 2008) relaciona algumas das áreas permitidas e não permitidas para disposição de resíduos urbanos (art. 2º):

a) *Área de Preservação Permanente (APP)*: área protegida coberta ou não por vegetação nativa, com a função ambiental de preservar os recursos hídricos, a paisagem, a estabilidade geológica, a biodiversidade, o fluxo gênico de fauna e flora,

proteger o solo e assegurar o bem-estar das populações humanas. Não pode ser destino de resíduos (Copam, 2008).
b) *Lixão*: forma inadequada de disposição final de resíduos sólidos, caracterizada pela sua descarga sobre o solo, sem critérios técnicos e medidas de proteção ambiental ou à saúde pública. É o mesmo que descarga a céu aberto. A Figura 2.2, de Jardim et al. (1995) mostra graficamente problemas como os coletores que se expõem durante a catação, a queima a céu aberto, a contaminação do lençol freático pelo chorume e a degradação do ambiente natural.
c) *Aterro controlado*: técnica de disposição de resíduos sólidos urbanos no solo, sem causar danos ou riscos à saúde pública e à segurança, minimizando os impactos ambientais (Copam, 2008).
d) *Depósito de lixo*: denominação genérica do local utilizado para destinação final de resíduos sólidos urbanos (RSU) coletados pela municipalidade, que dependendo da técnica ou forma de implantação e operação pode ser classificado como: aterro sanitário, aterro controlado, lixão ou outra técnica pertinente.

Figura 2.2 – Esquema de lixão a céu aberto.

e) *Aterro sanitário*: técnica adequada de disposição de resíduos sólidos urbanos no solo sem causar danos à saúde pública e à segurança, minimizando os impactos ambientais, que utiliza princípios de engenharia para confinar os resíduos sólidos à menor área possível e reduzi-los ao menor volume permissível, cobrindo-os com uma camada de terra na conclusão de cada jornada de trabalho, ou a intervalos menores, se necessário. São instalados em área geologicamente apropriadas, distantes de rios e outras fontes de água, conforme representado na Figura 2.3.

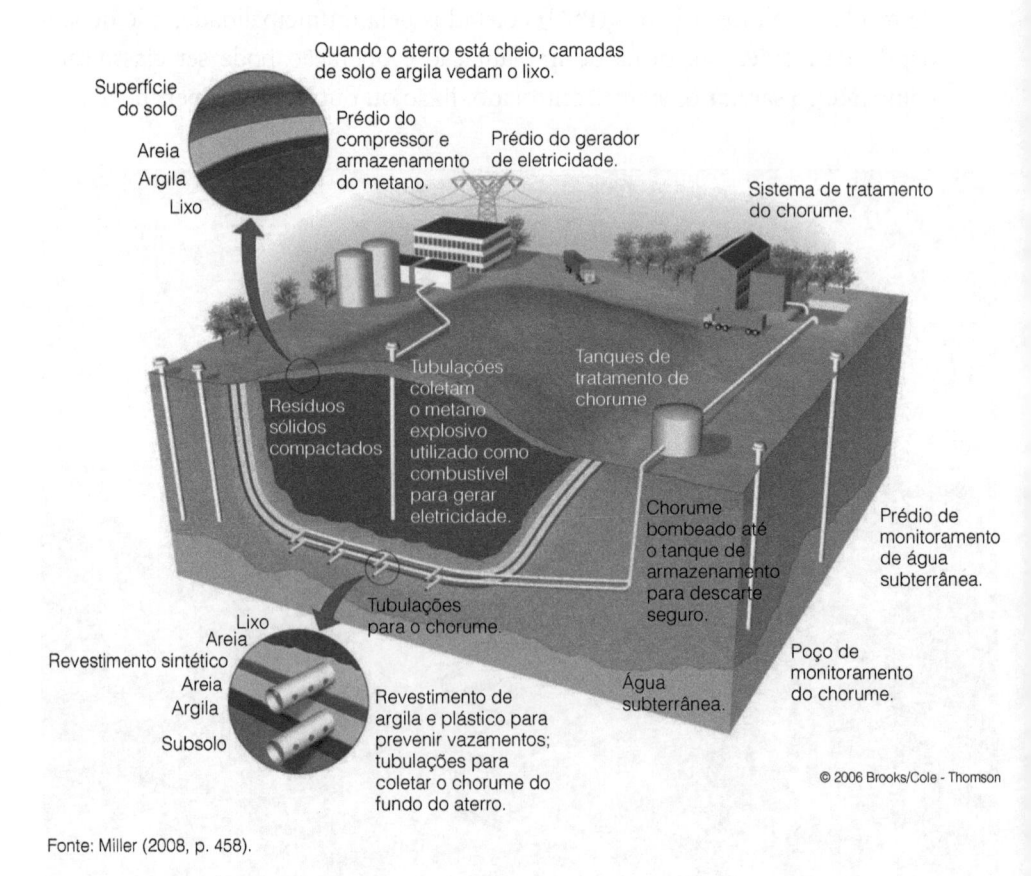

Fonte: Miller (2008, p. 458).

Figura 2.3 – Aterro sanitário projetado para minimizar problemas ambientais comuns em aterros.

A análise dos dados da Pesquisa Nacional de Saneamento Básico (PNSB), realizada pelo Instituto Brasileiro de Geografia e Estatística (IBGE), que teve como referência o ano de 2008, traz dados interessantes. Em 1989, 1,1% dos resíduos sólidos no Brasil iam para um aterro sanitário. Já em 2000 o percentual passou para 17,3%, alcançando a marca de 27,7% em 2008 (IBGE, 2010). Os resíduos que seguiam para vazadouro a céu aberto, passaram de 88,2% em 1989 para 72,3% em 2000 e 50,8% em 2008. A situação dos resíduos direcionados a aterro controlado passou de 9,6% em 1989 para 22,3% em 2000 e 22,5% em 2008. Esta situação é explicada na obra de Cunha e Filho (2002): a maioria dos resíduos sólidos municipais coletados nas cidades brasileiras (aproximadamente 76% do total recolhido) não recebe destinação final adequada, sendo despejada em lixões, nos quais não há qualquer espécie de tratamento inibidor ou redutor dos efeitos poluidores (Prandini apud Cunha e Filho, 2002, p. 146).

No Brasil, os aterros estão dispostos de forma desigual. Há uma grande zona sem nenhuma forma de disposição de resíduos urbanos adequada na parte superior do mapa. "Os lixões constituem uma forma inadequada de descarte final dos resíduos sólidos urbanos. Problemas e inconvenientes, como depreciação da paisagem, presença de vetores de doenças, formação de gás metano e degradação social de pessoas, são fatores comuns a todos os lixões" (Consoni et al apud Cunha e Filho, 2002, p. 146). Cabe destacar que a PNSB deixou de considerar a nomenclatura "limpeza urbana e coleta de lixo" de 2000 para adotar "manejo de resíduos sólidos" em 2008.

Uma parcela dos resíduos urbanos é composta de Resíduos dos Serviços de Saúde (RSS). De acordo com Bartoli (1997), os RSS representam uma das menores partes do total de resíduos gerados nos municípios brasileiros. Apesar desse pequeno volume, apresentam potenciais riscos.

Gerenciamento dos resíduos dos serviços de saúde

A Resolução RDC nº 306/2004, capítulo II, da Anvisa, define o que são resíduos dos serviços de saúde. Na mesma resolução há explicação dos geradores.

Para efeito deste regulamento técnico, definem-se como geradores de RSS todos os serviços relacionados com o atendimento à saúde humana ou animal, inclusive os serviços de assistência domiciliar e de trabalhos de campo; laboratórios analíticos de produtos para saúde; necrotérios, funerárias e serviços em que se realizem atividades de embalsamamento (tanatopraxia e somatoconservação); serviços de medicina legal; drogarias e farmácias inclusive as de manipulação; estabelecimentos de ensino e pesquisa na área de saúde; centros de controle de zoonoses; distribuidores de produtos farmacêuticos, importadores, distribuidores e produtores de materiais e controles para diagnóstico *in vitro*; unidades móveis de atendimento à saúde; serviços de acupuntura; serviços de tatuagem, entre outros similares.

Classificação, segregação e identificação de resíduos de serviços de saúde

O apêndice I da RDC nº 306/2004 discrimina os grupos de RSS. Os resíduos do *grupo A* são aqueles com a possível presença de agentes biológicos que, por suas características, podem apresentar risco de infecção. Subdividem-se em:

- *A1*: Culturas e estoques de micro-organismos; resíduos de fabricação de produtos biológicos, exceto os hemoderivados; descarte de vacinas de micro--organismos vivos ou atenuados; meios de cultura e instrumentais utilizados para transferência, inoculação ou mistura de culturas; resíduos de laboratórios de manipulação genética; resíduos resultantes da atenção à saúde de indivíduos ou animais, com suspeita ou certeza de contaminação biológica por agentes classe de risco 4, micro-organismos com relevância epidemiológica e risco de disseminação ou causador de doença emergente que se torne epidemiologicamente importante ou cujo mecanismo de transmissão seja desconhecido; bolsas transfusionais contendo sangue ou hemocomponentes rejeitadas por contaminação ou por má conservação, ou com prazo de validade vencido, e aquelas oriundas de coleta incompleta; sobras de amostras de laboratório contendo sangue ou líquidos corpóreos, recipientes e materiais resultantes do processo de assistência à saúde, contendo sangue ou líquidos corpóreos na forma livre.
- *A2*: Carcaças, peças anatômicas, vísceras e outros resíduos provenientes de animais submetidos a processos de experimentação com inoculação de micro--organismos, bem como suas forrações e os cadáveres de animais suspeitos de serem portadores de micro-organismos de relevância epidemiológica e com risco de disseminação, que foram submetidos ou não a estudo anatomopatológico ou confirmação diagnóstica.
- *A3*: Peças anatômicas (membros) do ser humano; produto de fecundação sem sinais vitais, com peso menor que 500 g ou estatura menor que 25 cm ou idade gestacional menor que 20 semanas, que não tenham valor científico ou legal e não tenha havido requisição pelo paciente ou familiares.

- *A4*: Kits de linhas arteriais, endovenosas e dialisadores, quando descartados; filtros de ar e gases aspirados de área contaminada; membrana filtrante de equipamento médico-hospitalar e de pesquisa, entre outros similares; sobras de amostras de laboratório e seus recipientes contendo fezes, urina e secreções, provenientes de pacientes que não contenham nem sejam suspeitos de conter agentes classe de risco 4, e nem apresentem relevância epidemiológica e risco de disseminação, ou micro-organismo causador de doença emergente que se torne epidemiologicamente importante ou cujo mecanismo de transmissão seja desconhecido ou com suspeita de contaminação com príons; resíduos de tecido adiposo proveniente de lipoaspiração, lipoescultura ou outro procedimento e cirurgia plástica que gere este tipo de resíduo; recipientes e materiais resultantes do processo de assistência à saúde, que não contenha sangue ou líquidos corpóreos na forma livre; peças anatômicas (órgãos e tecidos) e outros resíduos provenientes de procedimentos cirúrgicos ou de estudos anatômicos ou de confirmação diagnóstica; carcaças, peças anatômicas, vísceras e outros resíduos provenientes de animais não submetidos a processos de experimentação com inoculação de micro-organismos, bem como suas forrações; bolsas transfusionais vazias ou com volume residual pós-transfusão.
- *A5*: Órgãos, tecidos, fluidos orgânicos, materiais perfurocortantes ou escarificantes e demais materiais resultantes da atenção à saúde de indivíduos ou animais com suspeita ou certeza de contaminação com príons.

No *grupo B*, estão os resíduos contendo substâncias químicas que podem apresentar risco à saúde pública ou ao meio ambiente, dependendo de suas características de inflamabilidade, corrosividade, reatividade e toxicidade; produtos hormonais e produtos antimicrobianos; citostáticos; antineoplásicos; imunossupressores; digitálicos; imunomoduladores; antirretrovirais, quando descartados por serviços de saúde, farmácias, drogarias e distribuidores de medicamentos ou apreendidos e os resíduos e insumos farmacêuticos dos medicamentos controlados pela Portaria MS 344/98 e suas atualizações; resíduos de saneantes, desinfetantes, desinfestantes; resíduos contendo metais pesados; reagentes para laboratório, inclusive os recipientes contaminados por estes; efluentes de processadores de imagem (reveladores e fixadores); efluentes dos equipamentos automatizados utilizados em análises clínicas; demais produtos considerados perigosos, conforme classificação da NBR 10.004 da ABNT (tóxicos, corrosivos, inflamáveis e reativos). A classe I representa os perigosos e a classe II os não perigosos, divididos em II A – não inertes (combustibilidade, biodegrabilidade, solubilidade em água) e II B – inertes (amostrados – NBR 10.007

e aprovados no teste de solubilidade NBR 10.006). A classificação segundo a Resolução RDC nº 33, de 25 de fevereiro de 2003, subdivide este grupo de B1 a B8:

a) subgrupo *B1*: Resíduos dos medicamentos ou insumos farmacêuticos vencidos, contaminados, apreendidos para descarte, parcialmente utilizados e demais medicamentos impróprios para consumo, que oferecem risco. Incluem-se neste grupo:
- Produtos hormonais de uso sistêmico;
- Produtos hormonais de uso tópico, quando descartados por serviços de saúde, farmácias, drogarias e distribuidores de medicamentos;
- Produtos antibacterianos de uso sistêmico;
- Produtos antibacterianos de uso tópico, quando descartados por serviços de saúde, farmácias, drogarias e distribuidores de medicamentos;
- Medicamentos citostáticos;
- Medicamentos antineoplásicos;
- Medicamentos digitálicos;
- Medicamentos imunossupressores;
- Medicamentos imunomoduladores;
- Medicamentos antirretrovirais.

b) *B2*: Resíduos dos medicamentos ou dos insumos farmacêuticos quando vencidos, contaminados, apreendidos para descarte, parcialmente utilizados e demais medicamentos impróprios para consumo, que, em função de seu princípio ativo e forma farmacêutica, não oferecem risco. Incluem-se neste grupo todos os medicamentos não classificados no grupo B1 e os antibacterianos e hormônios para uso tópico, quando descartados individualmente pelo usuário domiciliar;

c) *B3*: Resíduos e insumos farmacêuticos dos medicamentos controlados pela Portaria MS 344/98 e atualizações;

d) *B4*: Saneantes, desinfetantes e desinfestantes;

e) *B5*: Substâncias para revelação de filmes usados em raios X;

f) *B6*: Resíduos contendo metais pesados;

g) *B7*: Reagentes para laboratório, isolados ou em conjunto;

h) *B8*: Outros resíduos contaminados com substâncias químicas perigosas.

Fazem parte do *grupo C* quaisquer materiais resultantes de atividades humanas que contenham radionuclídeos em quantidades superiores aos limites de isenção especificados nas normas do CNEN e para os quais a reutilização é imprópria ou não prevista. Enquadram-se neste grupo os rejeitos radioativos ou contaminados com radionuclídeos, provenientes de laboratórios de análises clínicas, serviços de medicina nuclear e radioterapia, segundo a resolução CNEN-6.05.

Os resíduos do *grupo D* não apresentam risco biológico, químico ou radiológico à saúde ou ao meio ambiente, podendo ser equiparados aos resíduos domiciliares. Exemplos: papel de uso sanitário e fralda, absorventes higiênicos, peças descartáveis de vestuário, resto de alimentos de paciente, material utilizado em antissepsia e hemostasia de venóclises, equipo de soro e outros similares não classificados como A1; sobras de alimentos e do preparo de alimentos; resto alimentar de refeitório; resíduos provenientes das áreas administrativas; resíduos de varrição, flores, podas e jardins; resíduos de gesso provenientes de assistência à saúde.

Materiais perfurocortantes ou escarificantes compõem o *grupo E*, tais como: lâminas de barbear, agulhas, escalpes, ampolas de vidro, brocas, limas endodônticas, pontas diamantadas, lâminas de bisturi, lancetas; tubos capilares; micropipetas; lâminas e lamínulas; espátulas; e todos os utensílios de vidro quebrados no laboratório (pipetas, tubos de coleta sanguínea e placas de Petri) e outros similares. A Tabela 2.1 exemplifica a classificação de alguns resíduos de serviços de saúde.

Tabela 2.1 – Exemplo de segregação de resíduos.

Unidade ou serviço	Descrição do resíduo	Grupo					Estado físico	
		A1	A4	B	D	E	Sólido	Líquido
Centro cirúrgico	Secreções, excreções e outros fluidos orgânicos.	x						x
	Recipientes e materiais resultantes do processo de assistência à saúde, que não contenham sangue ou líquidos corpóreos na forma livre. Peças anatômicas (órgãos e tecidos) e outros resíduos provenientes de procedimento cirúrgico. Kits de linhas arteriais, endovenosas. Bolsas contendo sangue ou hemocomponentes.		x				x	
	Líquidos com antissépticos proveniente da higienização das mãos dos médicos e funcionários.							
	Recipientes e materiais resultantes do processo de assistência à saúde não contaminados por sangue ou líquidos corpóreos. Embalagens descartáveis diversas. Embalagens secundárias de medicamentos. Equipo de soro sem contaminação com sangue ou líquidos corpóreos. Papel-toalha.				x			x
	Materiais perfurocortantes. Embalagens de medicamentos (vidro).				x	x		

Setor	Resíduos	C1	C2	C3	C4
Serviço de Nutrição e Dietética (SND) Lactário Refeitório	Sobras de alimentos dos pacientes e funcionários. Sobras limpas (resto de alimentos manipulados ou não). Papéis, formulários, descartáveis e outros similares.		x	x	
	Líquidos com antissépticos proveniente da higienização das mãos dos funcionários. Efluente líquido (esgoto) contendo antissépticos e detergentes provenientes da higienização da cozinha, dos materiais e equipamentos.	x			x
	Medicamentos vencidos. Líquidos com antissépticos proveniente da higienização das mãos dos funcionários.	x			x
	Papéis, formulários, descartáveis e outros similares. Embalagens secundárias de medicamentos. Papel-toalha.		x	x	
	Materiais perfurocortantes. Embalagens de medicamentos (vidro).			x	x
Administração Central telefônica Centro de custo Setor de compras	Embalagens em geral. Papéis, formulários, descartáveis e outros similares.		x	x	
Central de Material Esterilizado (CME)	Líquidos com antissépticos proveniente da higienização das mãos dos funcionários. Efluente líquido (esgoto) contendo antissépticos e detergentes provenientes da higienização de materiais utilizados em procedimentos.	x			x
	Embalagens em geral. Papéis, formulários, descartáveis e outros similares.		x	x	
Postos de enfermagem (geral, masculino e feminino) UTI (adulto, neonatal e pediátrica) Pronto-socorro Pronto atendimento	Recipientes e materiais resultantes do processo de assistência à saúde, que não contenha sangue ou líquidos corpóreos na forma livre. Kits de linhas arteriais, endovenosas. Bolsas contendo sangue ou hemocomponentes.	x		x	
	Líquidos com antissépticos proveniente da higienização das mãos dos médicos e funcionários.	x			x
	Recipientes e materiais resultantes do processo de assistência à saúde não contaminados por sangue ou líquidos corpóreos. Equipo de soro sem contaminação com sangue ou líquidos corpóreos. Papéis, formulários, descartáveis e outros similares. Embalagens secundárias de medicamentos. Papel-toalha.		x	x	
	Materiais perfurocortantes. Embalagens de medicamentos (vidro).			x	x

Expurgo	Secreções, excreções e outros líquidos corpóreos dos pacientes.	x				x
	Líquidos com antissépticos proveniente da higienização das mãos dos funcionários. Efluente líquido (esgoto) contendo antissépticos e detergentes provenientes da higienização de materiais utilizados em procedimentos.		x			x
	Papel-toalha e outros similares.			x	x	
Lavanderia	Recipientes e materiais resultantes do processo de assistência à saúde, que não contenha sangue ou líquidos corpóreos na forma livre.	x			x	
	Efluente líquido (esgoto) contendo antissépticos e detergentes provenientes da lavagem de roupas contaminadas ou não.		x			x
	Embalagens em geral. Papéis, formulários, descartáveis e outros similares			x	x	
Manutenção	Embalagens em geral. Papéis, formulários, descartáveis e outros similares. Sucata de aço, alumínio, madeira, borracha, vidro, plástico e outros similares.			x	x	
	Tintas, solventes, verniz e outros similares.		x			x

Fonte: Correa (2009).

Cada tipo de resíduo deve ser identificado por uma cor conforme o Quadro 2.1.

Quadro 2.1 – Padrão de cores na identificação de resíduos.

Cor	Tipo
Azul	Papel/papelão
Vermelho	Plástico
Verde	Vidro
Amarelo	Metal
Preto	Madeira
Laranja	Resíduos perigosos
Branco	Resíduos ambulatoriais e de serviços de saúde
Roxo	Resíduos radioativos
Marrom	Resíduos orgânicos
Cinza	Resíduo geral não reciclável ou misturado, ou contaminado não passível de separação

Fonte: Conama (2001) e Sistema Firjan (2006).

Regulamentações e gerenciamento reverso de resíduos: o Plano de Gerenciamento de Resíduos dos Serviços de Saúde (PGRSS)

A questão dos resíduos dos serviços de saúde possui um rol de normas legais que precisam ser focadas com o risco de sujeitar-se às penalidades legais decorrentes do descumprimento. O manuseio, transporte, armazenamento, monitoramento, coleta, mão de obra empregada e destinação final, assim como as demais etapas, possuem normas e procedimentos previstos na legislação.

Segundo o art. 14 da Lei nº 12.305, de 2 de agosto de 2010, são instrumentos de gerenciamento reverso de resíduos (Brasil, 2010, p. 3):

a) O Plano Nacional de Resíduos Sólidos;
b) Os planos estaduais de resíduos sólidos;
c) Os planos microrregionais de resíduos sólidos e os planos de resíduos sólidos de regiões metropolitanas ou aglomerações urbanas;
d) Os planos intermunicipais de resíduos sólidos;
e) Os planos municipais de gestão integrada de resíduos sólidos;
f) Os planos de gerenciamento de resíduos sólidos (PGRS).

A resolução nº 358 do Conselho Nacional do Meio Ambiente (Conama) determina que caberá ao responsável legal pela organização geradora a responsabilidade pelo gerenciamento de seus resíduos, desde a geração até a disposição final. De acordo com a mesma resolução, deve ainda o responsável legal das organizações prestadoras de serviços de saúde disponibilizar o PGRSS para os órgãos ambientais dentro de suas respectivas esferas de competência (Zamoner, 2009). O PGRSS é uma ferramenta de gerenciamento de resíduos em que a organização dispõe sobre como se dará o manejo dos resíduos do momento da geração até a coleta, previsto no inciso VI do art. 14 da Lei nº 12.305 (Brasil, 2010).

Dessa forma, "entende-se ainda que cabe às secretarias da Saúde e do Meio Ambiente municipais a principal responsabilidade em relação à orientação, avaliação e fiscalização para sustentação dos PGRSS dos seus estabelecimentos de saúde" (Zamoner, 2009, p. 1947). A autora sugere ainda um roteiro para os PGRSS, que, com adaptações, conforme o Quadro 2.2, pode ser seguido.

Capítulo 2 – Gerenciamento reverso de resíduos sólidos urbanos no Brasil 61

Quadro 2.2 – Roteiro para elaboração do PGRSS.

Etapas
1. Definir os objetivos gerais.
2. Estabelecer equipe de trabalho, com inclusão do responsável técnico.
3. Levantar bibliografia (listar a legislação e demais bibliografias utilizadas em todas as etapas do roteiro).
4. Realizar o diagnóstico de RSS na organização, em todas as suas fases.
5. Definir o PGRSS (classificação dos RSS, segregação e acondicionamento, armazenamento temporário, armazenamento externo, coleta interna, tratamento interno de RSS, definição do programa de reciclagem, coleta externa, tratamento externo, disposição final) por meio da cadeia fornecedor-cliente.
6. Definir etapas que envolvem terceiros no manejo dos resíduos.
7. Mapear os riscos associados aos RSS.
8. Anexar documentos necessários, procedimentos, plantas e/ou croquis, relatórios, fotos etc.
9. Levantar recursos necessários para a implementação do PGRSS.
10. Elaborar o plano de implementação do PGRSS, com respectivos Procedimentos Operacionais Padrão (POP), com os fluxos mapeados; mapear também a cadeia cliente-fornecedor.
11. Acompanhar a eficácia do plano.
12. Mudar o plano quando necessário, visando melhorá-lo, a partir do acompanhamento.

Fonte: Adaptado de Zamoner (2009).

Tecnologias de tratamento de resíduos de serviços de saúde

Tipos de tratamento de resíduos, segundo o serviço (Ministério da Saúde, 2006; Cussiol, 2003, 2008, 2009):

- *Autoclavagem por calor úmido*: aplicação de vapor saturado sob pressão superior à atmosférica com a finalidade de se esterilizar. Não pode ser utilizado com resíduos químicos nem radioativos, além de gerar odores durante o processo.
- *Autoclavagem com vapor e micro-ondas*: combina múltiplas etapas de vaporização e vácuo, fazendo que o resíduo fique uniformemente umidificado e exposto à irradiação por micro-ondas. Pode chegar a reduzir o volume de resíduos de 20% a 80%, se agregado a um triturador. Os resíduos são triturados e encaminhados para câmara de tratamento, sendo umedecidos em vapor-d'água a alta temperatura. A mistura então é submetida a uma série de micro-ondas sob temperatura entre 95 °C a 100 °C, por 30 minutos.
- *Autoclavagem com solidificação*: realiza a fusão a 250 °C dos resíduos e da embalagem de acondicionamento em um volume reduzido por prensagem (em até cinco vezes).

- *Desinfecção a seco ou inativação térmica*: mais demorado, pois requer altas temperaturas.
- *Irradiação por radiação ionizante*: método de esterilização com uso de baixas temperaturas. Se dá através de raios gamas (Cobalto-60), ultravioleta, feixe de elétrons e infravermelho.
- *Desinfecção por radiofrequência/desativação eletrotérmica (ETD)*: os resíduos são triturados e enviados para câmara de tratamento por ondas de rádio de baixa frequência e temperatura mínima de 90 °C.
- *Desinfecção química*: é a adição de produtos químicos ao resíduos a fim de inativar ou eliminar micro-organismos. Exemplos de produtos: compostos fenólicos, aldeídos, clorados, sais de amônio, hipoclorito de sódio, oxido de etileno ou formaldeído, em aplicação direta. Oferece risco químico aos manipuladores, além de requerer maior tempo. Gera efluentes químicos que podem precisar de tratamento. A Tabela 2.2 elenca os principais compostos químicos utilizados para desinfecção, com o grau de risco, equipamentos necessários para o manejo e a forma de neutralização.

Tabela 2.2 – Compostos de desinfecção química, com riscos, equipamentos e forma de neutralização.

Composto	Risco (3)	Equipamentos necessários para o manuseio (3)	Neutralização
Glutaraldeído (também chamado pentanodial, dialdeído glutárico, glutaral).	Risco moderado (nível 2) à saúde e reatividade leve (nível 1).	O funcionário que manipula deve se valer de óculos protetores, avental, luvas e capuz.	* Bissulfato de sódio (SBS): utilizado para neutralizar concentrações de glutaraldeído (até 5%). Para garantir a neutralização completa e rápida, recomenda-se a adição de 2-3 partes (por peso) de SBS por parte de glutaraldeído ativo. A adição de 2-3 partes de SBS reduzirá rapidamente a concentração de glutaraldeído na solução para menos de 2 ppm ativos dentro de 5 minutos à temperatura ambiente. O restante da solução poderá ser eliminado da maneira apropriada. (1)
			* Hidróxido de sódio (soda cáustica): as concentrações de glutaraldeído até 2% ativo podem ser neutralizadas com a adição de uma solução aquosa de hidróxido de sódio (soda cáustica). Adicionar uma quantidade suficiente de solução de hidróxido de sódio para manter um pH 12 reduzirá a concentração do glutaraldeído para aproximadamente 20 ppm ou menos em 8 horas à temperatura ambiente. Manter o pH 12 ou mais elevado é fundamental, pois um pH inferior resultaria em uma neutralização significativamente mais lenta do glutaraldeído. As soluções tratadas, que agora contêm um baixo nível de glutaraldeído residual, devem retornar ao pH neutro através da adição cuidadosa de um ácido inorgânico (ex.: ácido clorídrico) antes da disposição adequada. (1)

Capítulo 2 – Gerenciamento reverso de resíduos sólidos urbanos no Brasil

Composto	Risco (3)	Equipamentos necessários para o manuseio (3)	Neutralização
Hipoclorito de sódio (água sanitária, água de Javel, branqueador doméstico, cândida).	O composto apresenta severo risco à saúde (nível 3) e reatividade leve (nível 1).		Não descartar o hipoclorito de sódio líquido em esgotos, córregos ou no meio ambiente. Quando necessário, o hipoclorito de sódio pode ser neutralizado com agentes redutores, tais como tiossulfato de sódio, bisulfito de sódio, sulfito de sódio ou água oxigenada. A solução resultante da neutralização deve ser diluída com grande quantidade de água antes de ser descartada. O descarte deve ser feito de acordo com a regulamentação aplicável (federal, estadual ou municipal). (4)
Formol (Formaldeído 37%, formalina, morbicida, óxido de metileno, metil aldeído, aldeído fórmico).	Apresenta severo risco à saúde (nível 3), inflamabilidade e reatividade moderadas (nível 2).	Requer o uso de luvas, casaco e óculos protetores.	Um galão (3,785 litros) de formalina a 10% (3,7% de formaldeído) contém 140 g de formaldeído. Para neutralizar essa quantidade, são necessários 212 g de hidróxido de amônio a 26%; se for um galão de formalina a 5%, será preciso 106 g de amônia a 26%. Deve-se misturar de forma lenta e adequada. Deixar em repouso por 12 horas com a capela ligada. A mistura resultante pode ser usada como fertilizante. Inicialmente, o pH da solução de formaldeído será de aproximadamente 6. Na medida em que a amônia é adicionada e misturada, é produzido um precipitado branco. A adição de amônia suficiente vai elevar o pH para cerca de 8; a constatação de pH alcalino (básico) mostra que foi adicionada amônia em excesso. Não ultrapassar os 5 galões no tratamento (1.060 gramas para formalina a 10%, 530 gramas para formalina a 5%), e trabalhar seguindo as recomendações acima. (2)
Xilol (Xileno, dimetil benzeno, xilol, metil tolueno).	Severo risco de inflamabilidade (nível 3). Quando liberada no ar, esta substância, por ser degradada por reação fotoquímica, produzindo radicais hidróxi. Tem uma meia-vida de menos de um dia. É tóxico para a vida aquática. A dose letal para peixes é entre 10 e 100 mg/L.	Requer o uso de luvas, casacos e óculos protetores.	Incinerar ou aterrar em instalação autorizada. (5)

Composto	Risco (3)	Equipamentos necessários para o manuseio (3)	Neutralização
Mercúrio (também conhecido como hydrargyrum ou "prata líquida").	Danos extremos à saúde (nível 4). Reatividade leve (nível 1) risco severo com contato (nível 3).	Requer equipamento como luvas, capuz, óculos protetores, avental.	Coletar todas as gotas e poças o mais rápido possível utilizando uma bomba de sucção e uma garrafa aspiradora com um longo tubo capilar. Combine todo o mercúrio contaminado em uma garrafa bem vedada. Retornar ao fabricante para reciclagem. (3)

Fontes: (1) Dow (2004); (2) Unesp (2010); (3) Ministério da Saúde (2006); (4) Casquimica (2010); (5) Makeni Chemicals, (2005).

a) *Decaimento radioativo*: uma vez que não é permitido o tratamento de resíduos radioativos, é preciso aguardar que eles decaiam.
b) *Coprocessamento*: quando os resíduos são reaproveitados nos processos de fabricação de cimento (Sistema Firjan, 2006).

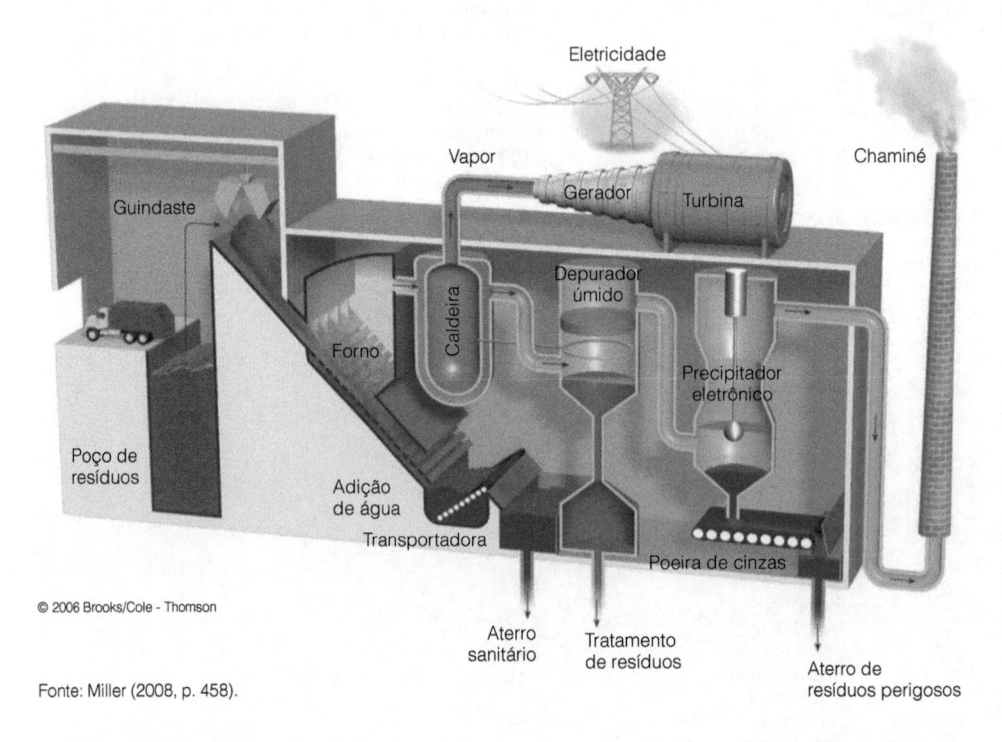

Fonte: Miller (2008, p. 458).

Figura 2.4 – Exemplo de incinerador com produção de energia, controles de poluição, queima de resíduos misturados e recuperação de parte da energia.

c) *Pirólise*: consiste do aquecimento de resíduos em uma atmosfera sem a presença de oxigênio, conseguindo atingir temperaturas de até 1.000 °C. (Eleutério, Hamada e Padim, 2008)
d) *Plama*: consiste da aplicação de uma forma especial de material gasoso (gás ionizado) condutor de eletricidade sobre o resíduo. Gera duas fases líquidas (cerâmica e férrea) que, quando se resfriam, se tornam sólidos inertes e vitrificados, além de gases combustíveis que serão oxidados na câmara de combustão. Não se trata de uma combustão.
e) *Incineração*: é a destruição dos resíduos pela combustão (oxigênio). O volume se reduz em até 90% (Ministério da Saúde, 2006). A Figura 2.4 ilustra o esquema de um incinerador de resíduos.

São vantagens da incineração: diminuição do volume ocupado pelo lixo, menor necessidade de aterro, menor poluição da água e rapidez e facilidade na operação. As desvantagens são o alto custo de implementação e operação, poluição do ar (em especial por dioxinas), produção de cinzas tóxicas, incentivo à produção de resíduos e o desestímulo a reciclagem e a redução do descarte (Miller, 2008).

Tratamento de resíduos de serviços de saúde por tipo de resíduo

Tipos de tratamento de resíduos, segundo o grupo de resíduos (Ministério da Saúde, 2006; Cussiol, 2008):

a) *Tratamento de RSS do grupo A:*
- *Subgrupo A1*: devem ser submetidos a tratamento em equipamentos que reduzam ou eliminem a carga microbiana compatível com nível III de inativação microbiana. Não podem ser reciclados, reaproveitados nem reutilizados, mas após tratamento podem ser descartados como resíduos do grupo D em aterros sanitários (Ministério da Saúde, 2006).
- *Subgrupo A2*: devem ser submetidos a tratamento em equipamentos que reduzam ou eliminem a carga microbiana compatível com nível III de inativação microbiana. E em seguida seguir para tratamento térmico por incineração (Ministério da Saúde, 2006).
- *Subgrupo A3*: devem seguir para sepultamento, uso científico ou tratamento. Se encaminhados para o sistema de tratamento, requerem ser acondicionados em sacos vermelhos sob inscrição "peças anatômicas". O órgão ambiental competente nos estados, municípios e Distrito Federal pode aprovar outros processos

alternativos de destinação, como tratamento térmico por incineração ou cremação, em equipamento devidamente licenciado para esse fim (Ministério da Saúde, 2006).
- *Subgrupo A4*: não requerem de tratamento (Ministério da Saúde, 2006).
- *Subgrupo A5*: devem ser submetidos à incineração (Ministério da Saúde, 2006).

b) *Tratamento de RSS do grupo B*

A periculosidade é o determinante para a destinação. Se oferecem perigo, deverão ser submetidos a tratamento. Se não, podem seguir para reciclagem ou outra destinação. Suas características devem constar na ficha de informações de segurança de produtos químicos (FISPQ). Os resíduos em estado sólido e não tratados devem ser dispostos em aterro de resíduos perigosos (Classe I). Os resíduos no estado líquido não devem ser encaminhados para disposição final em aterros. Os resíduos do Grupo B, sem características de periculosidade, não necessitam de tratamento prévio. Se em estado sólido, podem ter disposição final em aterro licenciado. Se em estado líquido, podem ser lançados em corpo receptor ou na rede pública de esgoto, desde que atendam, respectivamente, às diretrizes estabelecidas pelos órgãos ambientais, gestores de recursos hídricos e de saneamento competentes (Ministério da Saúde, 2006; Cussiol, 2008).

- Resíduos químicos do grupo B, quando não submetidos a processo de reutilização, recuperação ou reciclagem: devem ser submetidos a tratamento ou disposição final específicos (Ministério da Saúde, 2006).
- Excretas de pacientes tratados com quimioterápicos antineoplásicos: podem ser eliminadas em sistemas que contam com tratamento de esgoto. Se não houver, devem ser submetidas a tratamento prévio na própria organização, antes da liberação no meio ambiente (Ministério da Saúde, 2006).
- Resíduos de produtos e de insumos farmacêuticos, sob controle especial (Portaria MS 344/98): devem atender a legislação em vigor.
- Fixadores utilizados em diagnóstico de imagem: requerem tratamento e processo de recuperação da prata (Ministério da Saúde, 2006).
- Reveladores utilizados no diagnóstico de imagem: requerem processo de neutralização, podendo ser lançados em sistemas que contam com tratamento de esgoto (Ministério da Saúde, 2006).
- Lâmpadas fluorescentes: devem ser encaminhadas para reciclagem ou processo de tratamento (Ministério da Saúde, 2006).
- Resíduos químicos contendo metais pesados: requerem tratamento ou dispo-

sição final de acordo com as orientações do órgão de meio ambiente estadual (Ministério da Saúde, 2006).

c) *Tratamento de RSS do grupo C*

A norma NE CNEN-6.05 afirma que os rejeitos radioativos não podem ser considerados resíduos até que se tenha alcançado o tempo de decaimento necessário para se atingir o limite de eliminação do ponto de vista radiológico determinado. Após esse tempo, esses resíduos passam à categoria biológica, química ou de resíduo comum (Ministério da Saúde, 2006; Cussiol, 2008).

Os resíduos de fácil putrefação contaminados com radionuclídeos, depois de atendidos os respectivos itens de acondicionamento e identificação de rejeito radioativo, devem manter as condições de conservação mencionadas no item 1.5.5 da RDC Anvisa nº 306/04 durante o período de decaimento do elemento radioativo. O tratamento para decaimento deverá prever mecanismo de blindagem de maneira a garantir que a exposição ocupacional esteja de acordo com os limites estabelecidos na norma NE-3.01 da CNEN. Quando o tratamento for realizado na área de manipulação, devem ser utilizados recipientes blindados individualizados. Quando feito em sala de decaimento, esta deve possuir paredes blindadas ou os rejeitos radioativos devem estar acondicionados em recipientes individualizados com blindagem.

Para serviços que realizem atividades de medicina nuclear e possuam mais de três equipamentos de diagnóstico ou pelo menos um quarto terapêutico, o armazenamento para decaimento será feito em uma sala de decaimento de rejeitos radioativos com no mínimo 4 m², com os rejeitos acondicionados de acordo com o estabelecido no item 12.1 da RDC Anvisa nº 306/04. A sala de decaimento de rejeitos radioativos deve ter acesso controlado. Deve estar sinalizada com o símbolo internacional de presença de radiação ionizante e de área de acesso restrito, dispondo de meios para garantir condições de segurança contra ação de eventos induzidos por fenômenos naturais e estar de acordo com o Plano de Radioproteção aprovado pela CNEN para a instalação. O transporte externo de rejeitos radioativos, quando necessário, deve seguir orientação prévia específica da Comissão CNEN (Ministério da Saúde, 2006).

d) *Tratamento de RSS do grupo D*

Os resíduos orgânicos, flores, resíduos de podas de árvore e jardinagem, sobras de alimento e de pré-preparo desses alimentos, restos de alimentos de refeitórios e de outros que não tenham mantido contato com secreções, excreções ou outro fluido corpóreo, podem ser encaminhados ao processo de compostagem. Os restos e sobras de alimentos citados acima podem ser utilizados como ração animal se forem submetidos a processo de tratamento que garanta a inocuidade do composto, devidamente avaliado e comprovado por órgão competente do Ministério da Agricultura e da Vigilância Sanitária do município, estado ou do Distrito Federal. Os resíduos líquidos provenientes de rede de esgoto (águas servidas) de estabelecimento de saúde devem ser tratados antes do lançamento no corpo receptor (nos córregos etc.). Sempre que não houver sistema de tratamento de esgoto da rede pública, devem possuir o tratamento interno (Ministério da Saúde, 2006).

e) Tratamento de RSS do grupo E

Devem receber tratamento específico de acordo com a contaminação química, biológica, com radiofármacos perigosos ou radionuclídeos. Requerem acondicionamento em coletores estanques, rígidos, resistentes à ruptura, à punctura, ao corte ou à escarificação (Cussiol, 2008).

Os resíduos perfurocortantes contaminados com agente biológico classe de risco 4, micro-organismos com relevância epidemiológica e risco de disseminação ou causador de doença emergente, que se tornem epidemiologicamente importantes ou cujo mecanismo de transmissão seja desconhecido, devem ser submetidos a tratamento, mediante processo físico ou outros processos que vierem a ser validados para a obtenção de redução ou eliminação da carga microbiana, em equipamento compatível com nível III de inativação microbiana. Os resíduos perfurocortantes contaminados com radionuclídeos devem ser submetidos ao mesmo tempo de decaimento do material que o contaminou (Ministério da Saúde, 2006).

Transporte de resíduos

O gerenciamento da coleta e transporte dos RSS deve considerar os roteiros, frequência e horários de coleta, as características dos meios de transporte, as condições de carga e descarga, manutenção e desinfecção de equipamentos e utensílios, bem como as medidas de segurança e a capacitação do pessoal envolvido (Ministério da Saúde, 2006). Há duas principais etapas no transporte de resíduos: o trânsito de resíduos internamente à organização e do momento da coleta até a destinação final.

a) Transporte interno de resíduos

A coleta e o transporte interno dos RSS representam a etapa em que os resíduos vão dos pontos de geração até local destinado ao armazenamento temporário ou armazenamento externo visando viabilizar a coleta externa (Ministério da Saúde, 2006). Deve ter rotas que evitem coincidir com a distribuição de roupas, alimentos e medicamentos, períodos de visita e os locais de maior fluxo de pessoas ou atividades. Deve atender também às condições de segurança (com o uso correto de EPIs). As rotas devem evitar o esforço excessivo dos funcionários responsáveis (Ministério da Saúde, 2006).

Os hospitais devem contar com instrumentos de transporte interno de resíduos – os carrinhos de coleta (Figura 2.5). Devem ser construídos em material rígido, lavável, impermeável e providos de tampa articulada ao próprio corpo do equipamento, cantos e bordas arredondados e contar com rodas revestidas de material que reduza o ruído. Requerem a identificação com o símbolo correspondente ao risco do resíduo nele contido. Os recipientes com capacidade maior que 400 L devem possuir válvula de dreno de fundo (Ministério da Saúde, 2006).

Figura 2.5 – Instrumento de transporte interno de resíduos – carrinho de coleta.

b) Transporte externo de resíduos

As normas NBR 12.810 e NBR 14.652 da ABNT regulamentam a coleta e o transporte externos dos resíduos de serviços de saúde (Ministério da Saúde, 2006). O veículo coletor, representado na Figura 2.6, não deve usar compactador de lixo urbano para o transporte de RSS dos grupos A, B, C e E. Os veículos que transportarem resíduos do grupo A requerem as seguintes características especiais:

- Carroceria adequada a fixar os recipientes de transporte;
- Carroceria completamente separada da cabine;
- Carroceria com a parte interior da carroceria de fácil lavagem;
- Portas de carga na parte traseira do veículo;
- Veículo devidamente identificado com rótulo indicando a presença de material biológico (símbolo universal de "substância infectante" – Norma da ABNT, NBR 7.500).

As empresas de transporte devem obter o licenciamento com o órgão fiscalizador. Elas devem possuir o Certificado de Aprovação para Destinação de Resíduos Industriais (Cadri), que é o caso de São Paulo; Autorização de Transportes de Resíduos Perigosos (ATRP), de Alagoas e Bahia; Autorização para Transporte e Destinação Final de Resíduos, no Paraná; Manifesto de Transporte de Resíduos (MTP), no Rio Grande do Sul; Autorização de Transporte Rodoviário de Resíduos Perigosos no Mato Grosso, entre tantos outros.

Armazenamento/acondicionamento

O armazenamento e acondicionamento de resíduos possuem duas etapas. A etapa temporária interna ocorre em uma sala de resíduos, na área física da organização. A etapa temporária externa acontece em um abrigo de resíduos no terreno da organização, mas fora da área física construída do hospital.

a) Armazenamento temporário interno

O armazenamento temporário interno de resíduos é a guarda temporária dos recipientes contendo os resíduos acondicionados, próximo aos pontos de geração, objetivando agilizar a coleta no estabelecimento, otimizando o deslocamento entre os pontos geradores e o ponto destinado à disponibilização para coleta externa (Ministério da Saúde, 2006). Se feito em local exclusivo, deve ser identificado como "sala de resíduo", podendo ser um compartimento adaptado, caso não tenha sido concebida na construção.

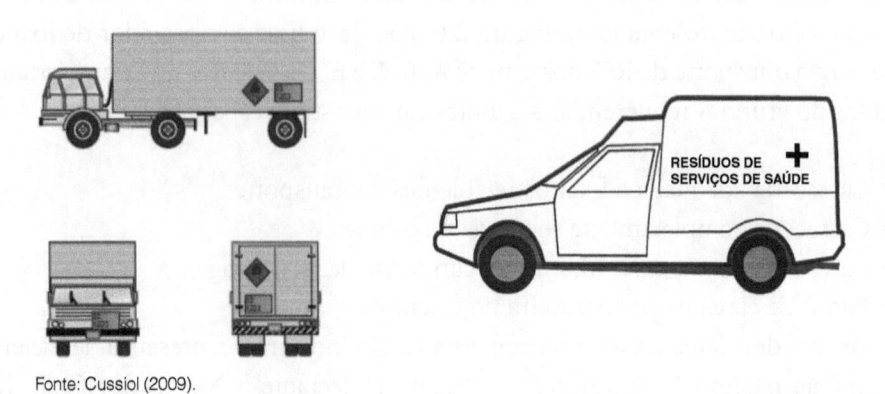

Fonte: Cussiol (2009).

Figura 2.6 – Veículos destinados a transporte de resíduos de serviços de saúde.

b) Armazenamento temporário externo

O armazenamento temporário externo visa acondicionar os recipientes coletores de resíduos em abrigo. É um ambiente exclusivo e com acesso facilitado para os veículos coletores, enquanto se aguarda a coleta externa (Ministério da Saúde, 2006). Deve ter acesso fácil, de uso exclusivo dos resíduos, garantir a segurança das pessoas e do ambiente e, por fim, as condições adequadas de higiene e saneamento.

CAPÍTULO 3
Logística reversa de resíduos de serviços de saúde

Objetivos

- Compreender o que é logística reversa;
- Relacionar a promoção da saúde e a sustentabilidade à logística reversa;
- Diferenciar logística reversa de outros conceitos da área de logística e meio ambiente.

Resumo do capítulo

Ciplet (2006) afirma que os recursos naturais são desperdiçados quando são queimados ou simplesmente direcionados aos aterros. Perder a oportunidade de reciclar e dar nova destinação é improcedente. A participação do governo é fundamental para um correto gerenciamento reverso da cadeia de resíduos, uma vez que é um preceito legal do Estado fiscalizar a correta destinação dos resíduos em geral. Além de reintegrar os resíduos a uma cadeia de valor, a logística reversa poderia contribuir para que o Estado adotasse práticas que reduzissem o impacto ambiental, aumentasse a segurança do transporte e o manuseio de resíduos, a diminuição do volume de resíduos e dos impactos gerados como um todo. Essa atuação precisa ser no âmbito do Sistema Único de Saúde (SUS), que centraliza as ações em saúde coletiva no país, conforme texto da Constituição Federal e deve observar ainda a Lei nº 12.305, de 2 de agosto de 2010, que regulamenta a Política Nacional de Resíduos Sólidos e institucionaliza a logística reversa em todo país. No grupo de resíduos urbanos, uma fração menor do total compõe-se de Resíduos dos Serviços de Saúde (RSS), que se diferenciam pelos riscos potenciais. Podem contaminar o meio ambiente; provocar acidentes de trabalho em profissionais da assistência; de limpeza interna e urbana, bem como catadores; ser reutilizados indevidamente etc. Castelar, Mordelet e Grabois (1995) chamam de "hospitalocentrismo" a força da rede hospitalar em face da debilidade da rede assistencial básica de saúde no Brasil. Nesse contexto há grande geração de resíduos e muitos riscos decorrentes das práticas hospitalares. Ferreira (2010) informa que a RDC nº 7, de 24 de fevereiro de 2010, define o risco como a combinação da probabilidade e da gravidade de ocorrência de um dano. A criticidade é um diferencial da logística hospitalar. A falta de determinados materiais, desperdícios, uso inadequado de equipamentos, desqualificação da mão de obra não apenas podem comprometer o desempenho organizacional, mas podem por vidas em risco (Infante e Santos, 2007). Lourenço e Castilho (2006) destacam que a falta de materiais no lugar certo dentro do ambiente hospitalar podem decorrer de problemas de ordem estrutural, organizacional e individual. O sistema de saúde no Brasil, considerando o presente nível de ineficiência apresentará em 2025 aumento de 8% para 12% do PIB, ao passo que o gasto das famílias em saúde pode ir de 5% para 11% em relação à renda (Banco Mundial, 2007). O capítulo, além de abordar a logística hospitalar, traz a diferenciação entre logística reversa e logística verde, ecológica ou ecoegística. De maneira igualmente didática, logística reversa da ecologia industrial, simbiose industrial e parques ecoeficientes. Por fim, aplica os conceitos de logística reversa aos resíduos de serviços de saúde, compreendendo-os em uma rede interdependente.

Introdução

De uma perspectiva de Estado empreendedor e que desenvolve ações em prol da coletividade, é um contrassenso que se deixe de agregar valor aos resíduos e à cadeia a que esses fazem parte, promovendo a saúde e respeitando o meio ambiente. Depositar resíduos no solo ou aterrá-los não os reintegra a uma cadeia produtiva. É necessária uma política efetiva de gerenciamento de determinada cadeia de valor que seja sustentável, gerando ganho econômico e benefícios à saúde da comunidade.

Ciplet (2006) afirma que os recursos naturais são desperdiçados quando são queimados ou simplesmente direcionados aos aterros. Por isso perder a oportunidade de reciclar e dar nova destinação é improcedente. "O processo de reciclagem traz benefícios para a comunidade, pois gera empregos e renda, além de contribuir para a redução da poluição ambiental, pois menos resíduos são depositados em aterros, e ainda implica o menor gasto de recursos naturais" (Garcia e Zanetti-Ramos, 2004, p. 749).

Esta atuação precisa ser no âmbito do Sistema Único de Saúde (SUS), que centraliza as ações em saúde coletiva no país, conforme texto da Constituição Federal. No aspecto legal, a Lei nº 12.305, de 2 de agosto de 2010, regulamenta a Política Nacional de Resíduos Sólidos e institucionaliza a logística reversa em todo país. A promulgação desta lei aconteceu após duas décadas tramitando no congresso. O poder público, o setor empresarial e a coletividade são responsáveis pela efetividade das ações voltadas para assegurar a observância da Política Nacional de Resíduos Sólidos e das diretrizes, e demais determinações estabelecidas nesta lei e em seu regulamento (Brasil, 2010).

Ciplet (2006) recomenda que se invista na reciclagem, uma vez que haveria menos uso de mão de obra do que nos processos de queima, e pode-se gerar atividades secundárias que agregam ainda mais valor à cadeia. Ainda sobre a incineração usada para evitar o acúmulo de resíduos, há evidências que indicam a presença de microparticulados danosos em procedimentos de queima, como componentes orgânicos voláteis, metais pesados, dioxinas, dióxidos de enxofre, monóxido de carbono, mercúrio, dióxido de carbono e furanos. Esses compostos apresentam riscos à saúde humana. Como exemplo, o autor menciona as dioxinas, que são os agentes carcinogênicos mais potentes conhecidos pela humanidade. Os limites de emissão para incineradores (incluindo queima de massa, gasificação, pirólise e plasma) não apresentam níveis de segurança confiáveis.

Para agregar valor econômico aos resíduos, as ações, além de se basearem na redução, reúso e reciclagem e no plano de gerenciamento de resíduos, precisam formar uma cadeia sustentável. O embasamento teórico dessa questão passa essencialmente por uma abordagem da logística reversa dos resíduos dos serviços de saúde (RSS). Outro ponto a considerar é o gerenciamento reverso estatal no âmbito do SUS, que é a forma como se faz a logística reversa dos RSS na esfera pública, devido à sua importância na integralização e promoção da saúde, conforme Machado et al. (2007).

A logística reversa, ao propor o gerenciamento reverso estatal, permite ao Estado gerir os resíduos dos serviços de saúde de forma eficiente e segura para a saúde da população e ao meio ambiente. Além disso, quando há formas de reentrada dos resíduos em cadeias produtivas, estes adquirem valor econômico, gerando ganhos em transporte, armazenagem, produção e matérias-primas. "Em muitos locais, o que se observa é um comportamento de 'tudo ou nada'. Ou todos os resíduos são segregados como perigosos, ou nada é separado, e os resíduos de serviços de saúde acabam sendo dispostos como resíduos comuns ou domiciliares" (Garcia e Zanetti-Ramos, 2004, p. 749).

Os hospitais, por realizarem vários procedimentos que geram resíduos de serviços de saúde em grande escala, merecem especial atenção (Garcia e Zanetti-Ramos, 2004; Silva e Hoppe, 2005).

A análise do gerenciamento reverso de resíduos dos serviços de saúde traz ao saber científico a visão sistêmica e integrada da problemática dos materiais descartados. Faz-se necessário compreender como o distribuidor, o gerador de resíduos e o descarte final se inserem em uma mesma cadeia pela qual todos são responsáveis. Conhecer essa rede demanda um método científico, sistematizado e replicável, ampliando as aplicações e agregando conhecimentos à área de logística reversa.

Administração pública e a questão da sustentabilidade

No grupo de resíduos urbanos, uma fração menor do total compõe-se de resíduos dos serviços de saúde (RSS) que se diferenciam pelos riscos potenciais. Esses resíduos podem contaminar o meio ambiente; provocar acidentes de trabalho em profissionais da assistência, de limpeza interna e urbana, bem como catadores; ser reutilizados indevidamente etc.

Conforme Zamoner (2009), vários estudos demonstram que grande parte dos acidentes de trabalho com perfurocortantes ocorre no momento da disposição desses resíduos. Há dados sobre agulhas serem o item mais frequentemente associado a lesões, bem como os procedimentos de reencape e coleta dos resíduos. A autora explica ainda que estudos sobre a ocorrência de acidentes com perfurocortantes com o pessoal de apoio de um hospital tailandês, incluindo trabalhadores da lavanderia, limpeza, recepção e almoxarifado, constatou que 61% desses funcionários tinham sofrido pelo menos uma injúria perfurocortante no último ano, mas apenas 25,4% a relataram.

A maior parte dos acidentes ocorreu com funcionários da limpeza que lidavam com materiais perfurocortantes dispostos inadequadamente pela equipe clínica. A disposição inadequada estava associada com 54,7% de todas as lesões. Além disso, catadores à procura de materiais para vender ou consumir "acabam expostos à contaminação ao remexer resíduos mal destinados, colocando em risco sua própria saúde e servindo de vetores para a propagação de doenças contraídas no contato com esses resíduos" (Zamoner, 2009, p. 1947). Para Silva e Hoppe (2005), "o manejo inadequado dos resíduos pode promover a contaminação de toda a massa dos resíduos".

No Brasil, conforme a Pesquisa Nacional de Saneamento Básico (PNSB), de 2000, apenas 63% dos municípios pesquisados realizavam a coleta diferenciada dos RSS (IBGE, 2000). Apesar de em 2008 o IBGE ter realizado uma nova pesquisa sobre saneamento básico, os dados ainda não estão disponíveis.

O Sistema Único de Saúde (SUS) deve fazer parte do gerenciamento reverso da cadeia de resíduos dos serviços de saúde. De acordo com Machado et al. (2007, p. 337), "A partir da implementação do SUS, não só foi desencadeado um processo de ampliação na quantidade de serviços de saúde, como também na qualidade destes, já que um de seus princípios é o da integralidade [...]".

Para a compreensão da cadeia de resíduos de forma sustentável e segura, visando o ganho econômico e a promoção da saúde coletiva, é preciso o gerenciamento logístico de modo a contemplar as variáveis pertinentes. Após tramitar duas décadas no Congresso, a Lei nº 12.305 foi promulgada no dia 2 de agosto de 2010, trazendo a obrigatoriedade da logística reversa no país – envolvendo o governo, as empresas e a sociedade. Esta lei representa um grande avanço, institucionalizando a responsabilidade e as corresponsabilidades de cada um dos participantes da cadeia de suprimentos e resíduos.

Beneficiando-se desta questão, o SUS pode, assim, gerenciar os resíduos dos serviços de saúde de maneira a prevenir que os riscos (biológicos, químicos, perfurocortantes, radioativos) se transformem em dano à saúde da população.

O presente capítulo propõe uma metodologia para se analisar a logística reversa dos resíduos dos serviços da saúde estaduais, conforme apresentado na Figura 3.1. Procurou-se elucidar as principais etapas para a elaboração de um diagnóstico, em que são tratados de forma a embasar a participação da administração pública na solução de questões relacionadas aos resíduos sólidos urbanos e à logística.

A administração pública e o papel do Estado

A discussão sobre o Estado centra-se na questão dos requisitos societais, organizacionais e políticos que levam à atuação eficiente estatal (Kauffman, 1996). Em busca de atender aos anseios da coletividade e justificar a existência do próprio Estado, várias medidas são tomadas. A burocracia, tradicionalmente, ligada à ideia de gestão do serviço público sempre passou por diversas críticas. Vários autores ressaltam como a burocracia tem sido incapaz de ser eficiente no atendimento os anseios coletivos e difusos. Segundo Secchi (2009, p. 349):

Logística reversa e sustentabilidade

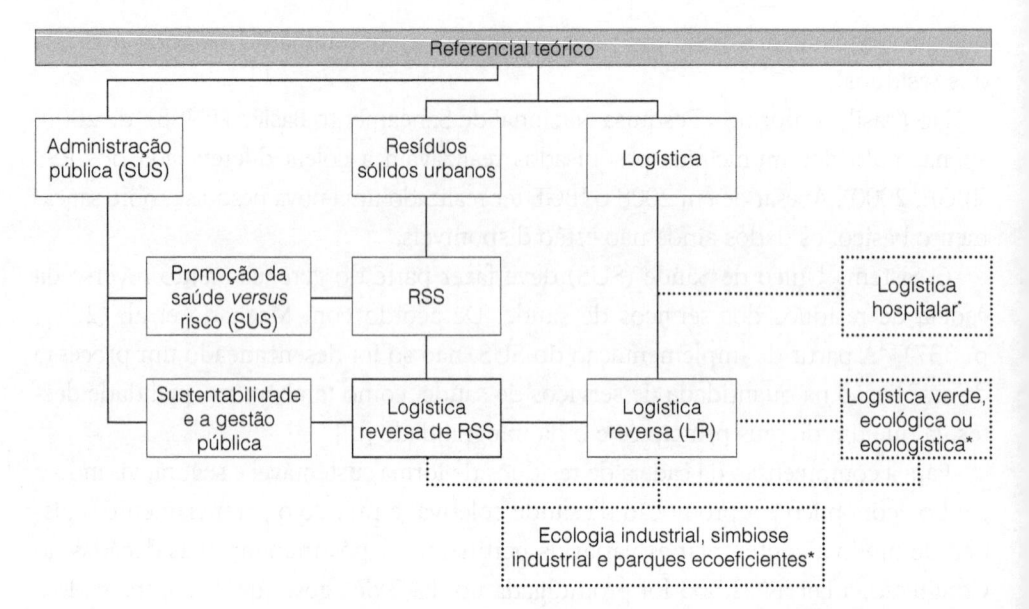

```
                        Referencial teórico
    ┌──────────────────────┬──────────────────────┐
Administração          Resíduos              Logística
pública (SUS)         sólidos urbanos
    │                      │                      │
    │   Promoção da        │                      │        Logística
    ├── saúde versus ──── RSS ───────────────────────────── hospitalar*
    │   risco (SUS)        │                      │
    │                      │                      │
    │   Sustentabilidade   │                      │        Logística verde,
    └── e a gestão ─────── Logística ──────────── Logística ── ecológica ou
        pública            reversa de RSS         reversa (LR)  ecologística*
                                                  │
                                    Ecologia industrial, simbiose
                                    industrial e parques ecoeficientes*
```

* Apenas visam complementar conceitos, sem ser, contudo, o foco desta revisão.

Figura 3.1 – Principais etapas do estudo.

O modelo burocrático tornou-se o alvo das mais ásperas críticas. O modelo burocrático weberiano foi considerado inadequado para o contexto institucional contemporâneo por sua presumida ineficiência, morosidade, estilo autorreferencial, e descolamento das necessidades dos cidadãos.

Para Barzelay (1992), o modelo weberiano, a partir da década de 1970, foi substituído por um paradigma "pós-burocrático". Com a finalidade de enfrentar os obstáculos atuais, aos quais a burocracia não foi capaz de atender, Secchi (2009, p. 349) afirma que a literatura apresenta dois modelos organizacionais e um paradigma relacional:

A administração pública gerencial (APG) e o governo empreendedor (GE) são modelos organizacionais que incorporam prescrições para a melhora da efetividade da gestão das organizações públicas. O movimento da governança pública (GP) se traduz em um modelo relacional porque oferece uma abordagem diferenciada de conexão entre o sistema governamental e o ambiente que circunda o governo.

O autor apresenta a diferenciação da forma como o cidadão é visto. Enquanto no modelo burocrático ele é chamado de usuário, na APG e GE é chamado de cliente, que demanda ações à gestão pública. Além disso, de acordo com Secchi (2009), o controle encontra-se em todos os modelos organizacionais abordados. O planejamento é essencial para APG e GE durante o planejamento estratégico, o acordo de objetivos entre políticos, burocratas e cidadãos e a implantação da administração por objetivos.

O modelo da burocracia enfatiza a organização por meio da análise e a descrição de cargos, da divisão racional das tarefas, da criação de fluxogramas e canais de comunicação entre departamentos e setores. A contribuição mais marcante à governança é a direção, compreendida como a soma de liderança e atividades de coordenação. O modelo relacional da GP enfatiza a coordenação entre atores públicos e privados, a capacidade de coordenação horizontal entre organizações públicas, organizações do terceiro setor, cidadãos, redes de políticas públicas e organizações privadas, e a busca de soluções para problemas coletivos (Secchi, 2009). A APG, de acordo com Bresser-Pereira (1998), conceitua-se teoricamente nas seguintes bases:

a) Descentralização do ponto de vista político, transferindo recursos e atribuições para os níveis políticos regionais e locais;
b) Descentralização administrativa por meio da delegação de autoridade para os administradores públicos transformados em gerentes cada vez mais autônomos;
c) Organizações com poucos níveis hierárquicos em vez de piramidal, pressuposto da confiança limitada e não da desconfiança total;
d) Controle por resultados, *a posteriori*, em vez do controle rígido, passo a passo, dos processos administrativos; e
e) Administração voltada para o atendimento do cidadão, em vez de autorreferida.

Bresser-Pereira (1998) destaca a questão da gestão da própria máquina pública, em especial às relações de descentralização e controle. O governo empreendedor (GE), segundo Osborne e Gaebler (1998), pode ter um escopo mais amplo, com base em dez mandamentos, sendo o governo:

a) *Catalisador*: agindo coletivamente para que os agentes sociais consigam o bem comum;
b) *Pertencente à comunidade*: há a integração com os cidadãos, que podem participar da construção das soluções coletivas;
c) *Competitivo*: numa perspectiva de competição entre a ação pública e a governamental, o Estado se vê obrigado a melhorar suas estratégias;

d) *Orientado por missões*: dispensa menor atenção à atividade-meio e maior atenção para aquilo que se destina o Estado;
e) *De resultados*: a administração deve ser por objetivos, devidamente mensuráveis;
f) *Orientado ao cliente*: o foco deve sair de dentro da organização para os seus clientes;
g) *Empreendedor*: as práticas que gerem valor ao Estado na cadeia econômica devem ser fomentadas;
h) *Preventivo*: em uma ação contingencial por meio de estratégias de prevenção a problemas e não por intervenções pontuais *ex post facto*.
i) *Descentralizado*: o empoderamento dos agentes públicos, visando que atuem de forma eficiente e eficaz em prol do alcance dos resultados;
j) *Orientado para o mercado*: criação de agências reguladoras, certas prestações de serviço e ganhos financeiros.

Em relação ao Estado, não cabe discorrer agora sobre o *competition surrogate* (Israel, 1989), a resistência das elites governamentais à captura por parte de grupos de interesse (Frischtak, 1994), a questão da *governance* (Mello, 1995), e a promoção da *accountability* (Pzeworski, 1995). Apesar de incluírem a atuação estatal, estas perspectivas englobam também mercados, redes sociais, associações e hierarquias, em especial quando se menciona modos alternativos de *governance*, ultrapassando o objetivo desta revisão teórica.

Sustentabilidade e a gestão pública

O conceito de sustentabilidade relaciona-se à forma como se pode garantir os insumos daqueles que se prescinde. Conforme Romeiro (1998, p. 248), "o desenvolvimento para ser sustentável, deve ser não apenas economicamente eficiente, mas também ecologicamente prudente e socialmente desejável". Essa visão encaixa-se na perspectiva abordada de ação governamental empreendedora.

Para a sustentabilidade, Sachs (2000) elenca cinco dimensões: econômica, ecológica, espacial, social e cultural. Para um projeto ser economicamente viável é preciso que haja uma fonte de financiamento ou outro meio oneroso que custeie a ação econômica. Os recursos naturais devem ser consumidos em uma escala que não leve à degradação do meio ambiente. O meio ecológico, em um sistema sustentável, é tratado de forma que não seja deteriorado e que não haja acúmulo de resíduos. Em geral, a sustentabilidade é associada ao equilíbrio entre o social, o ambiental e o econômico (Casagrande Jr., 2004).

A abordagem da questão ambiental nas organizações vem ganhando importância crescente desde a década de 1970, quando os consumidores desenvolveram maior consciência ambiental e passaram a cobrar postura similar das indústrias de bens de consumo e serviços. A relevância do tema foi se acentuando no início da década de 1980, mas somente a partir da década de 1990 cresceu a preocupação sobre os impactos ambientais causados por materiais e produtos que no seu pós-consumo são depositados de forma inadequada na natureza.

Independentemente da natureza pública ou privada dos agentes promotores do desenvolvimento, as populações precisam ter seus aspectos geográficos considerados, como localização espacial e demografia. A renda e as relações sociais (como a dignidade do ser humano) são alguns dos elementos constitutivos das relações em coletividade. Conforme explicita Sachs (2000), deve-se respeitar o conjunto cultural (valores, conceitos) de uma sociedade, integrando-se de forma equilibrada. Este conceito é mais amplo que o de Hardi (2002), que, por meio do *dashboard of sustainability* (painel de sustentabilidade), destaca a sustentabilidade baseada nas dimensões propostas pela Comissão de Desenvolvimento Sustentável das Nações Unidas: institucional, social, econômica e ecológica. O *barometer of sustentability* (barômetro de sustentabilidade), proposto por Prescott-Allen (1999), combina o bem-estar humano e do ecossistema por meio da medição de indicadores biofísicos e de saúde social (Bossel, 1999).

O impacto ambiental possui várias perspectivas de avaliação. Além do *dashboard* e do *barometer*, autores como Wackernagel e Rees (1996), com o livro *Our ecological footprint*, marcaram o início dos trabalhos de vários pesquisadores nesta questão. *Ecological footprint* pode ser traduzido como "pegada ecológica" e corresponde ao espaço ecológico adequado para sustentar determinado sistema ou unidade (Chambers e Simmons, 2000). É uma ferramenta que faz a correlação correspondente entre terra ou água produtivas necessárias à sustentação do consumo de matérias-primas e a assimilação de dejetos. O aumento do interesse neste método é destacado por Chambers, Simmons e Wackernagel (2000).

Voltando à questão da sustentabilidade na área pública em especial quando integrada a governança pública, Barata (2007) destaca o surgimento, em 1999, da Agenda Ambiental na Administração Pública (A3P), realizado por intermédio do Ministério do Meio Ambiente (MMA) e oficializada pela Portaria nº 510/2002, que pretendeu instaurar um processo de construção de uma nova cultura institucional na administração pública, visando à conscientização dos servidores para a otimização dos recursos para o combate ao desperdício e para a busca de uma melhor qualidade do ambiente de trabalho. Tem a finalidade de colocar as empresas em sintonia com o conceito de ecoeficiência, incluindo critérios socioambientais nos investimentos, nas compras e nas contratações de serviços dos órgãos governamentais (Barata, 2007).

A agenda visa o levantamento dos aspectos e impactos ambientais ao longo do ciclo de vida da produção ou dos serviços prestados e a organização de planos de emergência. Para sua implementação, Barata (2007) destaca, na A3P, alguns pontos importantes: a criação de um grupo responsável pela Agenda na empresa, composto por servidores de várias áreas da instituição; a realização do diagnóstico da situação, identificando pontos críticos e avaliando os impactos ambientais e desperdícios; a elaboração do planejamento integrado, envolvendo o maior número de colaboradores e áreas de trabalho; a definição de projetos e atividades, priorizando ações de maior urgência; a implementação das atividades programadas, realizando treinamentos e disponibilizando recursos físicos e financeiros; a avaliação e o monitoramento do desempenho ambiental, identificando avanços e deficiências; a busca de uma melhoria progressiva por meio da avaliação sistemática, do replanejamento, da introdução de novas tecnologias e da capacitação de funcionários.

A Figura 3.2 traz esses conceitos de maneira bem prática. Miller (2008) propõe uma escala de prioridades para gerenciar materiais e resíduos sólidos. A prioridade deve sempre pautar-se pela prevenção de resíduos e da poluição primária. Em seguida, prevenir resíduos e poluição secundária. Como última opção, o gerenciamento de resíduos orientado à incineração, aterros etc.

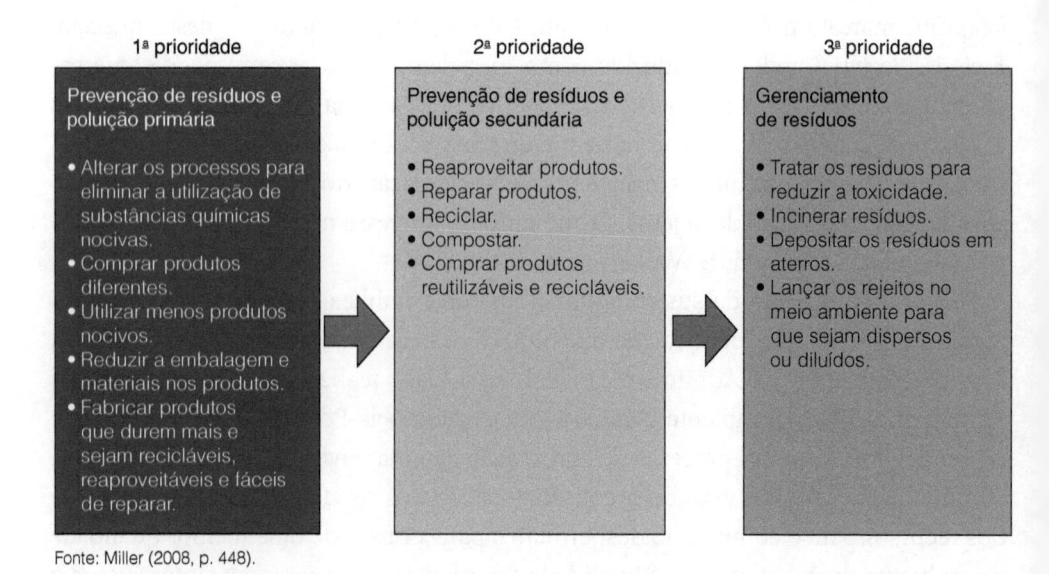

1ª prioridade	2ª prioridade	3ª prioridade
Prevenção de resíduos e poluição primária	**Prevenção de resíduos e poluição secundária**	**Gerenciamento de resíduos**
• Alterar os processos para eliminar a utilização de substâncias químicas nocivas. • Comprar produtos diferentes. • Utilizar menos produtos nocivos. • Reduzir a embalagem e materiais nos produtos. • Fabricar produtos que durem mais e sejam recicláveis, reaproveitáveis e fáceis de reparar.	• Reaproveitar produtos. • Reparar produtos. • Reciclar. • Compostar. • Comprar produtos reutilizáveis e recicláveis.	• Tratar os resíduos para reduzir a toxicidade. • Incinerar resíduos. • Depositar os resíduos em aterros. • Lançar os rejeitos no meio ambiente para que sejam dispersos ou diluídos.

Fonte: Miller (2008, p. 448).

Figura 3.2 – Prioridades sugeridas para gerenciar a utilização de materiais e resíduos sólidos.

Promoção da saúde *versus* risco

No Brasil, é considerada obrigação do Estado a garantia ao acesso a serviços e à promoção da saúde (Cardoso Jr.; Jaccoud, 2005). A questão da saúde no Brasil precisa ser focada no Sistema Único de Saúde (SUS), afinal, é prerrogativa do SUS a integralidade da assistência e as ações em conjunto em prol da promoção da saúde coletiva.

Do SUS, emergem princípios básicos: acesso universal e igualitário a ações e serviços; participação comunitária; rede regionalizada e hierarquizada; e descentralização, cujas ações de saúde devem ser desenvolvidas de acordo com as diretrizes previstas no artigo 198 da Constituição Federal, obedecendo ainda a princípios como: universalidade de acesso aos serviços de saúde em todos os níveis de assistência; integralidade de assistência, entendida como um conjunto articulado e contínuo das ações e serviços preventivos e curativos, individuais e coletivos, exigidos para cada caso em todos os níveis de complexidade do sistema; divulgação de informações quanto ao potencial dos serviços de saúde e sua utilização pelo usuário; igualdade da assistência à saúde sem preconceitos ou privilégios de qualquer espécie (Machado et al., 2007, p. 337).

Castelar, Mordelet e Grabois (1995) chamam de "hospitalocentrismo" a força da rede hospitalar em face da debilidade da rede assistencial básica de saúde no Brasil. Nesse contexto há grande geração de resíduos e muitos riscos decorrentes das práticas hospitalares. Ferreira (2010) informa que a RDC nº 7, de 24 de fevereiro de 2010, define o risco como a combinação da probabilidade e da gravidade de ocorrência de um dano. O conceito de risco é muito importante para a promoção da saúde, seja na rede básica ou hospitalar, pois é uma variável capaz de causar danos ao paciente. Esses danos podem provocar lesões às pessoas, aos equipamentos e instalações, ao meio ambiente, desperdício de material ou diminuição da capacidade de produção (Leappe e Bernick, 1994).

De forma geral, quando ocorrem danos decorrentes do risco em organizações de saúde, essas situações são enfrentadas com medidas paliativas, como treinamento mais apurado em determinada atividade e novas checagens de procedimentos, não sendo avaliada a raiz do problema ocorrido (Leappe e Bernick, 1994). A Figura 3.3 identifica e caracteriza os riscos inerentes ao ambiente hospitalar.

A elaboração do mapa de risco pode ser dividida em etapas (Ferreira, 2010):

- **Etapa 1**: compreender o processo de trabalho do local avaliado, sendo necessário o levantamento de dados sobre trabalhadores (número, sexo, idade, queixas relacionadas à saúde, jornada, treinamento recebido), equipamentos, instrumentos e materiais de trabalho, atividades exercidas e ambiente;

GRUPO I: VERDE	GRUPO II: VERMELHO	GRUPO III: MARROM	GRUPO IV: AMARELO	GRUPO V: AZUL
Riscos físicos	Riscos químicos	Riscos biológicos	Riscos ergonômetros	Riscos de acidentes
Ruídos	Poeira	Vírus	Esforço físico intenso	Arranjo físico inadequado
Vibrações	Fumos	Bactérias	Levantamento e transporte manual de peso	Máquinas e equipamentos sem proteção
Radiações ionizantes	Neblinas	Protozoários	Exigência de postura inadequada	Ferramentas inadequadas ou defeituosas
Radiações não ionizantes	Neblinas	Fungos	Controle rígido de produtividade	Iluminação inadequada
Frio	Gases	Parasitas	Imposição de ritmos excessivos	Eletricidade
Calor	Vapores	Bacilos	Trabalhos em turnos diurno e noturno	Probabilidade de incêndio ou explosão
Pressões anormais	Substâncias, compostos ou produtos químicos em geral	–	Jornada de trabalho prolongada	Armazenamento inadequado
Umidade	–	–	Monotonia e repetitividade	Animais peçonhentos
–	–	–	Outras situações causadoras de estresse físico e/ou psíquico	Outras situações de risco que poderão contribuir para a ocorrência de acidentes

Fonte: Ferreira (2010, p. 53).

Figura 3.3 – Cores para identificação dos riscos e sua caracterização.

- **Etapa 2**: identificar os agentes de riscos existentes no local avaliado conforme a tabela de classificação dos riscos ambientais da Figura 3.3;
- **Etapa 3**: identificar as medidas preventivas existentes e sua eficácia referente à proteção coletiva; organização do trabalho; proteção individual; higiene e conforto: banheiro, lavatórios, vestiários, armários, bebedouros, refeitórios, área de lazer.
- **Etapa 4**: identificar os indicadores de saúde. É importante identificar as queixas mais frequentes e comuns entre os trabalhadores expostos aos mesmos riscos; os acidentes de trabalho ocorridos; as doenças profissionais diagnosticadas; e as causas mais frequentes de ausência ao trabalho.
- **Etapa 5**: elaborar o mapa de riscos sobre uma planta ou desenho do local de trabalho indicando por meio dos círculos da Figura 3.3 o grupo a que pertence o

risco, conforme as cores classificadas; o número de trabalhadores expostos ao risco, o qual deve ser anotado no círculo; a especificação do agente (por exemplo: amônia, ácido clorídrico; ou características ergonômicas – repetitividade, ritmo excessivo) que deve ser anotado também no círculo; e a intensidade do risco, de acordo com a percepção dos trabalhadores, que deve ser representada por tamanhos de círculos proporcionalmente diferentes. São utilizadas cores para identificar o tipo de risco conforme a tabela de classificação dos riscos ambientais. A gravidade é representada pelo tamanho dos círculos, como mostra a Figura 3.4.

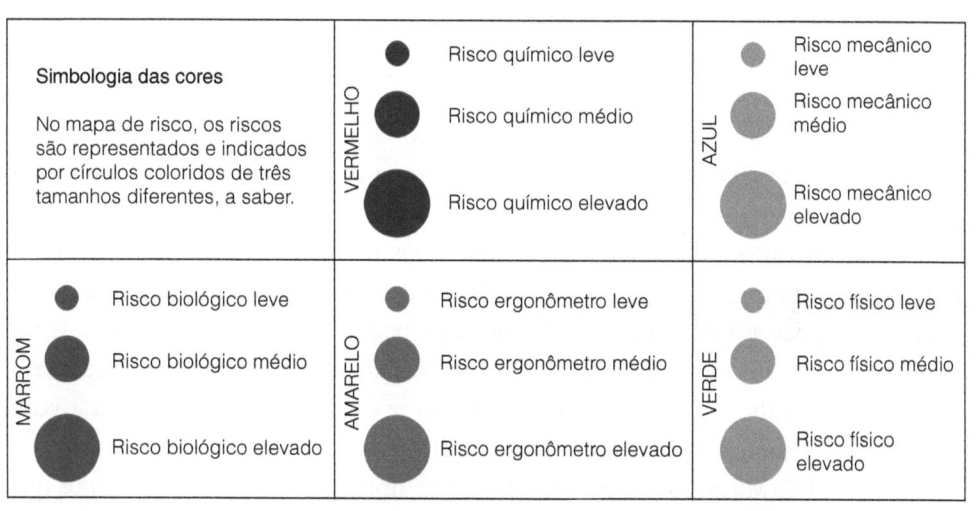

Simbologia das cores	VERMELHO	AZUL
No mapa de risco, os riscos são representados e indicados por círculos coloridos de três tamanhos diferentes, a saber.	Risco químico leve / Risco químico médio / Risco químico elevado	Risco mecânico leve / Risco mecânico médio / Risco mecânico elevado
MARROM	AMARELO	VERDE
Risco biológico leve / Risco biológico médio / Risco biológico elevado	Risco ergonômetro leve / Risco ergonômetro médio / Risco ergonômetro elevado	Risco físico leve / Risco físico médio / Risco físico elevado

Fonte: Ferreira (2010, p. 52).

Figura 3.4 – Simbologia das cores na gestão de risco.

- Círculo pequeno: risco pequeno por sua essência ou por ser risco médio já protegido;
- Círculo médio: risco que gera relativo incômodo, mas que pode ser controlado;
- Círculo grande: risco que pode matar, mutilar, gerar doenças e que não dispõe de mecanismo para redução, neutralização ou controle.

A Norma Regulamentadora nº 9 estabelece a obrigatoriedade da elaboração e implementação do Programa de Prevenção de Riscos Ambientais (PPRA). Este visa à preservação da saúde e da integridade dos trabalhadores, com medidas de antecipação, reconhecimento, avaliação e controle da ocorrência de riscos ambientais existentes ou que venham a existir no ambiente de trabalho, considerando também a proteção do meio ambiente e dos recursos naturais (Ferreira, 2010). As ações do PPRA têm sua abrangência e profundidade dependentes das características dos riscos e das necessidades de controle (Ferreira, 2010).

Sempre que as medidas de proteção coletiva forem tecnicamente inviáveis e não oferecerem completa proteção contra os riscos de acidentes do trabalho e/ou de doenças profissionais e do trabalho, o equipamento de proteção individual deve ser utilizado pelo trabalhador como um dos métodos de controle dos riscos no local de trabalho. Segundo a Norma Regulamentadora (NR-6), equipamento de proteção individual (EPI) é todo dispositivo de uso individual destinado a proteger a saúde e a integridade física do trabalhador, incluindo luvas, aventais, protetores oculares, faciais e auriculares, protetores respiratórios e para os membros inferiores. São de responsabilidade do empregador o fornecimento do EPI adequado ao risco e o treinamento dos trabalhadores quanto à forma correta de sua utilização e conservação (Ferreira, 2010).

Os trabalhadores potencialmente expostos aos riscos precisam estar informados e treinados para evitar problemas de saúde, e métodos de controle devem ser instituídos para prevenir acidentes. Esses métodos podem ser empregados para riscos ambientais, incluindo a substituição do agente de risco, controles de engenharia, práticas de trabalho, equipamentos de proteção pessoal, controles administrativos e programas de exames médicos (Ferreira, 2010).

A Figura 3.5 (Ministério da Saúde, 2006) exemplifica os riscos para insumos químicos. Com base nos códigos da Associação Nacional de Proteção contra Incêndios, o Modelo Diamante representa graficamente os seguintes riscos:

a) *Riscos à saúde*: classificam-se em 4 – letal; 3 – muito perigoso; 2 – perigoso; 1 – risco leve e 0 – material normal.
b) *Riscos específicos*: OXY – letal; ACID – muito perigoso; ALC – perigoso; COR – risco leve; W – material normal; ☢ – radioativo.
c) *Inflamabilidade (ponto de fulgor)*: 4 – abaixo de 23 °C; 3 – abaixo de 38 °C; 2 – abaixo de 93 °C; 1 – acima de 93 °C; 0 – não queima.
d) *Reatividade*: 4 – pode explodir; 3 – pode explodir com choque mecânico ou calor; 2 – reage violentamente; 1 – instável se aquecido; 0 – estável.

Cada grau de risco (Tabela 3.1) requer uma proteção específica e possui um pictograma (figura de identificação), conforme apresentado na Figura 3.5.

Guia de informações de risco para insumos químicos

Riscos à saúde:
4 - Letal
3 - Muito perigoso
2 - Perigoso
1 - Risco leve
0 - Material normal

Inflamabilidade:
Pontos de fulgor
4 - Abaixo de 23°
3 - Abaixo de 38°
2 - Abaixo de 93°
1 - Acima de 93°
0 - Não queima

(Vermelho, Azul, Amarelo, Branco)

Riscos específicos:
OXY - Letal
ACID - Muito perigoso
ALC - Perigoso
COR - Risco leve
☢ - Radioativo

Reatividade:
4 - Pode explodir
3 - Pode explodir com choque mecânico ou calor
2 - Reage violentamente
1 - Instável se aquecido
0 - Estável

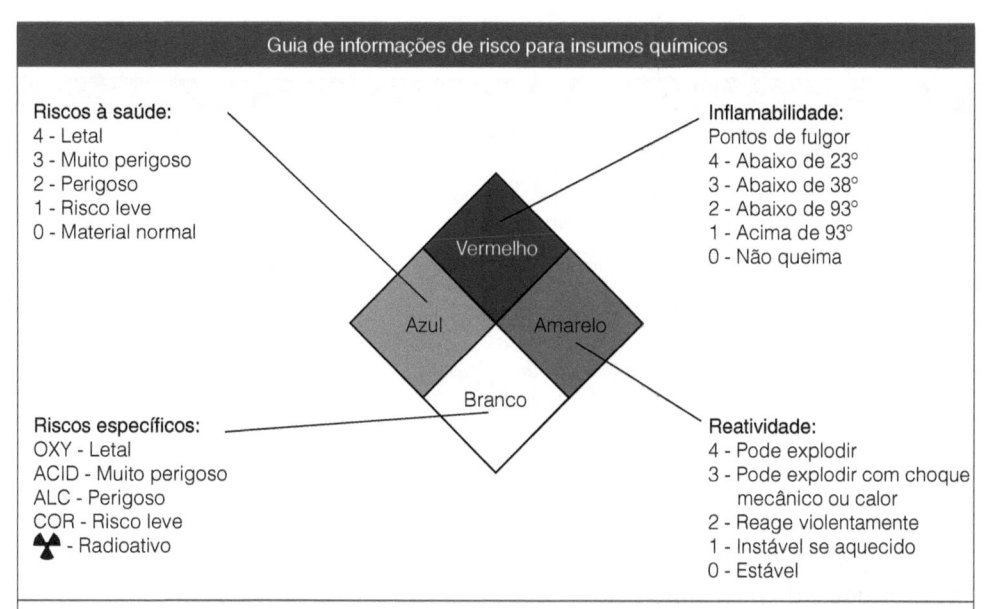

Guia para os códigos da NFPA (Associação Nacional de Proteção contra Incêndios dos Estados Unidos)

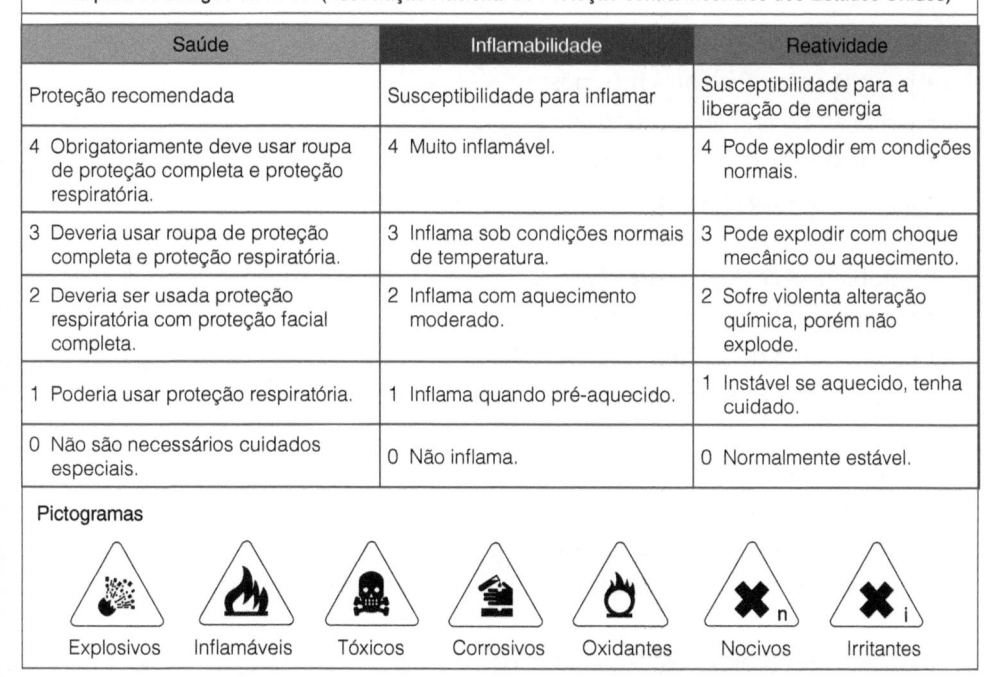

Saúde	Inflamabilidade	Reatividade
Proteção recomendada	Susceptibilidade para inflamar	Susceptibilidade para a liberação de energia
4 Obrigatoriamente deve usar roupa de proteção completa e proteção respiratória.	4 Muito inflamável.	4 Pode explodir em condições normais.
3 Deveria usar roupa de proteção completa e proteção respiratória.	3 Inflama sob condições normais de temperatura.	3 Pode explodir com choque mecânico ou aquecimento.
2 Deveria ser usada proteção respiratória com proteção facial completa.	2 Inflama com aquecimento moderado.	2 Sofre violenta alteração química, porém não explode.
1 Poderia usar proteção respiratória.	1 Inflama quando pré-aquecido.	1 Instável se aquecido, tenha cuidado.
0 Não são necessários cuidados especiais.	0 Não inflama.	0 Normalmente estável.

Pictogramas

Explosivos | Inflamáveis | Tóxicos | Corrosivos | Oxidantes | Nocivos | Irritantes

Fonte: Gerenciamento dos Resíduos dos Serviços de Saúde (Ministério da Saúde, 2006).

Figura 3.5 – Guia de informações de risco para insumos químicos.

Tabela 3.1 – Níveis de inativação microbiana.

Nível	Tipo
I	Inativação de bactérias vegetativas, fungos e vírus lipofílicos com redução igual ou maior que 6Log_{10}.
II	Inativação de bactérias vegetativas, fungos, vírus lipofílicos e hidrofílicos, parasitas e micobactérias com redução igual ou maior que 6Log_{10}
III	Inativação de bactérias vegetativas, fungos, vírus lipofílicos e hidrofílicos, parasitas e micobactérias com redução igual ou maior que 6Log_{10} e inativação de esporos do *B. stearothermophilus* ou de esporos do *B. subtilis* com redução igual ou maior que 4Log_{10}.
IV	Inativação de bactérias vegetativas, fungos, vírus lipofílicos e hidrofílicos, parasitas e micobactérias e inativação de esporos do *B. stearothermophilus* com redução igual ou maior que 4Log_{10}.

Fonte: Resolução RDC nº 33, de 25 de fevereiro de 2003.

Miller (2008, p. 390) traz uma abordagem complementar de risco, aliada à questão da saúde e do meio ambiente:

a) problemas de saúde de alto risco:
- poluição em ambientes internos;
- poluição no ambiente externo;
- trabalhador exposto a substâncias químicas;
- substâncias tóxicas em produtos para o consumo.

b) problemas ecológicos de alto risco
- mudanças climáticas globais;
- esgotamento do ozônio da estratosfera;
- extinção das espécies e perda da biodiversidade.

c) problemas ecológicos de médio risco
- deposição ácida;
- substâncias químicas transportadas pelo ar;
- substâncias químicas tóxicas e sedimentos nas águas superficiais.

d) problemas ecológicos de baixo risco
- poluição da água subterrânea;
- isótopos radioativos;
- drenagens ácidas para as águas superficiais;
- poluição térmica.

Para Schneider (2004) os riscos de contaminação decorrem da exposição direta a micro-organismos na manipulação (manejo), armazenamento, transporte e disposição, ao contato com vetores, às plantas, ao solo ou a outros animais, à ingestão e/ou contato com águas ou alimentos contaminados e à disseminação por meio de vias aéreas. As três principais vias de transmissão, conforme Formaggia (1995), são a inalação, a ingestão e a injeção (via corrente sanguínea).

O papel do SESMT, a CIPA e a segurança

Segundo Ferreira (2010), a portaria nº 5, de 17 de agosto de 1992, do Departamento Nacional de Segurança e Saúde do Trabalhador, a partir de 20 de agosto de 1992, as organizações prestadoras de serviços de saúde são obrigadas a manter os Serviços Especializados em Engenharia de Segurança e Medicina do Trabalho (SESMT) e as Comissões Internas de Prevenção de Acidentes (CIPA) (Ferreira, 2010).

O número de funcionários e o grau de risco do local de trabalho determinam a necessidade de ter a SESMT e CIPA. Entre suas atribuições estão as de zelar pela saúde e integridade física do trabalhador, revisar relatórios e estatísticas dos acidentes envolvendo visitantes, pacientes e funcionários, investigando e analisando acidentes, realizando as recomendações preventivas e corretivas, dar suporte na área de segurança do trabalho e atividades correlacionadas, coordenar e treinar a equipe de brigada contra incêndio e os potenciais envolvidos em situações de incêndio.

A portaria nº 5 estabelece ainda que a CIPA visa também a construção do mapa de riscos. Com ajuda do SESMT, representa graficamente os riscos existentes no local de trabalho, além de conscientizar e informar os trabalhadores. A CIPA e o SESMT foram instituídas pelos artigos 162 a 165 da Consolidação das Leis Trabalhistas (CLT) e pela portaria 3214/78 do Ministério do Trabalho, pelas NR-5 E NR-4, respectivamente (Ferreira, 2010). O hospital possui grau de risco 3, conforme o código de atividades do Quadro I da NR-4, portaria 3214/78 (Ferreira, 2010).

Logística hospitalar

Para Lourenço e Castilho (2006) e Pontes et al. (2008), os hospitais são organizações extremamente complexas, já que neles atuam profissionais com diferentes conhecimentos, habilidades e responsabilidades. A criticidade é um diferencial da logística hospitalar. A falta de determinados materiais, desperdícios, uso inadequado de equipamentos, e desqualificação da mão de obra não apenas podem comprometer o desempenho organizacional, mas podem pôr vidas em risco (Infante e Santos, 2007). Lourenço e Castilho (2006) destacam que a falta de materiais no lugar adequado no ambiente hospitalar pode decorrer de problemas de ordem estrutural, organizacional e individual.

A aquisição de materiais (compras) visa suprir as necessidades do hospital por meio da aquisição de materiais, bem como serviços, a partir das necessidades dos usuários, objetivando identificar no mercado quais fornecedores oferecem as melhores condições comerciais e técnicas (Vianna, 2002). É fator crucial de sucesso da logística hospitalar um controle de estoque que se preocupe com a previsão de vendas futuras, da demanda e do tempo de ressuprimento (*lead time*) e da segurança da produção, transporte, armazenamento e o uso adequado (Ching, 2001).

Os insumos farmacêuticos ficam a critério das áreas de farmácia hospitalar. Barbieri e Machline (2006) destacam que a farmácia hospitalar tem como funções preparar, fabricar medicamentos, produtos químicos, de limpeza e outros, bem como receber, armazenar e distribuir medicamentos aos usuários.

Desperdícios, ineficiência e perdas na logística hospitalar pública

O sistema de saúde no Brasil, considerando o presente nível de ineficiência, apresentará em 2025 aumento de 8% para 12% do PIB, ao passo que o gasto das famílias com saúde pode ir de 5% para 11% em relação à renda (Banco Mundial, 2007). A gestão de materiais, da aquisição à utilização, consome aproximadamente 20% do montante de recursos financeiros da saúde, podendo ser um dos principais motivos de ineficiência e perdas (Banco Mundial, 2007).

Latas e Robert (2000) e Bushell, Mobley e Shelest (2002) destacam como importantes fontes de desperdício no ambiente hospitalar a realização de exames que geram dúvidas (necessitando a realização do mesmo exame novamente); procedimentos, diagnósticos desnecessários, devido ao despreparo da equipe; retrabalho, correção e inspeção. O erro, seja da realização do exame ou o evento decorrente da ação assistencial, demanda uma ação corretiva. O ideal seria que o erro não tivesse acontecido – o que é uma forma de desperdiçar recursos.

A complexidade e rigidez das normas da licitação, bem como os prazos estipulados precisam de um planejamento apurado que raramente acontece na prática. Longos processos de compra e prazos de pagamento dilatados, como é o comum, fomentam que os fornecedores acrescentem custos adicionais aos preços cotados, frequentemente resultando no atraso do fornecimento e compras de emergência, para o atendimento de casos em que não é possível esperar (Banco Mundial, 2007).

A inadequação do controle dos estoques, bem como a estocagem em locais paralelos nas organizações prestadoras de serviços de saúde e os métodos ineficientes de dispensa de medicamentos aos pacientes hospitalizados contribuem para os desperdícios, perdas e desvios, alcançando muitas vezes 10% do estoque total (Banco Mundial, 2007). O planejamento inadequado, a centralização excessiva das decisões de compra e uma estrutura legal altamente rígida resultam em uma inconsistência entre os materiais necessários e aqueles que estão realmente disponíveis (Banco Mundial, 2007).

Sbrocco (2001) destaca a importância de se manter sob controle o estoque hospitalar, garantindo não só os medicamentos, mas evitar o desperdício. Quando há muito produto em estoque e seu consumo não ocorre em tempo, os insumos podem perder a validade e se tornar imprestáveis. Shingo (1996) destaca que os processos devem ser constantemente revistos a fim de eliminar etapas que gerem desperdícios.

Ciplet (2006) afirma que os recursos naturais são desperdiçados quando são queimados ou simplesmente direcionados aos aterros. Sendo limitados, perder a oportunidade de reciclar e dar nova destinação é improcedente. "O processo de reciclagem traz benefícios para a comunidade, pois gera empregos e renda, além de contribuir para a redução da poluição ambiental, pois menos resíduos são depositados em aterros, e ainda implica o menor gasto de recursos naturais" (Garcia e Zanetti-Ramos, 2004, p. 749).

Ciplet (2006) recomenda que se invista na reciclagem, que absorve sete vezes mais gás carbônico que a incineração fracionada, ao contrário da queima de resíduos. Haveria menos uso de mão de obra nos processos de queima que de reciclagem, que pode gerar atividades secundárias que agregam ainda mais valor à cadeia. Ainda sobre a incineração usada para evitar o acúmulo de resíduos, há evidências que indicam a presença de microparticulados danosos em procedimentos de queima, como componentes orgânicos voláteis, metais pesados, dioxinas, dióxidos de enxofre, monóxido de carbono, mercúrio, dióxido de carbono e furanos. Esses compostos apresentam riscos à saúde humana. Como exemplo, o autor menciona as dioxinas, que são os agentes carcinogênicos mais potentes conhecidos pela humanidade. Os limites de emissão para incineradores (incluindo queima de massa, gasificação, pirólise e plasma) não apresentam níveis de segurança confiáveis.

É preciso mensurar a quantidade de resíduos que não podem ser reutilizados em razão do risco que apresentam, por falta de tecnologia capaz de realizar esta tarefa, pelas características materiais, vantagens *versus* benefícios ou mesmo a escala de fornecimento. Ferreira (1999) e Zanon (1990) evidenciam que apenas uma pequena parcela dos resíduos dos serviços de saúde apresenta risco biológico, e o que não apresenta contaminação não necessita de diferenciação dos resíduos urbanos. Segundo Andrade (1999), em estudo gravimétrico realizado no município paulista de São Carlos, 80% dos RSS poderiam ser reaproveitáveis (por reutilização, reciclagem etc.) e também como matéria-prima secundária. A prática dos 3Rs – reduzir, reusar e reciclar – poderia diminuir quatro quintos do volume para se encontrar uma solução definitiva para eles. Logo, os 20% restantes são alvo deste trabalho. Aquela pesquisa mostra que 2,33% do total gerado corresponde a matéria orgânica. A compostagem, conforme Andrade (1999), é um processo controlado de decomposição microbiana de oxidação e oxigenação da massa heterogênea de matéria orgânica em estado sólido e úmido, resultando em matéria inorgânica (inclusive sais minerais) e húmus, responsável por melhorar as propriedades físicas, físico-químicas e biológicas do solo. O autor afirma ainda que estima-se que a compostagem melhore o rendimento da adubação mineral (inorgânica) de 30% a 70%.

Luiz-Pereira e Coelho (2009) ressaltam que o não gerenciamento de resíduos, bem como o gerenciamento realizado de forma incorreta ou omissa, sujeita os infratores às penalidades da infração sanitária do art. 4º da RDC 306/2004 e às penalidades da Lei nº 6.437/1997, art. 20, que diz que o embargo oposto a quaisquer atos regulamentares em matéria de saúde sujeitarão o infrator à penalidade de multa. Compete à Vigilância Sanitária e aos municípios a divulgação, orientação e fiscalização da norma regulamentadora da gerência de RSS, a RDC 306/2004. Os hospitais também se sujeitam a Lei nº 12.305, de 2 de agosto de 2010, que trata da Política Nacional de Resíduos Sólidos.

Diferenciando a logística verde, ecológica ou ecologística da logística reversa

Alcoforado (2002) define que a logística verde, ecológica ou ecologística age em conjunto com a reversa, visando minimizar o impacto ambiental. Aborda, assim, não apenas os resíduos na esfera da produção e pós-consumo, mas também todos os impactos do ciclo de vida dos produtos.

A Figura 3.6 destaca que a reciclagem, a remanufatura e a reutilização de embalagens são temas comuns às duas áreas. A logística verde, ecológica ou ecologística, teria foco na redução da embalagem, da poluição do ar e sonora, e do impacto ambiental. Já a logística reversa visa majoritariamente o retorno de produtos, marketing de retorno e os mercados secundários (Rogers e Tibben-Lembke, 2001).

Diferenciando logística reversa da ecologia industrial, simbiose industrial e parques ecoeficientes

A Figura 3.7 mostra um exemplo de inserção de resíduos e calor residual em uma simbiose industrial em Kalundborg, Dinamarca. Para Chertow (2007), a simbiose industrial ou parques ecoeficientes consistem do envolvimento de indústrias tradicio-

Capítulo 3 – Logística reversa de resíduos de serviços de saúde 93

- Retorno de produtos
- Marketing de retorno
- Mercados secundários

- Reciclagem
- Remanufatura
- Embalagens reutilizáveis

- Redução da embalagem
- Poluição do ar e sonora
- Impacto ambiental

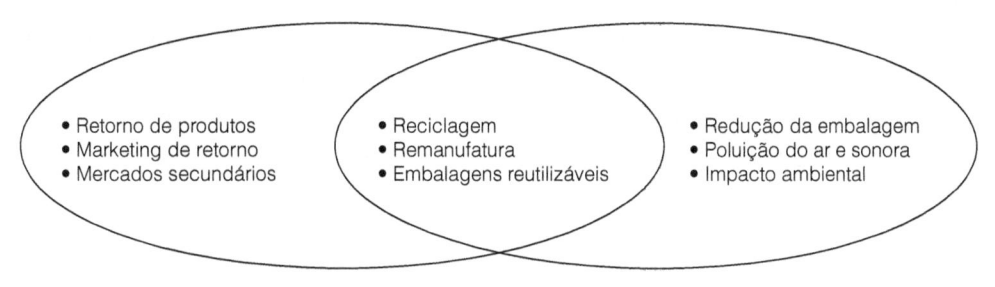

Fonte: Adaptado de Rogers e Tibben-Lembke, (2001, p. 131).

Figura 3.6 – Comparação entre a logística reversa e a verde, ecológica ou ecologística.

nalmente separadas, visando obter vantagem competitiva por meio do intercâmbio físico de água, materiais, subprodutos, calor ou demais tipos de energia.

Na Figura 3.7, várias áreas entram na cadeia – produção, comércio, serviços e domicílios. Um dos resíduos da indústria elétrica, o sulfato de cálcio, é importante para

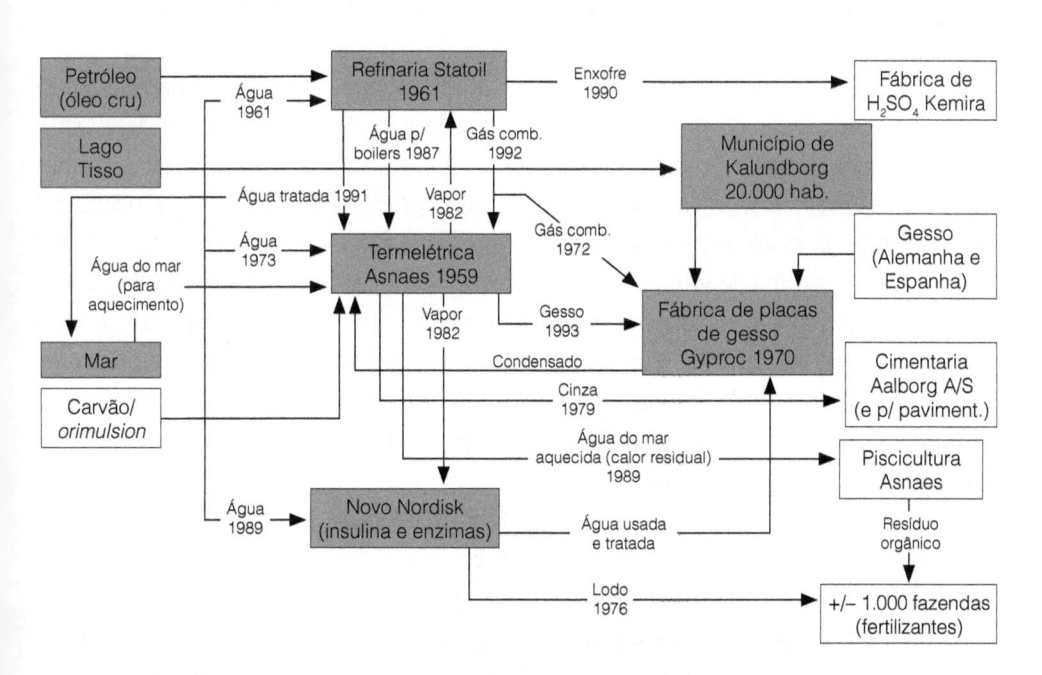

Fonte: Nascimento et al. (2006, p. 105).

Figura 3.7 – Simbiose industrial em Kalundborg, Dinamarca.

a fabricação de placas de gesso. Os biossólidos da piscicultura vão para as fazendas locais, onde são incorporados a novos processos produtivos. Neste ponto, a logística reversa assemelha-se a conceitos de simbiose industrial e parques industriais ecoeficientes (Nascimento et al., 2006). Assemelha-se também ao conceito de ecologia industrial, que para Garner e Keoleian (1995) pode ser definida como o estudo do ecossistema industrial, aquele em que os resíduos gerados por uma empresa são reaproveitados como recursos por outra. Os resíduos são reutilizados como energia ou matéria-prima por outro produto ou processo

A diferença é que a abordagem logística reversa deste trabalho foca os resíduos provenientes do pós-venda ou pós-consumo, não apenas os procedentes do processo produtivo das empresas. Assim, a perspectiva de que o resíduo de uma atividade humana pode ser a matéria-prima de outra ação é um conceito que atende ao que busca a logística reversa de resíduos. Não se deve confundir logística reversa com parques ecoeficientes. Ao passo que a origem do resíduo reaproveitado na indústria tem origem em outra fábrica nos parques ecoeficientes, na logística reversa o resíduo se origina do pós-venda ou do pós-consumo de bens produzidos

Logística reversa de resíduos dos serviços de saúde

A Figura 3.8, construída segundo a RDC 306/2004, Resolução Conama nº 358/05 e o regulamento técnico para o gerenciamento de RSS (Ministério da Saúde, 2006), ilustra a lógica de inserção destes resíduos em uma cadeia logística reversa. As linhas tracejadas representam o caminho mais comum abordado nas referências utilizadas neste projeto. Já as linhas cheias representam a cadeia logística reversa do fornecedor que recebeu resíduos de volta ou teve a geração provocada por problemas de estocagem, transporte ou rejeição na entrega, bem como outros fatores que inutilizaram o aproveitamento do insumo. O retângulo cinza representa as organizações prestadoras de serviços de saúde (OPSS) e o branco maior os geradores fora da assistência à saúde. A RDC 306 nomeia a ação de uma fase para outra como manejo, representado na figura pelas setas coloridas.

O fluxo começa no fornecedor, que envia os insumos solicitados para as organizações. O insumo é usado nos procedimentos da organização e dele decorre o resíduo. Cada resíduo possui características próprias, como ser reaproveitável ou não, oferecer risco etc. A segregação se dá pela classificação como grupo A (risco biológico – com seus subgrupos A1, A2, A3, A4 e A5), grupo B (risco químico), grupo C (risco decorrente da radiação), grupo D (resíduos comuns) e E (resíduos perfurocortantes).

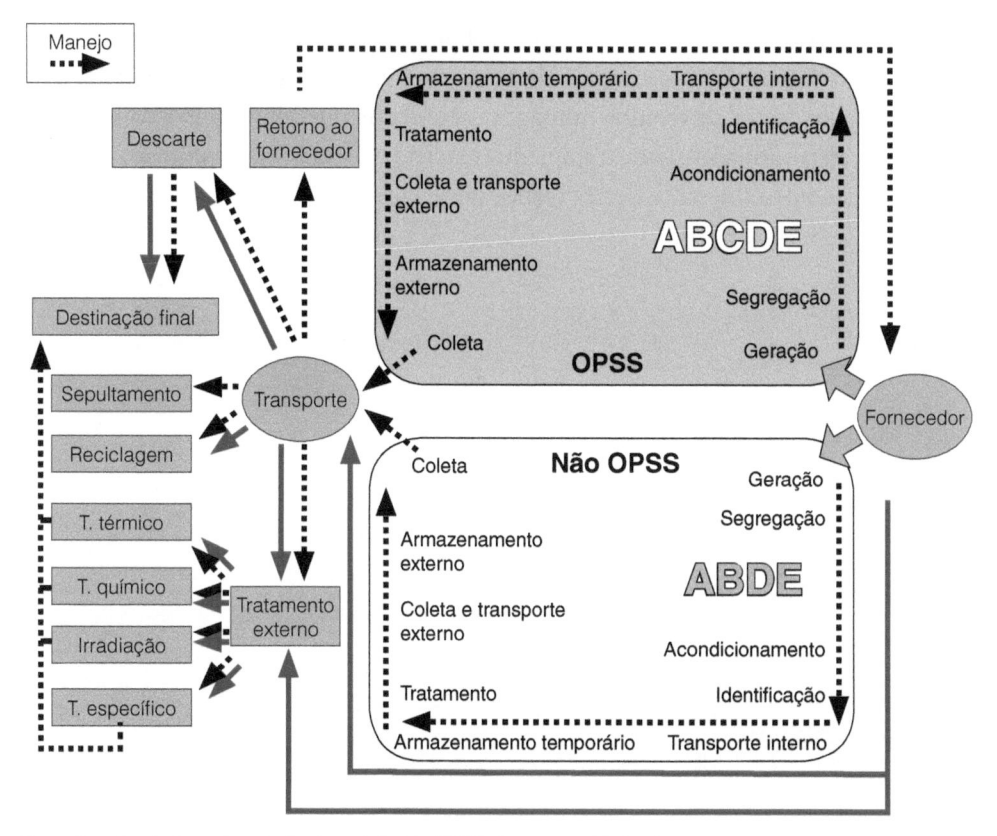

Fonte: Organização Prestadora de Serviços de Saúde (OPSS). Baseado na RDC 306/2004, Resolução Conama nº 358/05 e Ministério da Saúde (2006).

Figura 3.8 – Mapeamento logístico (direto e reverso) de resíduos dos serviços de saúde.

São acondicionados em vasilhames adequados e que não ofereçam risco de vazamento ou de perfuração (punctibilidade) com a respectiva identificação, e transportados internamente pelo organização até um local provisório. Lá recebem o tratamento adequado para a minimização dos riscos, quando não tratado no local de origem por motivo de segurança. Em seguida, são coletados e enviados para o armazenamento externo, de onde a coleta externa virá recolhê-lo. Nessa etapa da cadeia da logística reversa, o veículo adequado (que atende aos requisitos de estrutura que a lei exige, como cantos arredondados, veículo dedicado apenas a coleta de resíduos, por exemplo) recolhe e leva os resíduos para a destinação final.

Restos de partes humanas seguem para sepultamento. Compostos orgânicos podem ir para compostagem. Já papel, plástico, madeira, metais e vidros vão para reciclagem. Alguns restos de tecidos humanos ou animais que ofereçam risco biológico devem ser encaminhados para tratamento externo por processo químico, térmico, irradiação ou outro diferente destes (específico).

CAPÍTULO 4

Logística reversa de resíduos de serviços de saúde: o caso de Minas Gerais

Objetivos

- Compreender os resíduos de serviços de saúde a partir da perspectiva da logística reversa;
- Entender o gerenciamento reverso;
- Discutir itens importantes à logística reversa de pós-descarte.

Resumo do capítulo

Para a compreensão da cadeia de resíduos de forma sustentável, segura e visando o ganho econômico e a promoção da saúde coletiva, é preciso que haja o gerenciamento logístico reverso de modo a contemplar as variáveis pertinentes. O SUS, nesse contexto, pode gerenciar os resíduos dos serviços de saúde de maneira a prevenir que os riscos (biológicos, químicos, perfurocortantes, radioativos) se transformem em dano à saúde da população. Para esta pesquisa, em relação ao procedimento técnico, utilizou-se a pesquisa bibliográfica e documental, e o estudo de campo. Os dados primários dos hospitais Pro-Hosp foram coletados por meio de questionário estruturado, visando todas as etapas (geração, segregação, acondicionamento, transporte e destinação final). As perguntas foram construídas conforme a RDC 306/2004, elaborada pela Agência

Nacional de Vigilância Sanitária (Anvisa, 2004), e o *Manual de Gerenciamento de Resíduos dos Serviços de Saúde* (Ministério da Saúde, 2006). No que concerne a questão da medição do volume potencial médio de geração de RSS, foi levantada a média de geração dos hospitais Pro-Hosp por tipo de resíduos. A pesquisa documental examinou dados e documentos de posse da SES-MG, Feam, Ipea, Abrelpe e outras fontes. A amostra foi composta por 46 hospitais Pro-Hosp de um universo de 127. No âmbito do Estado de Minas Gerais, os resultados apontam que grande parte dos estabelecimentos de saúde tem dificuldades para ter um ciclo logístico reverso eficiente, tanto na fase intraestabelecimento, por falta de capacitação de seus colaboradores, como na fase extraestabelecimento, por falta de opção de locais licenciados para a disposição final adequada dos resíduos sólidos urbanos e de serviços de saúde.

Introdução

A implantação do Programa de Fortalecimento e Melhoria da Qualidade dos Hospitais do SUS/MG (Pro-Hosp) apresenta-se como a principal ação do Plano de Desenvolvimento Regionalizado do governo de Minas Gerais e da construção de redes de atenção à saúde, focando os hospitais de referência dos municípios polos macro e microrregionais do Estado (Minas Gerais, 2006b).

O programa funciona desde 2003 (Minas Gerais, 2006b) e está presente em todas as macro e microrregiões do Estado, contemplando 127 hospitais, sendo 36 sediados nos 18 municípios-polos das macrorregiões (Pro-Hosp Macrorregional) e os demais nos municípios-polos das 75 microrregiões (Pro-Hosp Microrregional). São hospitais de grande porte, com oferta de serviços de níveis variados de complexidade e, consequentemente, geradores de resíduos de serviços de saúde (RSS).

No Brasil e em Minas Gerais, principalmente, o que se observa é um comportamento de tudo ou nada: ou todos os resíduos são segregados como perigosos, ou nada é separado; desse modo, os resíduos de serviços de saúde são dispostos como resíduos comuns ou domiciliares (Garcia e Zanetti-Ramos, 2004; Luiz-Pereira e Coelho, 2009). Hospitais, por realizarem vários procedimentos que geram grande volume de RSS, merecem especial atenção (Garcia e Zanetti-Ramos, 2004; Silva e Hoppe, 2005).

Para a compreensão da cadeia de resíduos de forma sustentável, segura e visando o ganho econômico e a promoção da saúde coletiva, faz-se necessário o gerenciamento logístico reverso de modo a contemplar as variáveis pertinentes. O SUS pode, assim, gerenciar os resíduos dos serviços de saúde de maneira a prevenir que os riscos se transformem em dano à saúde da população.

O presente capítulo tem uma abordagem qualitativa e quantitativa na qual as questões referentes ao gerenciamento reverso são eminentemente qualitativas e a medição do potencial médio de resíduos dos serviços de saúde apresenta uma abordagem quantitativa.

Os dados primários dos hospitais Pro-Hosp foram coletados por meio de questionário estruturado, visando todas as etapas (geração, segregação, acondicionamento, transporte e destinação final). As perguntas foram construídas conforme a RDC 306/2004, elaborada pela Agência Nacional de Vigilância Sanitária (Anvisa, 2004), e o *Manual de Gerenciamento de Resíduos dos Serviços de Saúde* (Ministério da Saúde, 2006).

No que concerne a questão da medição do volume potencial médio de geração de RSS, foi levantada a média de geração dos hospitais Pro-Hosp, por tipo de resíduos e o número de leitos operacionais. A pesquisa documental examinou dados e documentos de posse da SES-MG, Feam e outras fontes, conforme descrito mais adiante.

A fim de compreender quem são os geradores de RSS, faz-se necessário revisar as definições do Cadastro Nacional de Estabelecimentos de Saúde, que estabelece como Organizações Prestadoras de Serviços de Saúde (OPSS): centro de saúde/unidade básica de saúde, clínica especializada/ambulatório especializado, Laboratório Central de Saúde Pública (Lacen), policlínica, pronto-socorro especializado, pronto-socorro geral, unidade de serviço de apoio de diagnose e terapia, unidade de vigilância em saúde, unidade móvel de nível pré-hospitalar na área de urgência e emergência, central de regulação de serviços de saúde, centro hemoterápico e/ou hematológico, centro de apoio à saúde da família, consultório isolado, farmácia de medicamentos excepcionais e programa farmácia popular, posto de saúde, unidade mista, unidade móvel terrestre, hospital/dia-isolado, hospital especializado e hospital geral (Datasus, 2009).

Outro grupo gerador são aqueles que a RDC 306 lista como organizações que não oferecem serviços de saúde, mas que geram RSS. Essas organizações não constam no Cadastro Nacional dos Estabelecimentos de Saúde do Brasil (CNES) (Datasus, 2009). Pela RDC 306, são os seguintes: clínica de acupuntura, instituto médico legal/necrotérios, tanatopraxia e somatoconservação (funerárias), instituição de ensino e pesquisa em saúde, centro de controle de zoonoses, distribuidor/importador de produto farmacêutico, distribuidor e produtor de materiais para diagnóstico *in vitro*, serviços de acupuntura, serviços de tatuagem, clínica veterinária, laboratório veterinário, distribuidor de produto veterinário.

São 127 hospitais Pro-Hosp em Minas Gerais, divididos em dois tipos de hospitais (Datasus, 2009):

a) *Hospital especializado*: destinado à prestação de assistência à saúde em uma única especialidade/área. Pode dispor de serviço de urgência/emergência e SADT. Podendo ter ou não Sipac, geralmente de referência regional, macrorregional ou estadual.

b) *Hospital geral*: destinado à prestação de atendimento nas especialidades básicas, por especialistas e/ou outras especialidades médicas. Pode dispor de serviço de urgência/emergência. Deve dispor também de SADT de média complexidade. Podendo ter ou não Sipac.

Os dados secundários vieram do *1º Diagnóstico de Resíduos de Serviços de Saúde de Minas Gerais – 2009 (Cadastro de Geradores de Resíduos de Serviços de Saúde de Minas Gerais)* e da *Avaliação Inicial da Qualidade – Hospitais Pro-Hosp, 2009*. O primeiro documento continha hospitais que não eram Pro-Hosp, fazendo-se necessário primeiro filtrar os dados deste grupo dos demais. Em seguida, receberam tratamento estatístico com o objetivo de desconsiderar *outliers* e dados duvidosos. No segundo documento foi feita a triagem das questões de logística reversa que poderiam atender aos objetivos desta pesquisa.

Primeiro Diagnóstico de Resíduos de Serviços de Saúde de Minas Gerais (Cadastro de Geradores de Resíduos dos Serviços de Saúde de Minas Gerais) – 2009

Considerando a necessidade de aprimoramento, atualização e complementação dos procedimentos relativos ao gerenciamento dos resíduos gerados nos serviços de saúde em Minas Gerais, a Secretaria de Estado de Saúde (SES), em parceria informal com o Centro de Desenvolvimento da Tecnologia Nuclear (CDTN) realizou o 1º Diagnóstico sobre Resíduos dos Serviços de Saúde de Minas Gerais. Para isso, foi elaborado por Luiz-Pereira e Coelho (2009) um questionário estruturado de acordo com o *Manual de Gerenciamento de Resíduos de Serviços de Saúde* da Feam e o da Anvisa (Ministério da Saúde, 2008). Autosselecionável, o questionário ficou disponível, de junho a agosto de 2009, a todos os pontos de atenção à saúde de Minas Gerais (Luiz--Pereira e Coelho, 2009).

Avaliação Inicial da Qualidade – Hospitais Pro-Hosp – Versão 2010

O processo de avaliação hospitalar na SES-MG se dá através do Instrumento de Avaliação Inicial da Qualidade – Hospitais Pro-Hosp/Política de Acreditação – ONA, que é uma adaptação do *Manual das Organizações Prestadoras de Serviços Hospitalares* – ONA, 2006 e do *Instrumento Nacional de Inspeção em Serviços de Saúde* – Anvisa, 2007.

Em cada módulo, encontram-se questões pertinentes aos três níveis de acreditação ONA. O Nível 1 avalia se a instituição atende aos requisitos formais, técnicos e de estrutura para execução de sua atividade conforme a legislação Anvisa, identificação de riscos específicos e o gerenciamento destes riscos com foco na segurança. O Nível 2 avalia o gerenciamento de processos e a interação entre eles, estabelecendo um padrão de medição, avaliação e melhoria dos processos através de um programa de educação e treinamento continuado. O Nível 3 avalia se a instituição utiliza perspectivas de medição organizacional, alinhadas às estratégias e correlacionadas aos indicadores de desempenho dos processos (Naves et al., 2008).

Dados secundários da Feam

Através do *site* do programa Minas Sem Lixões, programa da Fundação Estadual do Meio Ambiente (Feam), foi possível ter acesso a vários documentos sobre resíduos em Minas Gerais. A tabela da disposição de resíduos sólidos em Minas Gerais foi empregada para definir as condições da destinação final. Elaborada pela Feam, a tabela relaciona todos os municípios mineiros de acordo com a pesquisa ativa sobre a situação da destinação final de resíduos.

Dados secundários da Abrelpe

São as publicações mais recentes disponibilizadas pela Associação Brasileira de Empresas de Limpeza Pública e Resíduos Industriais (Abrelpe). As edições de 2007 a 2009 do *Panorama dos resíduos sólidos no Brasil* apresentam um rico levantamento sobre as condições dos resíduos em geral no Brasil.

Dados secundários do Ipea

Elaborada pelo Instituto de Pesquisas Econômicas Aplicadas (IPEA) e publicada em maio de 2010, a Pesquisa sobre Pagamento por Serviços Ambientais Urbanos para Gestão de Resíduos Sólidos analisa e ilustra os ganhos com reciclagem, comparando-os com a obtenção de insumos a partir da matéria-prima primária (direto da natureza).

Dados de referência em publicações

Com o objetivo de comparar os dados levantados com a literatura, fez-se a busca de referências, como Velez (2004), Naime et al. (2007), Miller (2008) e Cussiol (2003, 2008 e 2009).

Dados primários – questionário

O questionário para coleta de dados foi disponibilizado on-line, em linguagem HTML, hospedado em servidor compatível com Ajax, HTML e php. Um link redirecionou a página da pesquisa. O acesso pode ser feito a partir de qualquer computador com navegador da internet. Após o preenchimento e o clique no botão "enviar", o sistema organizou as respostas em uma planilha on-line compatível com Microsoft® Excel. Coube ao coordenador de cada organização, localizadas nas regiões de Minas Gerais (Figura 4.1), responder ao questionário.

O questionário foi composto por 34 questões abertas, fechadas e de múltipla escolha. Visou alcançar os objetivos, numa perspectiva sustentável. O Quadro 4.1, apre-

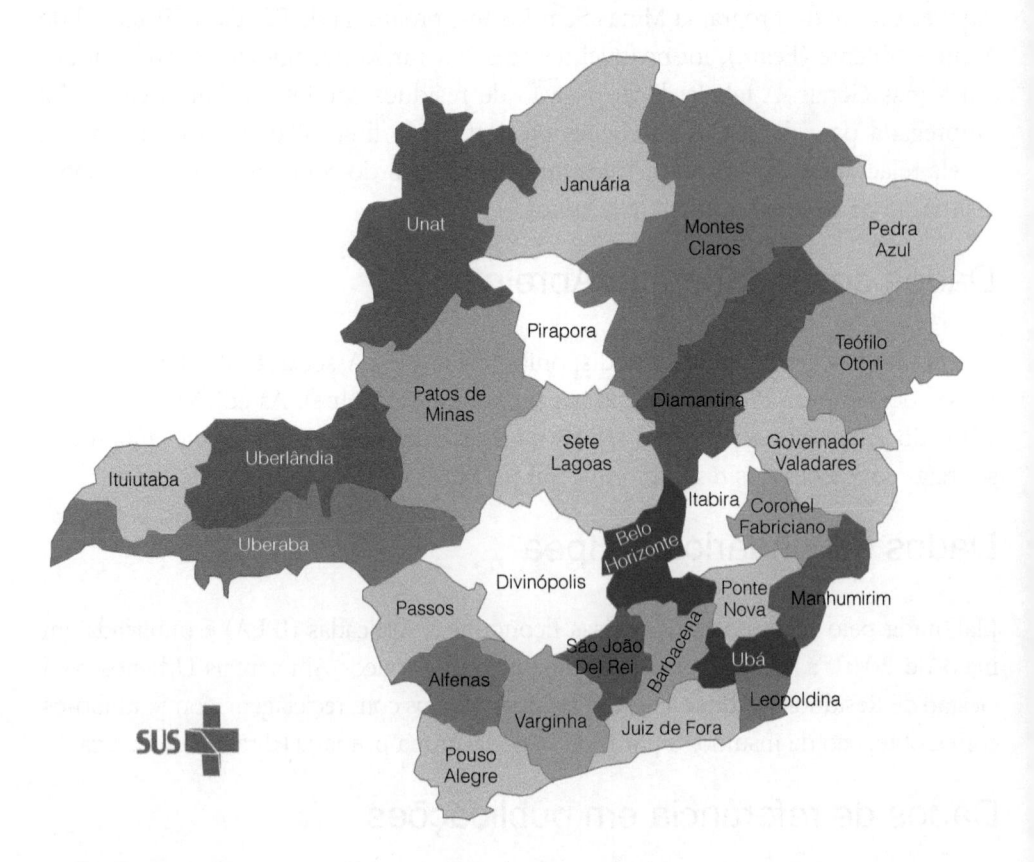

Fonte: SES-MG. Disponível em: http://www.saude.mg.gov.br/institucional/integracao-institucional/grs/GRSs%20em%20slide%20SES.pdf. Acesso em: dez. 2010.

Figura 4.1 – Cartograma das Gerências Regionais de Saúde de Minas Gerais – 2009.

sentado a seguir, mostra como as questões se encaixam na perspectiva da logística reversa de resíduos dos serviços de saúde e da sustentabilidade.

Quadro 4.1 – Classificação das perguntas do questionário em relação à logística reversa e à sustentabilidade.

	Perguntas	Referência na questão logística reversa	Perspectiva sustentável relacionada
1	Informe a Gerência Regional de Saúde responsável pelo seu estabelecimento.	Referenciamento espacial	Espacial
2	Qual é o seu tipo de estabelecimento? Se misto, informe segundo o que predomina.	Identificação do respondente	Social
3	Nome fantasia do estabelecimento.	Identificação do respondente	Social
4	Município de Minas Gerais.	Referenciamento espacial	Espacial
5	E-mail de contato.	Identificação do respondente	Social
6	Em relação às compras para a área de saúde (incluindo medicamentos), de que cidade vem a maior parte das suas compras (o mais próximo de 80% das origens)?	Fluxo fornecedor – organização	Espacial
7	Os depósitos de insumos deste estão em condições ideais segundo um profissional responsável?	Armazenamento (acondicionamento)	Espacial
8	Os insumos são rastreados ou possuem rígido acompanhamento da movimentação interna neste estabelecimento?	Transporte interno	Espacial
9	Há acompanhamento das perdas? Se sim, qual é a porcentagem (%) de perda total dos insumos da área de saúde? (média de janeiro/2009 a dezembro/2009)	Controle de desperdício	Econômico
10	Os resíduos recebem algum tipo de tratamento interno antes de serem mandados para fora deste estabelecimento? (Marque mais de uma resposta)	Tratamento de resíduos	Espacial/ econômico
11	Os resíduos dos serviços de saúde são separados, segundo as suas características físicas, químicas e biológicas, sua espécie e seu estado físico?	Segregação	Cultural
12	Os resíduos da saúde possuem uma rotina de horários e procedimentos diferenciados de coleta? Selecione as opções que estão presentes no seu estabelecimento.	Manejo	Cultural
13	O estabelecimento possui local de armazenamento externo?	Armazenamento (acondicionamento)	Espacial
14	Quais são os processos de tratamento de Resíduos dos Serviços de Saúde utilizados por este estabelecimento?	Tratamento de resíduos	Econômico
15	Se na pergunta anterior há tratamento em outro município, informe qual município é este.	Tratamento de resíduos	Espacial

16	Média mensal do volume de resíduos do Grupo A1 (kg/mês) – Média entre janeiro/2009 a dezembro/2009.	Geração de resíduos	Econômico
17	Média mensal do volume de resíduos do Grupo A2 (kg/mês) – Média entre janeiro/2009 a dezembro/2009.	Geração de resíduos	Econômico
18	Média mensal do volume de resíduos do Grupo A3 (kg/mês) – Média entre janeiro/2009 a dezembro/2009.	Geração de resíduos	Econômico
19	Média mensal do volume de resíduos do Grupo A4 (kg/mês) – Média entre janeiro/2009 a dezembro/2009.	Geração de resíduos	Econômico
20	Média mensal do volume de resíduos do Grupo A5 (kg/mês) – Média entre janeiro/2009 a dezembro/2009.	Geração de resíduos	Econômico
21	Média mensal do volume de resíduos do Grupo B (kg/mês) – Média entre janeiro/2009 a dezembro/2009.	Geração de resíduos	Econômico
22	Média mensal do volume de resíduos do Grupo C (kg/mês) – Média entre janeiro/2009 a dezembro/2009.	Geração de resíduos	Econômico
23	Média mensal do volume de resíduos do Grupo D (kg/mês) – Média entre janeiro/2009 a dezembro/2009.	Geração de resíduos	Econômico
24	Média mensal do volume de resíduos do Grupo E (kg/mês) – Média entre janeiro/2009 a dezembro/2009.	Geração de resíduos	Econômico
25	Em relação ao Plano de Gerenciamento de Resíduos dos Serviços de Saúde (PGRSS).	Gerenciamento reverso	Social
	Como é feito o transporte de resíduos dos serviços de saúde.	Transporte/coleta de resíduos	Espacial
	Se na pergunta anterior você respondeu que os resíduos vão para outro município, que município é este?	Transporte/coleta de resíduos	Espacial
	Há controle formalizado e institucionalizado do volume de resíduos dos serviços de saúde gerados neste estabelecimento?	Geração de resíduos	Social
	De janeiro/2009 a dezembro/2009, qual é a média mensal de acidentes com perfurocortantes que aconteceram com profissionais da área de limpeza e conservação?	Mão de obra relacionada a resíduos	Social
	De janeiro/2009 a dezembro/2009, qual é a média mensal de acidentes com perfuro cortantes que aconteceram com profissionais da área de assistência à saúde?	Mão de obra relacionada a resíduos	Social
	Este estabelecimento participa de coleta seletiva?	Reciclagem	Ecológico
	Este estabelecimento segue a RE nº 2.606?	Reúso	Cultural
	Explique o seu gerenciamento de resíduos.	Gerenciamento reverso	Toda a perspectiva sustentável

Fonte: Baseada na RDC 306/2004, Resolução Conama 358/2005, RE 2.606/2006, Ministério da Saúde (2006), Rogers e Tibben-Lembke (1999) e Sachs (2000).

Tratamento dos dados primários

A primeira ação realizada pelo próprio sistema eletrônico foi organizar as respostas em uma planilha, excluindo registros duplicados. Em seguida, com ajuda do software Microsoft® Excel, fez-se a eliminação de estabelecimentos que informaram não produzir nenhum resíduo, produção 0, produção negativa, bem como valores discrepantes (como "muito", no campo Quantidade).

O tratamento estatístico dos dados quantitativos usou estatística descritiva. Para o cálculo das médias e das frequências, os dados foram importados para o *Statistical Package for Social Sciences – SPSS®*, um aplicativo de tratamento estatístico de dados.

a) Identificação de *missing values*
   A partir do uso da função *Missing values* do SPSS, não há valores omissos na amostra.
b) Detecção de *outliers*
   Os *outliers* foram obtidos pela comparação dos diagramas *stem-and-leaf* e dos histogramas e foram excluídos do cômputo das médias.

Os resultados são descritos segundo a Figura 4.2.

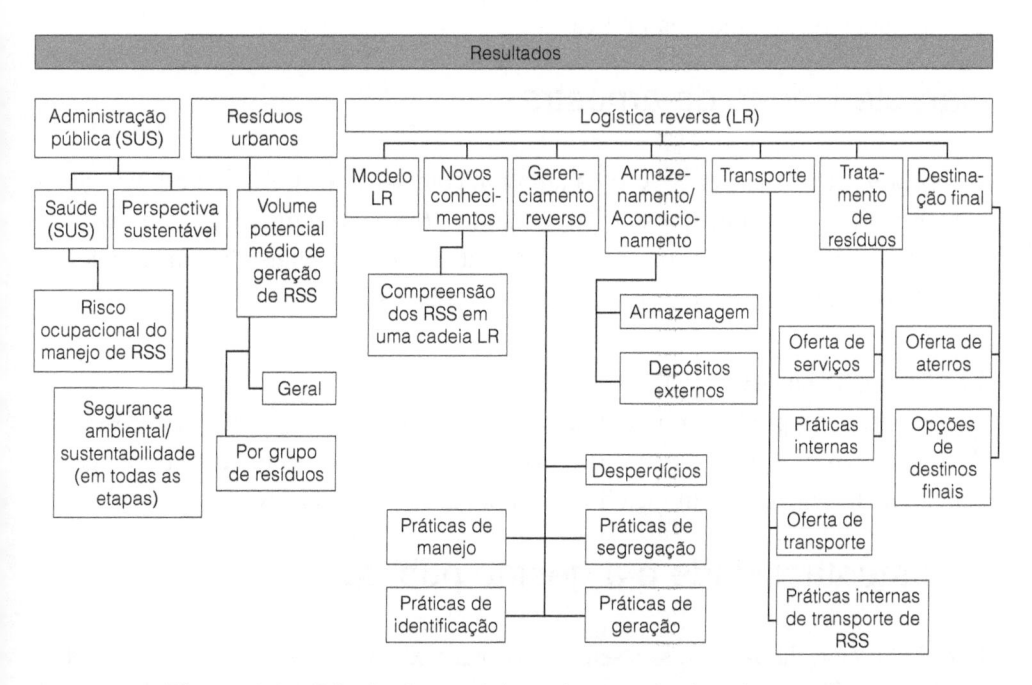

Figura 4.2 – Principais caminhos dos resultados do estudo.

Apesar de 50 hospitais terem respondido ao questionário, quatro não foram considerados. Os hospitais que responderam que não possuíam controle formalizado e institucionalizado do volume de RSS não entraram na média da geração de resíduos. Afinal, se não há controle de RSS, não seria possível confirmar se os volumes de resíduos informados eram verdadeiros. Da mesma forma, não entraram no cálculo da média de desperdícios os estabelecimentos que afirmaram não terem um rígido sistema de rastreamento de insumos.

Quantificação de resíduos de serviços de saúde

Para Fonseca et al. (2006), na mensuração da taxa de geração, a unidade de medida mais usada é a kg RSS leito/dia, adotada nesta pesquisa. Cabe destacar que Fonseca et al. (2006) menciona que o tipo do hospital – filantrópico, privado ou público –, a presença de centro cirúrgico, complexidade de especialidades e a taxa de ocupação dos leitos interferem nessa média. No caso dos hospitais Pro-Hosp, há certa homogeneidade das características das organizações, pois todas têm o mesmo nível de complexidade dos serviços prestados. Tomou-se o cuidado de usar o número de leitos operacionais – isto é, aqueles em efetivo funcionamento – e não o número registrado. Isso garante maior confiabilidade dos dados, pois o número cadastrado pode diferir do que estão funcionando na prática.

Caracterização da amostra

A Tabela 4.1 traz a caracterização da amostra, composta de 100% de hospitais gerais, contemplando 38 municípios (representando 36% dos municípios com hospitais Pro-Hosp). A principal natureza administrativa dos hospitais da amostra foi de 71,74% de entidades beneficentes sem fins lucrativos.

O caso em Minas Gerais

A administração pública, no contexto do SUS e da atuação na atenção hospitalar, deve atentar para a gestão correta de resíduos de serviços de saúde para poder gerenciar, com eficiência, a segurança dos profissionais e dos pacientes.

A sustentabilidade e a gestão pública

Inicialmente, avaliou-se em seis setores hospitalares com grande descarte de resíduos sólidos e perfurocortantes, as conformidades com as rotinas da Comissão de Controle

Capítulo 4 – Logística reversa de resíduos de serviços de saúde: o caso de Minas Gerais

Tabela 4.1 – Caracterização da amostra.

Característica	Frequência	Percentual	Valor de referência para o percentual
Número de regiões/GRS contemplados entre os respondentes	28	100%	28
Hospital especializado	0	0	0
Hospital geral	46	100 %	46
Número de municípios com hospital Pro-Hosp	38	36,19%	105
Administração direta da saúde (MS, SES e SMS)	4	8,70%	46
Administração indireta – Fundação pública	1	2,17%	46
Empresa privada	5	10,87%	46
Entidade beneficente sem fins lucrativos	33	71,74%	46
Fundação privada	2	4,35%	46
Serviço social autônomo	1	2,17%	46

da Infecção (CCI), conforme indicado na Figura 4.3. As áreas que se destacam com a melhor prática são a internação médico-cirúrgica (94,21%), obstetrícia (92,73%) e pediatria (91,23%). Ambulatório e centro cirúrgico apresentam valores próximos (86,11% e 88,33%, respectivamente).

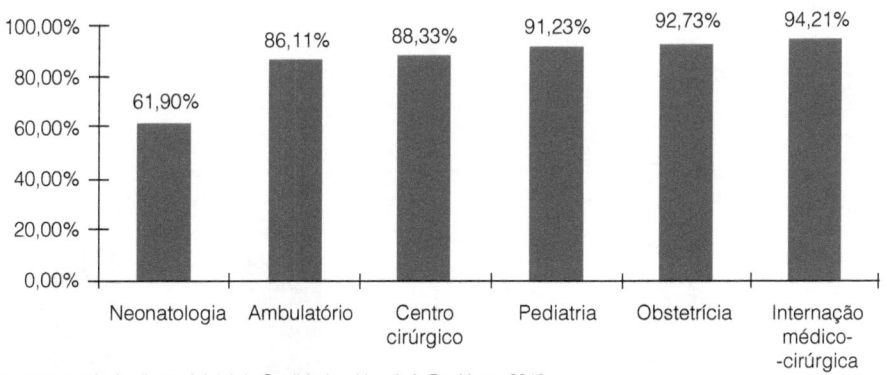

Gráfico de barras com valores: Neonatologia 61,90%; Ambulatório 86,11%; Centro cirúrgico 88,33%; Pediatria 91,23%; Obstetrícia 92,73%; Internação médico-cirúrgica 94,21%.

Fonte: Instrumento de Avaliação Inicial da Qualidade – Hospitais Pro-Hosp, 2010.

Figura 4.3 – Descarte de resíduos sólidos e perfurocortantes em conformidade com as rotinas da CCI – 2010.

Entre os seis setores, o que apresenta menor adequação neste quesito é a neonatologia (61,90%). A validação das práticas pela CCI é uma forma de garantir que o descarte transcorra de modo a reduzir a probabilidade de acidentes e de contaminação por agentes patológicos. A diferença de conformidade entre os setores é algo que precisa ser considerado, já que a amplitude é de 32,31 pontos percentuais e pode pressupor a *falta de uniformidade de práticas de gestão orientadas ao descarte seguro de resíduos sólidos e perfurocortantes como um todo.*

Observa-se na Figura 4.4 que, em relação à segurança dos funcionários em geral, o programa de imunização é uma forma de prevenir que acidentes envolvendo resíduos contendo hepatite B, tétano e rubéola contaminem as pessoas. A título de comparação, a área de lavanderia, que não deveria lidar com perfurocortantes, apresenta percentual (86,49%) maior que o laboratório clínico (71,28%).

A lavanderia apresenta maior percentual de imunização dos funcionários (86,49%) que a média de todos os demais setores. Essa média geral elevada pode sugerir que setores que não produzam RSS tenham mais atenção da gestão hospitalar quanto à imunização dos funcionários que as áreas geradoras. A Unidade de Alimentação e Nutrição também apresentou percentual maior que o laboratório clínico (81,42%).

Nas áreas finalísticas do hospital, em que os funcionários da área de saúde realizam os procedimentos, a média mensal de acidentes com perfurocortantes é de 4,08 casos/mês. Em relação aos profissionais da limpeza a média é de 1,04 caso por mês, destacando o risco de manejo destacado por Zamoner (2009). Uma vez que 100% dos funcionários não estão devidamente imunizados, corre-se o risco de que um acidente com material contaminado venha a se tornar um problema de saúde para o acidentado, como é explicado em detalhes no item a seguir.

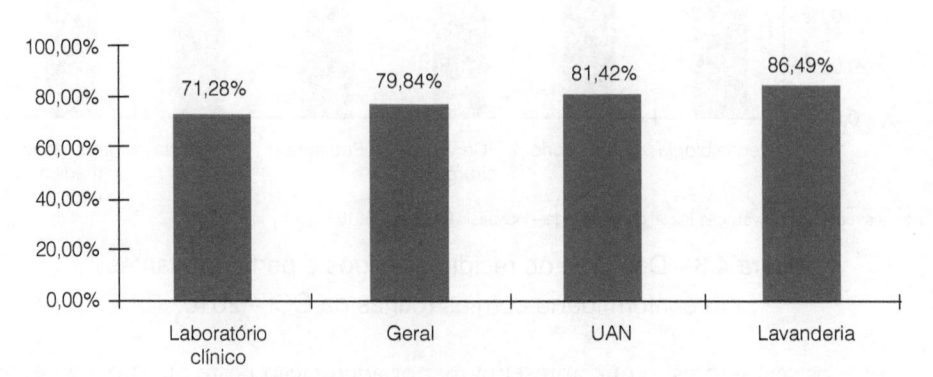

Fonte: Instrumento de Avaliação Inicial da Qualidade – Hospitais Pro-Hosp, 2010.

Figura 4.4 – Programa de imunização dos funcionários (hepatite B, tétano, rubéola) – 2010.

Promoção da saúde *versus* risco

Os resíduos sólidos urbanos podem oferecer vários riscos. Em relação ao risco biológico, conforme Cussiol (2009), o vírus da hepatite infecciosa, presente em agulhas infectadas ou plasma, ao entrar no corpo humano pode causar febre, náusea, icterícia (pele e olhos amarelados), fadiga e dores abdominais. A chance de que um dos 4,08 acidentados da área de assistência à saúde ou um da área de limpeza contraiam hepatite C é relativamente alta. O risco de que um acidentado com uma agulha se contamine com hepatite B é de 6% a 30% dos episódios acidentais; hepatite C, 0,5% a 2% dos episódios acidentais. Com o HIV, o risco é de 0,3% a 0,4% (Brevidelli e Cianciarullo, 2002). Esses autores acrescentam ainda que a principal causa de acidentes com perfurocortantes se deve ao reencape de agulhas (15% a 30% dos casos) e o descarte em local inadequado (10% a 20% dos casos). O reencape de agulhas é o principal causador dos acidentes em profissionais de limpeza (que nos hospitais Pro-Hosp se acidentam em média 1,04 vez por mês).

O Plano de Prevenção de Risco Ambiental (PPRA) nos hospitais Pro-Hosp é uma das ferramentas mais importantes para saber quais são os riscos e como lidar com eles. Pela Figura 4.5, de maneira geral, 66,13% dos hospitais possuíam PPRA em 2010. Já em áreas em que costuma haver terceirização, como a Unidade de Alimentação e Nutrição (UAN) e a lavanderia, os percentuais são bem maiores: 70,27% e 69,23%, respectivamente. Novamente, o laboratório clínico, que possui procedimentos com maior risco que a UAN e a lavanderia, possuem menor prevalência do PPRA.

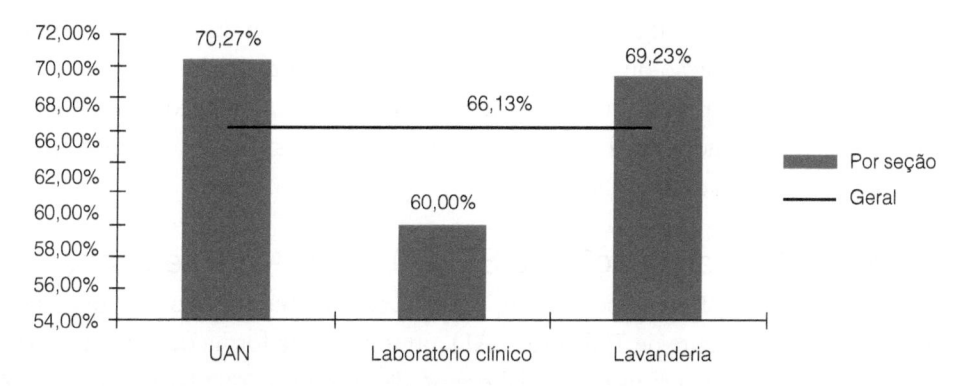

Fonte: Instrumento de Avaliação Inicial da Qualidade – Hospitais Pro-Hosp, 2009.

Figura 4.5 – Existência do Programa de Prevenção de Riscos Ambientais (PPRA) – NR-09/MTE – 2009.

Pelos questionários, 97,83% dos hospitais contavam com equipamentos de proteção individual (EPI) para todos os trabalhadores que lidam com resíduos. Óculos, aventais, botas etc. Afirmaram também que as pessoas sabem como usar corretamente os EPIs.

Subsidiariamente, o controle da qualidade da água utilizada no hospital é uma medida de gerenciamento do risco hospitalar relevante. Além de poder comprometer a saúde de funcionários e pacientes, a água contaminada pode ter influência negativa em procedimentos laboratoriais, contaminando a amostra. No caso dos hospitais Pro--Hosp, 84,78% afirmaram realizar controle registrado e formal da água usada no estabelecimento (testes microbiológicos). Uma vez utilizada, a água deve ser descartada através de procedimentos seguros, como a rede de esgoto. Todavia, apenas 23,91% afirmaram contar com rede de tratamento de esgoto adequada.

Os instrumentos nos quais os exames são realizados passam por desinfecção. Para os hospitais que utilizam métodos químicos, é preciso que o resíduo químico decorrente (grupo B) seja neutralizado com segurança. Pelo Instrumento de Avaliação Inicial da Qualidade – Hospitais Pro-Hosp 2010, os métodos de desinfecção química prevalentes são: o glutaraldeído, usado por 43,33% dos hospitais; e o hipoclorito de sódio, 18,33%. A combinação do hipoclorito e glutaradeído é de 13,33%. Outros métodos correspondem a 8,33%. Esses compostos, depois de utilizados, são resíduos do grupo B e requerem medidas de descarte que não agridam ao meio ambiente.

Traduzindo em riscos, 43,33% dos hospitais expõem funcionários ao risco moderado à saúde (glutaraldeído) e 31,33% ao risco severo (hipoclorito e hipoclorito mais glutaraldeído). Os questionários complementam que 13,77% dos hospitais adotam também o formol, de grande risco à saúde. O xilol, que igualmente representa grande risco à saúde, é adotado por 0,7% dos hospitais Pro-Hosp. Essa última substância necessita de incineração ou aterramento em instalação autorizada.

Os equipamentos com mercúrio, que apresentam riscos à saúde e ao meio ambiente ainda são usados em 13,04% dos hospitais Pro-Hosp. Esse composto apresenta risco de danos extremos à saúde.

O resultado final da ação do SESMT, a CIPA e a segurança

A Figura 4.6, a seguir, representa a importância em manter arquivos de cópia da Comunicação de Acidente de Trabalho (CAT), ou seja, é uma forma de gerar dados para estatísticas, de modo a subsidiar a elaboração de programas que reduzam a ocorrência de acidentes. A média geral de armazenamento das CATs em 2010 é de 83,06%.

Todavia, a lavanderia (82,73%) foi o setor que mais se aproximou dessa média. A UAN (78,69%) e o laboratório clínico (70,21%) ficaram abaixo da média geral.

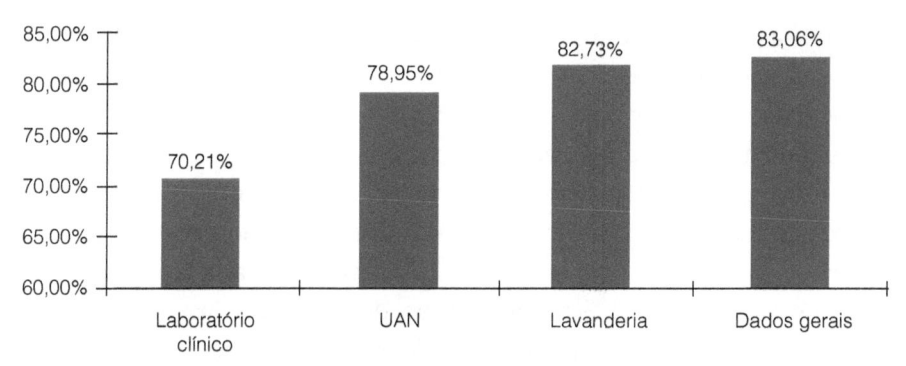

```
85,00%                                    82,73%        83,06%
                          78,95%
80,00%
75,00%
          70,21%
70,00%
65,00%
60,00%
       Laboratório         UAN         Lavanderia    Dados gerais
          clínico
```
Fonte: Instrumento de Avaliação Inicial da Qualidade – Hospitais Pro-Hosp, 2010.

Figura 4.6 – Arquivo de cópia da Comunicação de Acidente de Trabalho (CAT) – 2010.

Destes, o setor que mais lida com produtos químicos, de risco biológico e perfurocortantes é justamente o que menos registra estes eventos.

Os dados referentes aos mapas de risco não são apresentados, pois não foi possível determinar, pela análise dos dados, se o manejo de resíduos foi incluído no mapeamento realizado pelos hospitais. Por isso, o foco deste item tratou apenas das CATs.

Logística empresarial – direta

Observa-se, pela Tabela 4.2, que a principal cidade que fornece insumos para os hospitais Pro-Hosp é Belo Horizonte, com 68,18% das partidas. Os demais municípios do Brasil que contribuem com insumos: São Paulo, Ribeirão Preto e Juiz de Fora, com 20,45%, 9,09% e 2,27%, respectivamente. Cabe ressaltar que municípios como Brasília, DF; Vitória da Conquista, BA; Uberlândia, MG; e Rio de Janeiro, RJ não foram mencionados entre os respondentes (46), mas, quando se considera o total de hospitais Pro-Hosp (127), alguns destes encontram-se em pequenos municípios mineiros que estão próximos de cidades-polo regionais e nacionais, havendo a possibilidade de que a compra de insumos tenha origem naqueles lugares mencionados.

Tabela 4.2 – Principais origens dos insumos dos hospitais Pro-Hosp.

Principais origens	%
Belo Horizonte	68,18
Juiz de Fora	2,27
Ribeirão Preto	9,09
São Paulo	20,45

Segundo a pesquisa de campo, em 66,66% dos hospitais, pelo menos 80% dos insumos são rastreados com segurança (com o uso de código de barras, acompanhamento do número do lote e o controle da data de vencimento). Em 11,11%, devido à falta de recursos/equipamentos ou pessoal, os insumos totais do hospital não são controlados de forma rígida, havendo insumos sem acompanhamento ideal em vários setores. Em 20% dos hospitais se usava um controle de estoque formalizado, mas que não se configurava como rastreamento. Na opinião de 2,22% dos hospitais não é preciso um controle do trânsito de insumos. Sem controle total dos estoques e insumos, não é possível mensurar perdas e implementar programas de prevenção do desperdício.

Armazenamento/Acondicionamento

As Tabelas 4.3 e 4.4 trazem um painel das condições de armazenamento do serviço de manutenção e do laboratório. Essas duas áreas são importantes para a logística hospitalar em razão do armazenamento temporário de insumos.

Tabela 4.3 – Condições ambientais do serviço de manutenção.

Condição ambiental	Percentual
Climatização e/ou ventilação artificial (ar-condicionado) ou natural (janelas com aberturas teladas)	42,20%
Condições de segurança contra incêndio, conforme a RDC nº 50/02	31,25%

Fonte: Instrumento de Avaliação Inicial da Qualidade – Hospitais Pro-Hosp, 2010.

Conforme a Tabela 4.3, no setor de manutenção havia climatização ou ventilação artificial/natural em 42,20% dos hospitais. As condições de segurança contra incêndio (RDC 50/02) eram observadas em apenas 31,25% dos hospitais. A observância desses aspectos é fundamental para garantir a segurança dos funcionários deste setor.

A importância de se estudar as condições de armazenamento referem-se à prevenção da perda que gera resíduos. Os rótulos de identificação nos compostos são muito importantes para garantir a segurança na realização dos procedimentos, do manuseio correto, da prevenção do desperdício e das perdas. Pela Tabela 4.4, mesmo sendo tão importante e simples, apenas 47,31% dos hospitais apresentavam rotulação adequada. Ainda em 2010, 84,95% dos hospitais Pro-Hosp contavam com identificação do provedor das amostras de material biológico (logo, 15,05% corriam sério risco de serem descartados por impossibilidade de identificação do paciente). É preciso também mapear o fluxo que a amostra segue desde a hora da coleta até a geração do diagnóstico e descarte. Para 59,77% dos hospitais, havia um desenho estabelecido. Esse valor é próximo do número de hospitais que contavam com laboratórios com manuais de rotinas e procedimentos em plena utilização (55,91%). Esses manuais requerem a validação dos Procedimentos Operacionais Padrão (POPs), disponíveis a todos os funcionários do laboratório. Nesses hospitais, os POPs estavam descritos em 53,76% deles.

Tabela 4.4 – Condições de armazenamento no laboratório.

	Percentual
Sistema de identificação no recebimento das amostras para exames.	84,95%
Termômetro de máxima e mínima temperatura para a geladeira e para o freezer.	79,57%
Controle da data de validade dos frascos de coleta, materiais e reagentes utilizados.	78,49%
Atendimento às normas de biossegurança quando feito em áreas comuns a outros serviços ou em áreas de circulação de pessoas.	63,44%
Fluxo formalizado desde a chegada até o descarte das amostras recebidas para análise.	59,77%
Manual de normas, rotinas e procedimentos datados, atualizados e disponíveis.	55,91%
POPs validados (de acordo com os ensaios e atividades relacionadas) atualizados e disponíveis aos funcionários para todas as áreas do laboratório.	53,76%
Manual de biossegurança.	52,33%
Existência de rótulos de identificação de reagentes e soluções manipuladas com: nome químico, concentração, dados de estabilidade, data da preparação, prazo de validade, instruções de armazenamento, indicativo de procedência, fator de padronização e assinatura do funcionário.	47,31%
Realização de procedimentos que exijam a prévia administração por via oral ou parenteral de qualquer controle de substâncias ou medicamentos que exijam monitoramento (médico) durante os seus processos de execução.	47,06%
Existência de registros dos processos de preparo dos reagentes e insumos.	37,63%
Registro de treinamento em biossegurança.	34,41%
Registros do controle de qualidade dos reagentes e insumos liberados para uso.	33,33%

Fonte: Instrumento de Avaliação Inicial da Qualidade – Hospitais Pro-Hosp, 2010.

As geladeiras são importantes para a correta conservação de produtos sensíveis ao calor ou de amostras que necessitam de refrigeração: 79,57% apresentavam termômetro para controle da temperatura máxima e mínima. Com relação ao controle da data de validades dos frascos de coleta, materiais e reagentes utilizados observa-se que 78,49% dos hospitais realizavam tal procedimento. O controle formal dos preparos de reagentes e insumos foi da ordem de 37,63%. Um dos pontos principais para prevenção da perda é garantir que, ao chegarem, os produtos estejam em condições adequadas de uso, reduzindo assim a probabilidade de descarte sem uso. Nos hospitais Pro-Hosp, apenas 33,33% apresentavam registros do controle de qualidade dos reagentes e insumos liberados para uso.

Uma vez que há serviços que compartilham etapas com outras áreas do hospital, 63,44% deles atendiam às normas de biossegurança necessárias, descritas no manual de biossegurança, presente em 52,33% dos hospitais. Apenas 34,41% dos hospitais apresentavam registro de treinamentos em biossegurança. Na realização de procedimentos que exigem a prévia administração, por via oral ou parenteral de quaisquer, o controle de substâncias ou medicamentos que exigem monitoramento (médico) durante os seus processos de execução eram da ordem de 47,06%.

Tabela 4.5 – Condições de armazenamento de imunobiológicos no ambulatório hospitalar.

	Percentual
Geladeira exclusiva para guarda de imunobiológicos/uso diário.	13,39%
Geladeira exclusiva para estoque de imunobiológicos.	6,25%

Fonte: Instrumento de Avaliação Inicial da Qualidade – Hospitais Pro-Hosp, 2010.

Conforme Vanini e Casarin (2007), a temperatura ideal de imunobiológicos (vacinas) é de 2 °C a 8 °C, requerendo também a substituição das gavetas plásticas por garrafas de água com corante. Essa medida evita que se percam os imunobiológicos quando houver falta de energia ou defeito no equipamento. Essa geladeira exclusiva para imunobiológicos de uso diário aparece apenas em 13,39% dos hospitais, enquanto para os demais imunobiológicos consta em apenas 6,25% conforme indicado na Tabela 4.5.

Tabela 4.6 – Condições de armazenamento na farmácia hospitalar.

	Percentual
Mapa de registro diário de controle de temperatura (máxima e mínima) em geladeira e freezer.	96,61
Controle do prazo de validade (primeiro que vence primeiro que sai – PVPS).	93,70
Responsabilidade técnica da área por farmacêutico.	93,70
Dispensa de produtos, observando critérios como lote, data de entrada, saída e vencimento.	89,76
Geladeira/câmara refrigerada (2 a 8 °C).	87,40
O farmacêutico é membro integrante da Comissão de Controle de Infecção (CCI).	86,61
Guarda de medicamentos e imunobiológicos em condições de refrigeração em local exclusivo.	83,46
Controle de produtos dispensados para os estoques satélites e para os locais de internação.	81,89
Manual de normas e rotinas técnicas atualizadas e disponíveis.	68,50
Sistema de controle de estoque que permitem sua rastreabilidade (desde a compra ao uso).	65,35
Local adequado para fracionamento de sólidos, líquidos e/ou semissólidos.	52,25
Recipiente rígido para descarte de material perfurocortante.	51,58
Farmacotécnica efetuada pelo profissional farmacêutico ou sob sua supervisão.	31,50

Fonte: Instrumento de Avaliação Inicial da Qualidade – Hospitais Pro-Hosp, 2010.

A existência de geladeira/câmara resfriada na temperatura mencionada por Vanini e Casarin (2007) é fundamental para a conservação de termolábeis, presente em 87,40% das farmácias hospitalares conforme a Tabela 4.6. O mapa de registro diário de controle da temperatura da geladeira e freezer (presente em 96,61% das farmácias hospitalares) é muito importante para evitar as perdas de material termolábil decorrente da temperatura inadequada.

Na farmácia, a prática farmacotécnica, que orienta as ações de assistência farmacêutica, precisa ser validada pelo farmacêutico. Em apenas 31,50% dos hospitais isso acontecia. Em 68,50% havia um manual de normas e rotinas técnicas atualizadas e disponíveis. Como forma de garantir a segurança, é preciso que o farmacêutico seja membro integrante da Comissão de Controle de Infecção (CCI) conforme acontece em 86,61% dos hospitais Pro-Hosp. Ao dispensar o medicamento mais antigo em vez do mais recente, as chances de que este atinja o prazo de validade na prateleira é reduzido. Esse controle foi relatado em 93,70% dos hospitais. Complementarmente, a dispensa de produtos, observando critérios como lote, data de entrada, saída e vencimento é realizado em 89,76% dos hospitais.

Observa-se também que o local de guarda de medicamentos e imunobiológicos em condições de refrigeração em local exclusivo era adequado em 83,46% dos hospitais. Havia um local adequado para fracionamento de sólidos, líquidos e/ou semissólidos em 52,25% dos hospitais. O controle de produtos dispensados para os estoques satélites e para os locais de internação, conforme 81,89%, ajuda a evitar que os medicamentos sejam encaminhados para o local errado, bem como o acúmulo indevido e descontrolado fora da farmácia central. Em 65,35% dos hospitais havia um sistema de controle de estoque que permitia a rastreabilidade (desde a compra ao uso). Em relação aos resíduos perfurocortantes da farmácia, só 51,58% dos hospitais contavam com um recipiente rígido para descarte, cujo modelo aumenta a segurança dos funcionários.

Apoio ao ciclo de vida

A RE nº 2.606 trata das diretrizes de elaboração, validação e implantação de protocolos de reprocessamento de produtos médicos. Ela é importante para que se evite o descarte de equipamentos que poderiam ser reusados, respeitando a segurança do paciente e prolongando o ciclo de vida dos equipamentos. Apesar de sua importância, só metade (50%) dos hospitais segue a RE nº 2.606. Entre os que não seguem, 28,26% alegaram não conhecê-la e 21,74% preferiam não segui-la. A não adoção da RE leva ao descarte de partes de equipamentos plenamente reutilizáveis, gerando mais resíduos e provocando desperdícios. De pronto, uma ação educacional orientada ao esclarecimento da RE 2.606 poderia evitar o descarte desnecessário em 50% dos hospitais que não usam ou que não conhecem a RE.

Logística hospitalar

As Tabelas 4.7 e 4.8 mostram os medicamentos citados no questionário como passíveis de perda por necessitarem de condições ideais. A Tabela 4.7 lista alguns medicamentos que se podem perder por falta de refrigeração.

A Tabela 4.8 mostra que, mesmo não sendo sensíveis ao calor, alguns medicamentos podem se deteriorar por causa da exposição à luz. Exemplos de medicamentos fotossensíveis foram mencionados no questionário aplicado.

Tabela 4.7 – Exemplos de medicamentos termolábeis.

Marca comercial	Apresentação
Fungizon® 50 mg	Frasco/Ampola
Insulin R® 100 UL/mL	Frasco/Ampola
Humatrope® 4 UL	Frasco/Ampola
DDAVP® 4 mcg/mL	Ampola
Sandostatin LAR® 30 mg	Frasco/Ampola

Tabela 4.8 – Exemplos de medicamentos fotossensíveis.

Marca comercial	Apresentação
Flagyl® 500 mg	Frasco/Ampola
Fenergan® 25 mg	Comprimido
Mefoxin® 1 g	Frasco/Ampola
Soramin ®	Frasco/Ampola
Complexo B®	Ampola

Em logística hospitalar, a interpretação dos questionários sugere que é preciso maior atenção à localização da farmácia central e satélites de modo que os medicamentos cheguem no tempo e lugar certos. O dimensionamento da farmácia é igualmente importante, pois se evita assim a imobilização de ativos em medicamentos que ficarão muito tempo armazenados. Ter medicamentos parados em estoque aumenta também a chance de perda, extravio e demais destinações não desejadas.

A área de movimentação nas farmácias deve ser suficiente para garantir a segurança dos envolvidos e o fracionamento. A ventilação, além de garantir o conforto ambiental dos funcionários, ajuda a manter a temperatura ideal de manipulação de medicamentos. Ressalta-se que é preciso que as janelas possuam tela de proteção contra a entrada de zoonoses. A rede elétrica deve ser planejada de modo a evitar curto-circuitos (que provocam acidentes). A rede de água deve passar por verificações periódicas e contar com análise microbiológica da água usada nos procedimentos. A farmácia deve contar com locais frios de armazenamento de termolábeis e vacinas.

Uma medida importante é um plano contingencial de emergências que inclua o sistema de combate a incêndios, além do PPRA com uso dos equipamentos de segurança. Os resíduos em geral (sejam RSS ou não) devem estar contemplados no PGRSS.

Conforme os resultados encontrados, em 76,59% dos hospitais os depósitos atendem às condições ideais segundo o farmacêutico. Em 17,02% deles os depósitos não atendiam às condições ideais. Em 2,1% os depósitos não eram supervisionados/acompanhados por um profissional responsável. Há um depósito central em condições ideais, mas há unidades satélites que não estão em condições ideais para 4,25% dos hospitais.

Desperdícios, ineficiência e perdas na logística hospitalar pública

A Figura 4.7 trata da existência de um controle de estoque. Ao ter o estoque controlado, os hospitais podem evitar o desperdício proveniente de medicamentos vencidos. Além disso, os ativos acabam imobilizados em insumos porque o hospital não gira o estoque na velocidade adequada. O laboratório clínico apresentava uma média de 62,37% de ocorrência de controle de estoque, logo seguido da farmácia, 65,35%, e do almoxarifado, com o melhor desempenho, 84,87%.

A média de desperdício nesses hospitais é de 1,5%, variando de 20% a 0,00001%. Apenas a partir de um sistema de controle de estoque é possível mensurar o desperdício de forma confiável.

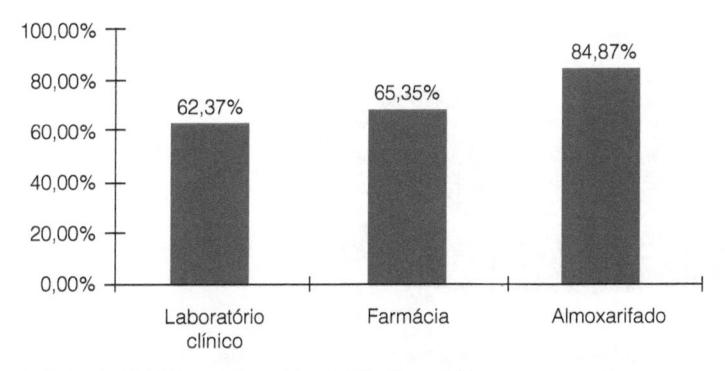

Fonte: Instrumento de Avaliação Inicial da Qualidade – Hospitais Pro-Hosp, 2010.

Figura 4.7 – Existência de um sistema de controle de estoque – 2010.

Algumas características dos medicamentos são importantes para evitar as perdas (e a geração de resíduos), conforme deduzido a partir da análise dos questionários:

a) Fotossensibilidade;
b) Inflamabilidade;
c) Irritabilidade/corrosividade;
d) Necessidade de refrigeração;
e) Possibilidade de fracionamento/unitização.

Logística reversa

A abordagem da logística reversa dos resultados apresentados procura uma perspectiva integral e que compare os RSU e os RSS. Por essa razão, toda a questão dos resíduos é apresentada de forma sinérgica. Dados secundários foram compilados para comparação e referenciamento da logística reversa de resíduos de serviços de saúde. Por questão metodológica, eles não foram apresentados nesta revisão teórica, mas nos resultados de forma a facilitar o entendimento das comparações.

Revalorização econômica de resíduos

Conforme levantamento de dados de 2009, expressos na Figura 4.8, 90,72% do total geral de resíduos do grupo D, o maior grupo gerado, apresentava a possibilidade de reciclagem. Como a Tabela 4.14 informa mais adiante, a média de geração de resíduos do tipo D é de 25,66 kg/leito/dia, podendo-se afirmar, então, que 23,28 kg/dia/leito possuem potencial de reciclagem.

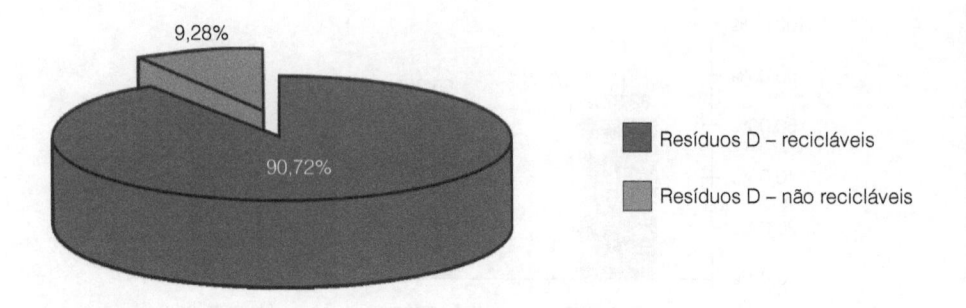

Fonte: 1ª Diagnóstico de Resíduos de Serviços de Saúde de Minas Gerais (Cadastro de Geradores de Resíduos dos Serviços de Saúde de Minas Gerais) – 2009.

Figura 4.8 – Possibilidade de reciclagem de resíduos comuns – 2009.

Ao considerar que em 2010 havia 14.530 leitos operacionais nos 127 hospitais Pro-Hosp, o potencial de matéria-prima reciclável total é de 338.258,4 kg/dia ou 123.464.316 kg/ano (123.464,32 ton./ano). Uma vez que não há dados da composição desse grupo de resíduos, ao considerar o valor mínimo da Tabela 4.9, R$ 18 R$/ton. (vidro), algo como R$ 2.222.357,69,[1] em benefício potencial total (econômicos e ambientais) vão direto para o lixo todos os anos. O valor real é bem maior do que esse, já que os resíduos hospitalares do tipo D também são compostos de aço, alumínio, celulose e plástico, que possuem maior valor de benefícios por tonelada, conforme a Tabela 4.9.

Tabela 4.9 – Estimativa dos benefícios econômicos e ambientais gerados pela reciclagem.

Materiais	Benefícios relacionados ao processo produtivo (R$/ton.)		Benefícios (custos) associados à gestão de resíduos sólidos (R$/ton.)		Benefício por tonelada (R$/ton.)	Quantidade disponível nos resíduos coletados (ton./ano)	Benefício potencial total (R$ mil/ano)
	Benefícios econômicos	Benefícios ambientais	Coleta	Disposição final			
Aço	127	74			88	1.014	89.232
Alumínio	2.715	339			2.941	166	488.206
Celulose	330	24	136	23	241	6.934	1.671.094
Plástico	1.164	56			1.107	5.263	5.826.141
Vidro	120	11			18	1.110	19.980
Total							8.094.653

Fonte: IPEA, 2010.

Esse mesmo volume de resíduos recicláveis, conforme a Tabela 4.10, proporcionaria o benefício líquido decorrente da reciclagem de pelo menos R$ 392.616,52 por ano.

Além disso, também é preciso atentar para o descarte correto de pilhas e baterias. Esses produtos podem conter em suas composições chumbo, cádmio, mercúrio. Por isso seus compostos são descartados de acordo com a Resolução Conama nº 257, de 30 de junho de 1999. Apesar da relevância da questão, apenas 39,13% dos hospitais Pro--Hosp davam a destinação adequada a pilhas e baterias.

---

[1] É necessário um estudo gravimétrico complementar para determinar um valor preciso.

Tabela 4.10 – Estimativa dos benefícios ambientais associados à redução do consumo de energia.

Materiais	Custos ambientais associados à geração de energia para produção primária (R$/ton.)	Custos ambientais associados à geração de energia para reciclagem (R$/ton.)	Benefício líquido da reciclagem (R$/ton.)
Aço	34,18	7,81	26,37
Alumínio	176,78	7,92	168,86
Celulose	11,98	2,26	9,72
Plástico	6,56	1,40	5,16
Vidro	23,99	20,81	3,18

Fonte: IPEA, 2010.

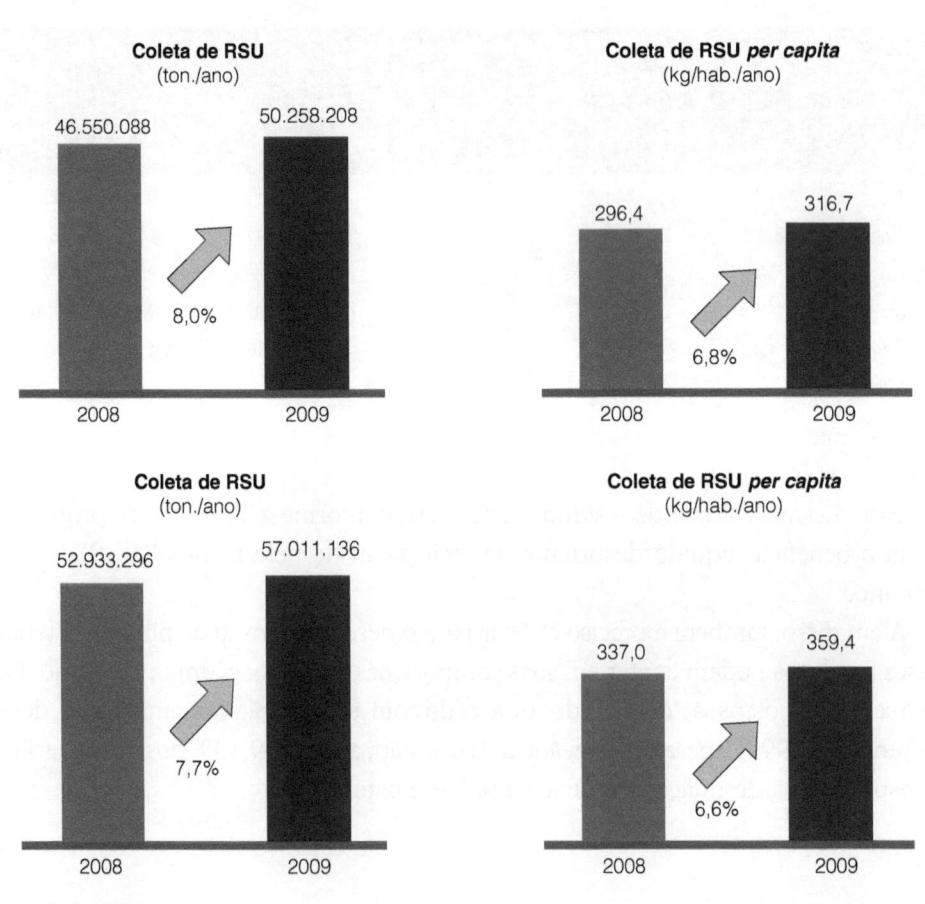

Coleta de RSU (ton./ano)
- 2008: 46.550.088
- 2009: 50.258.208
- 8,0%

Coleta de RSU *per capita* (kg/hab./ano)
- 2008: 296,4
- 2009: 316,7
- 6,8%

Coleta de RSU (ton./ano)
- 2008: 52.933.296
- 2009: 57.011.136
- 7,7%

Coleta de RSU *per capita* (kg/hab./ano)
- 2008: 337,0
- 2009: 359,4
- 6,6%

Fonte: Abrelpe (2009).

Figura 4.9 – Coleta de RSU no Brasil – 2008-2009.

Resíduos sólidos urbanos

A Abrelpe (2009) realizou um grande levantamento sobre a geração de vários tipos de resíduos urbanos, denominado Panorama dos Resíduos Sólidos do Brasil, representado pela Figura 4.9. Nela é possível perceber que a geração de RSU aumentou 7,7% entre 2008 e 2009, passando de 52.933.296 para 57.011.136 toneladas por ano. Na relação *per capita*, houve um aumento de 6,6%, passando de 3337,0 para 359,4 kg/habitante/ano. A coleta melhorou em 8%, passando de 46.550.088 para 50.258.208 ton./ano. Na relação *per capita*, aumentou em 6,8%, passando de 296,04 para 316,7 kg/habitante/ano. Esses dados permitem concluir que há sinais muito positivos, como o aumento dos serviços de coleta.

De acordo com a Figura 4.10, do total de RSU gerado no período de 2007 a 2008 no Brasil, a macrorregião que se destaca na geração de lixo é a Sudeste, com 53%.

Fonte: Abrelpe (2008).

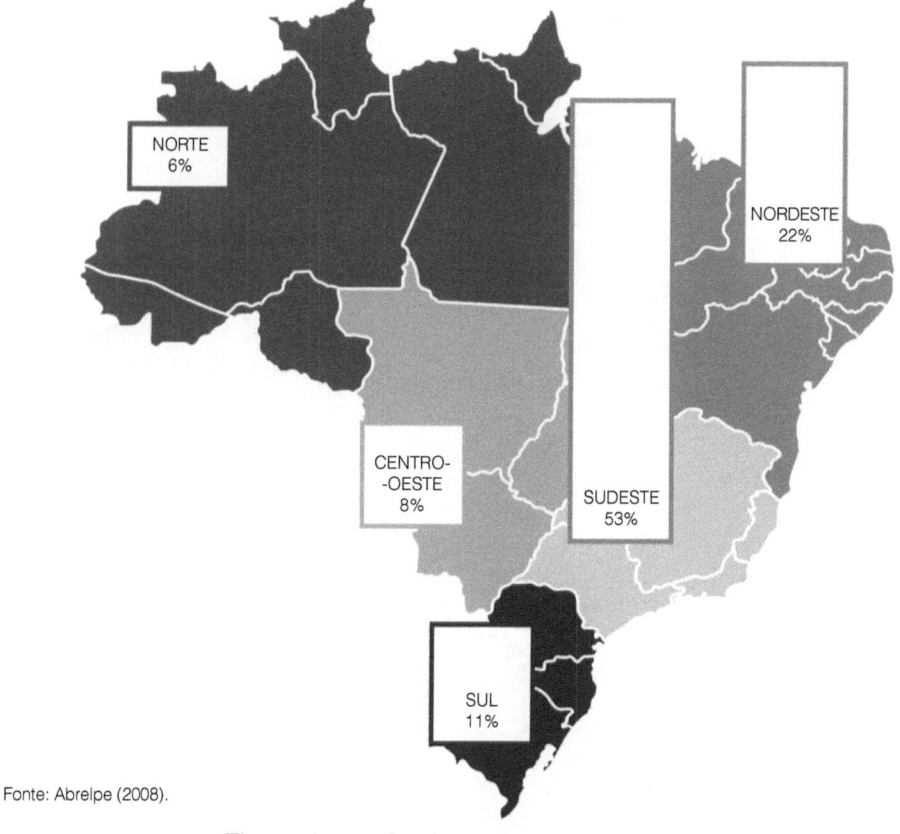

Figura 4.10 – Participação por macrorregião no total de RSU coletado – 2008-2009.

Em seguida, a região Nordeste, com 22%; Sul, com 11%; Centro-Oeste, com 8%; e Norte, com 6%.

Destinação final e práticas de coleta seletiva

Conforme a Figura 4.11, a coleta seletiva apresenta maior ocorrência na região Sudeste do Brasil (78,4%); seguida pela região Sul, com 76,2%; Norte, 44,1%; Nordeste, 34,2%; e Centro-Oeste, com 26,1%. Apesar de a região Sudeste ser a que apresenta a maior oferta de municípios com coleta seletiva, nas localidades com hospitais Pro-Hosp, apenas 29,78% contavam com esse serviço, conforme pesquisado.

Contar apenas com o serviço de coleta seletiva não é suficiente, pois é preciso que internamente os geradores façam a separação dos seus resíduos adequadamente. O montante de 48,95% dos hospitais Pro-Hosp declararam separar o lixo mesmo não havendo um serviço de coleta seletiva disponível no município. Já 25,53% declararam

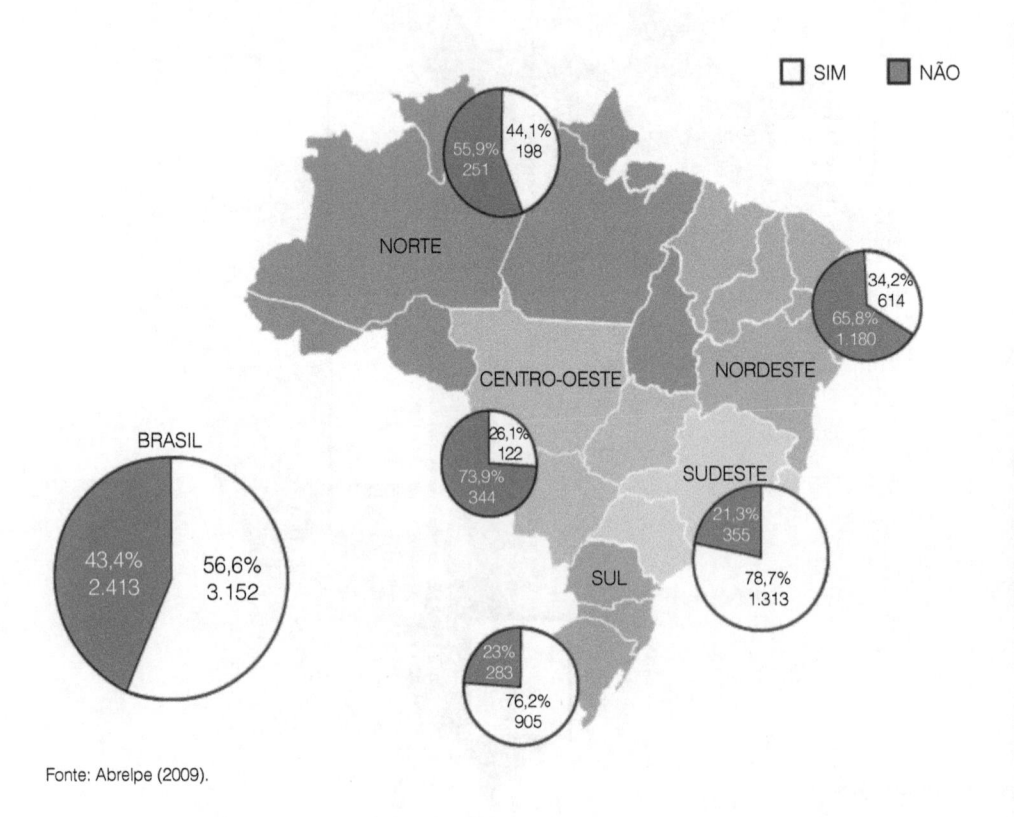

Fonte: Abrelpe (2009).

Figura 4.11 – Quantidade de municípios por macrorregião e Brasil que contam com iniciativas de coleta seletiva – 2009.

separar e enviar o lixo por coleta seletiva à destinação mais adequada. Os hospitais que declararam não separar e não ter serviço de coleta no mesmo município em que atuavam são 21,28%. A menor fração, 4,25%, afirmou não separar o lixo, mesmo havendo uma coleta seletiva.

A medição do volume de resíduos é importante para que se possa implementar medidas de redução da geração e o controle correto dos resíduos comuns e perigosos. Somente 10,87% dos hospitais Pro-Hosp controlavam apenas o volume de resíduos gerado. Mais da metade dos hospitais, 65,22%, controlavam o volume, os acidentes e o risco – a opção mais completa. A ausência de qualquer controle do volume de resíduos era a situação de 23,91% dos hospitais. Por fim, os hospitais Pro-Hosp declararam que 89,80% dos resíduos radioativos em geral eram de baixa complexidade, demandando um cuidado mais simples.

Oferta de aterros

Conforme a Tabela 4.11, o aterro controlado foi o destino prevalente para os RSS dos hospitais Pro-Hosp, com 40,19%. O aterro sanitário/usina de triagem e compostagem devidamente regulamentados foi de 24,30%. O lixão, a pior forma de disposição de resíduos, teve 7,48%.

Tabela 4.11 – Oferta de destinação final nos municípios com hospitais Pro-Hosp – 2009.

	Frequência	%
Aterro controlado	43	40,19
Aterro sanitário/Usina de triagem e compostagem regularizados	26	24,30
Usina de triagem e compostagem regularizada	22	20,56
Lixão	8	7,48
AAF em verificação	4	3,7
Aterro sanitário regularizado	2	1,87
Total	105	100

Fonte: Feam (2009).

Opções de destinos finais

De acordo com o questionário, Belo Horizonte representou o destino do resíduo do tipo A de 26,09% dos hospitais Pro-Hosp. Santa Luzia respondeu por 21,74%; Lavras, 17,39%; Uberaba recebeu 8,70%. Já Contagem, Divinópolis, Poços de Caldas, Sabará e Ubá receberam cada uma 4,35%. Paulínia, em São Paulo, recebeu 4,35% do resíduo A dos hospitais Pro-Hosp. Apesar de São Paulo contribuir com 29,54% dos insumos, só recebe 4,35% dos RSS decorrentes.

O município de Belo Horizonte possui um aterro sanitário público. Santa Luzia deposita o lixo não tratado em valas separadas, mas também conta com o incinerador de RSS da empresa Serquip. O município de Divinópolis não recebe RSS no aterro, enquanto Poços de Caldas o deposita em valas separadas. O município de Ubá incinera os RSS. Não há informações de Contagem e Sabará. Logo, pelo menos 13,05% do lixo dos hospitais Pro-Hosp é direcionado a municípios que não os recebem ou o fazem de maneira inadequada.[2]

A Figura 4.12 ilustra que 41,18% dos municípios com hospitais Pro-Hosp depositavam seus resíduos em valas separadas do lixo comum e 36,76% dos municípios simplesmente não recebiam RSS; conforme a figura, 8,82% depositavam os RSS próximos aos RSU, 7,35% os queimavam e as demais frações utilizavam outros métodos de disposição. Esses dados se referem aos percentuais excluindo os municípios sem dados disponíveis.

Pelos questionários, 47,43% realizavam tratamento dos resíduos visando reduzir ou minimizar os agentes nocivos à saúde e ao meio ambiente. É preciso atentar que os produtos químicos de desinfecção exigem, em muitos casos, a neutralização quando do descarte.

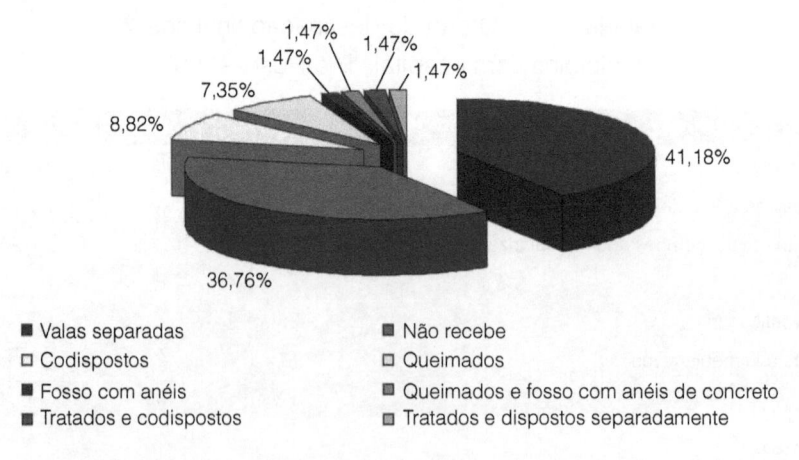

- ■ Valas separadas
- □ Codispostos
- ■ Fosso com anéis
- ■ Tratados e codispostos
- ■ Não recebe
- □ Queimados
- ■ Queimados e fosso com anéis de concreto
- ■ Tratados e dispostos separadamente

Fonte: 1ª Diagnóstico de Resíduos de Serviços de Saúde de Minas Gerais (Cadastro de Geradores de Resíduos dos Serviços de Saúde de Minas Gerais) – 2009.

Figura 4.12 – Situação dos RSS recebidos pela destinação final dos municípios com hospital Pro-Hosp – 2009.

---

[2] Por inadequada, têm-se as ações que contradizem o que diz a lei. Não confundir com a inadequabilidade do ponto de vista ecológico.

Pela Tabela 4.12, 1,02% dos municípios com hospital Pro-Hosp realizava o recebimento correto de RSS (tratar e dispor separadamente); 5,1% queimavam os resíduos; e 25,51% não recebiam RSS, tornando necessário enviá-los a outro município.

Tabela 4.12 – Situação dos RSS recebidos pela destinação final dos municípios – 2009.

	Frequência	%
Não informado.	37	37,76
Valas separadas.	28	28,57
Não recebe.	25	25,51
Codispostos.	6	6,12
Queimados.	5	5,10
Fosso com anéis.	1	1,02
Queimados e fosso com anéis de concreto.	1	1,02
Tratados e codispostos.	1	1,02
Tratados e dispostos separadamente.	1	1,02
Total.	105	100

Fonte: 1º Diagnóstico de Resíduos de Serviços de Saúde de Minas Gerais (Cadastro de Geradores de Resíduos dos Serviços de Saúde de Minas Gerais) – 2009.

Logística reversa de resíduos dos serviços de saúde

Para o cálculo da taxa média de geração de resíduos de serviços de saúde, é preciso observar vários fatores, como o fato de ser público ou privado e a taxa de ocupação. Segundo Andrade et al. (2005), a média das taxas e ocupação hospitalar em Minas Gerais é baixa: 35%. Países como Turquia (57%), Alemanha (85%), Estados Unidos (66%) e Reino Unido (76%) apresentam taxas bem maiores (Andrade et al., 2005). Esses valores precisam ser levados em conta no momento da comparação da média de geração de RSS de Minas Gerais, Brasil e o mundo.

Quantificação, classificação, segregação e identificação de RSS

Conforme representado na Figura 14.13, a geração de resíduos de serviços de saúde no Brasil apresentou, no período de 2008 a 2009, um aumento de 5,42%. O Sudeste apresentou um aumento de 147,5 para 152,8 toneladas de RSS por ano (3,47%).

A geração de RSS na região Nordeste passou de 30,6 para 31,7 toneladas de RSS por ano (3,47%). No Sul subiu de 9,2 para 11,0 toneladas por ano (16,36%). O Centro-Oeste passou a gerar de 14,5 para 17,08 toneladas de RSS por ano (15,10%). A região Norte passou a gerar de 7,5 para 8,0 toneladas de RSS por ano (6,25%).

(ton.×1000/ano)

■ 2008
■ 2009

	NORTE	NORDESTE	CENTRO-OESTE	SUDESTE	SUL	BRASIL
2008	7,5	30,6	14,5	147,5	9,2	209,3
2009	8,0	31,7	17,8	152,8	11,0	221,3

Fonte: Abrelpe (2009).

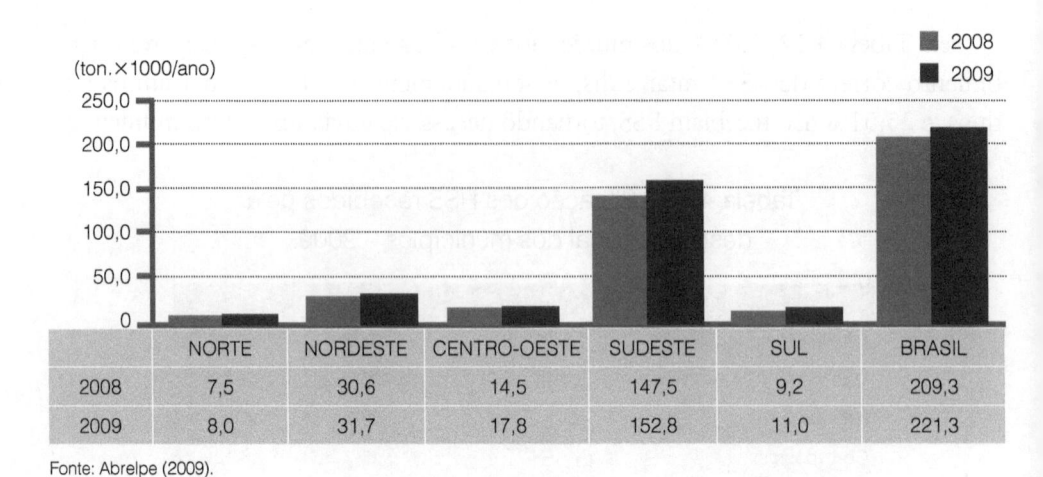

Figura 4.13 – Distribuição geográfica da produção de RSS – 2009.

A estratificação por estado do ano de 2009 não foi disponibilizada; o último dado estratificado foi de 2007.

Analisando os dados apresentados na Figura 4.14, a macrorregião Sudeste representou 42,66% do total de RSS gerado por dia no Brasil em 2007. Minas Gerais contribuiu com 9,75% do total nacional e 22,79% da região Sudeste. Os dados brutos da Figura 4.14 foram analisados em termos de porcentagem para melhor ilustrar a proporção de RSS em nível estadual, macrorregional e nacional.

A comparação da quantidade média de RSS deve ser feita com muita cautela. Naime et al. (2007) destacam que Reino Unido, França e Bélgica apresentam uma classificação de resíduos similar com a utilizada pelos hospitais Pro-Hosp e por isso aparecem na Tabela 4.13.

Tabela 4.13 – Quantidade média (em toneladas) de resíduos do tipo A por leito/dia.

Minas Gerais (Hospitais Pro-Hosp)[3]	Brasil[1]	América Latina[2]	Austrália[2]	Estados Unidos[2]	Oriente Médio, Ásia e África[2]	Europa (Reino Unido, França e Bélgica)[1]
2009[3]	2010	2007	2004	2004	2004	2007
0,7	8,67	1,2-3,8	1,0-4,5	4,8	7,5	0,14-3,5	1,5-2,0

Fonte: Adaptada de [1]Naime et al. (2007), [2]Velez (2004) e [3]1º Diagnóstico de Resíduos de Serviços de Saúde de Minas Gerais (Cadastro de Geradores de Resíduos dos Serviços de Saúde de Minas Gerais) – 2009.

Uma vez que não se pode certificar que os resíduos foram corretamente classificados e medidos, não é possível fazer determinadas afirmações. Outro parâmetro

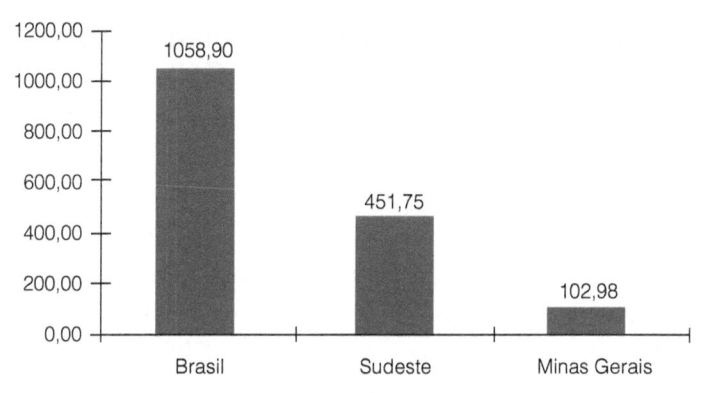

Fonte: Abrelpe (2007).

Figura 4.14 – Quantidade total de RSS gerado – Brasil, região Sudeste e Estado de Minas Gerais (ton./dia) – 2007.

que impede as inferências é a diferença do período de referência (não havia, em 2009, dados disponíveis sobre a quantidade média de resíduos A por leito/dia). Aparentemente, os hospitais Pro-Hosp registram um maior volume de resíduos do tipo A por leito/dia que os valores de referência nacionais e internacionais. As razões para isso podem tanto vir da ineficiência dos procedimentos como da classificação errada desse tipo de resíduo. Como já dito anteriormente, a taxa de ocupação, os serviços prestados e a complexidade do hospital são outros fatores que interferem nas médias.

Conforme a Tabela 4.14, o maior volume gerado é de resíduos do grupo D, equivalente aos resíduos domésticos. O aparente aumento do volume de 2009 para 2010 pode ter ocorrido pela falta de uniformidade em relação ao conhecimento da classificação correta de acordo com o grupo de resíduos. O segundo maior grupo de resíduos gerados é o C (radioativos), seguido dos grupos A e E. O menor grupo é o B.

Tabela 4.14 – Média de resíduos por leito nos hospitais Pro-Hosp dos grupos de resíduos A, B, C, D e E (em toneladas).

A		B		C		D		E		Todos	
2009	2010	2009	2010	2009	2010	2009	2010	2009	2010	2009	2010
0,7	8,67	0,05	1,47	0,01	11,05	1,3	25,66	0,11	2,87	2,17	11,23

Fonte: 1º Diagnóstico de Resíduos de Serviços de Saúde de Minas Gerais (Cadastro de Geradores de Resíduos dos Serviços de Saúde de Minas Gerais) – 2009.

Gerenciamento reverso de resíduos: o Plano de Gerenciamento de Resíduos dos Serviços de Saúde (PGRSS)

O Programa de Gerenciamento de Resíduos dos Serviços de Saúde (PGRSS), na opinião de 69,5% dos respondentes, está disseminado pelos setores do hospital, é validado pelos profissionais responsáveis e há nele ações previstas para reduzir o volume gerado, atendendo o que pede a RDC 306/2004 e Resolução Conama nº 358/05. Todavia, esse dado contrasta fortemente com o 1º Diagnóstico de Resíduos de Serviços de Saúde de Minas Gerais, em que 90% dos hospitais apresentavam problemas no PGRSS (como ter vários PGRSS em vez de apenas um). Para 26,08% dos hospitais, o PGRSS ainda estava no início. Apenas 4,34% admitiram que o PGRSS estava escrito, mas não disseminado pelo hospital. Como todo processo de gerenciamento, é importante que exista um gestor responsável. Em 82,61% dos hospitais Pro-Hosp, os respondentes informaram possuir um responsável técnico para elaborar, rever, implementar e treinar as pessoas (educação continuada) em relação ao PGRSS.

Tratamento de Resíduos de Serviços de Saúde

A Figura 4.15 mostra que a região Sudeste apresenta a maior proporção de tratamento de RSS (45%), acima da média nacional de 32%. A região Centro-Oeste vem logo em seguida, com 37% de tratamento de RSS. Abaixo da média nacional estão as regiões Sul (25%), Nordeste (18%) e Norte, com 6% de RSS tratados, o pior desempenho nacional.

De acordo com a Figura 4.16, no Brasil, a maior parte dos RSS tem como destinação final a incineração (35,1%). O lixão, a forma mais poluente e que apresenta maiores riscos ao meio ambiente e às pessoas, é o destino de 13,2% dos RSS. O aterro sanitário, opção segura em contraponto ao lixão, recebe 26% dos resíduos. A vala séptica, que não apresenta os benefícios do aterro sanitário, é o destino de 11,5% dos RSS. Autoclavagem e micro-ondas corresponderam a 5,8% e 8,4%, respectivamente, da destinação final de RSS no Brasil.

Alguns resíduos do grupo A requerem o tratamento interno antes do descarte, pois apresentam grande risco biológico. A Tabela 4.15 apresenta os valores de aquisição de equipamentos para o tratamento dos resíduos do grupo A em geral. O equipamento de autoclavagem custa de R$ 2 mil a R$ 12 mil. A autoclavagem com fusão (seringas com agulhas) requer aparelhos que custam R$ 24 mil, em média. O equipamento de autoclave com vapor e micro-ondas custa R$ 600 mil, em média.

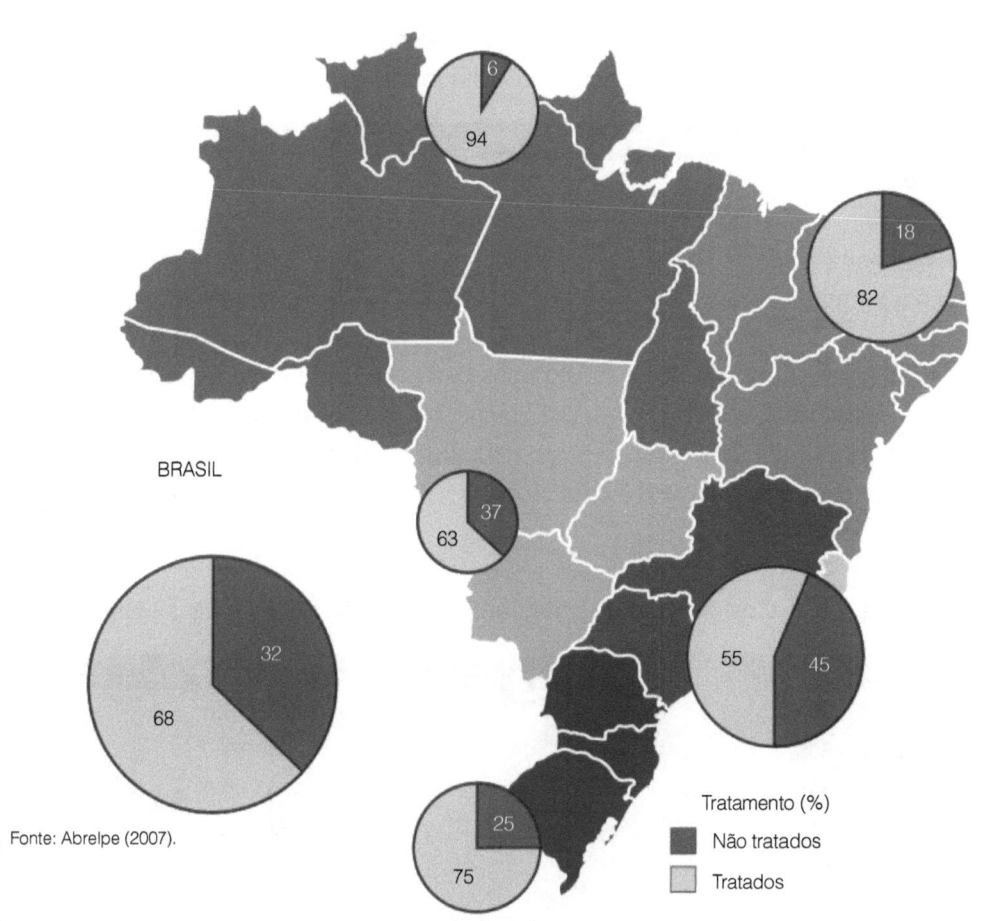

Capítulo 4 – Logística reversa de resíduos de serviços de saúde: o caso de Minas Gerais

BRASIL

Fonte: Abrelpe (2007).

Tratamento (%)
■ Não tratados
□ Tratados

Figura 4.15 – Percentuais de tratamento de RSS por macrorregião e total brasileiro – 2007.

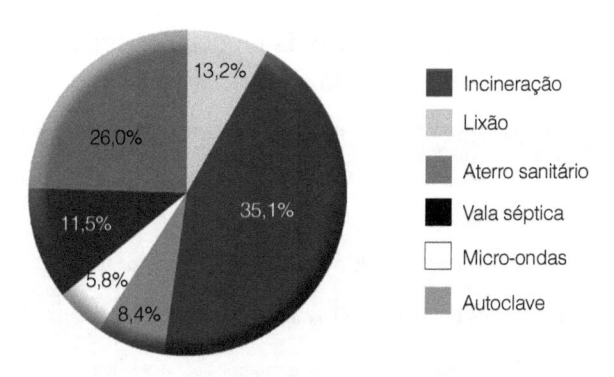

- Incineração
- Lixão
- Aterro sanitário
- Vala séptica
- Micro-ondas
- Autoclave

Fonte: Abrelpe (2009).

Figura 4.16 – A destinação final dos RSS coletados no Brasil em 2009.

Tabela 4.15 – Valor de aquisição de equipamentos
para tratamento de resíduos do grupo A.

Equipamento	Custo em reais – 2006
Autoclave	2.000-12.000
Autoclave com fusão (seringas com agulhas)	24.000
Autoclave com vapor e micro-ondas	600.000

Fonte: Cussiol (2009).

A Tabela 4.16 mostra que a opção mais barata de tratamento de resíduos é por micro-ondas (1.500 a 2.000 R$/ton.). O mais caro é o incinerador industrial, custando entre R$ 3 mil e R$ 10 mil. O custo de aquisição de um autoclave para resíduos seria pago com a economia de 2 toneladas de resíduos, conforme comparação das Tabelas 4.15 e 4.16.

Tabela 4.16 – Custo médio de tratamento externo de RSS em Minas Gerais.

Destinação	Custo (R$/tonelada) – 2006
Micro-ondas	1.500-2.000
Autoclave para RSS	1.000-2.500
Incineração de RSS	3.000-4.500
Incinerador industrial	3.000-10.000

Fonte: Cussiol (2009).

O tratamento externo de resíduos é uma questão de saúde coletiva, pois visa minimizar os riscos ao meio ambiente e à população. A Tabela 4.17 apresenta, para

Tabela 4.17 – Comparativo de preços para tratamento
de resíduos em Belo Horizonte e Betim.

Resíduo	Município	Custo (R$/tonelada) – 2006	Custo (R$/tonelada) – 2006
RSU	Belo Horizonte	Coleta pelo município e disposição em aterro sanitário.	63,00
	Betim	Coleta pelo município e disposição em aterro sanitário.	64,21
RSS	Belo Horizonte	Coleta pelo município e disposição em aterro sanitário.	117,00
	Betim	Coleta privada, autoclavagem (desnecessária), descaracterização, disposição em aterro sanitário municipal.	2.390,00

Fonte: Cussiol (2009).

fins ilustrativos, os valores de tratamento de resíduos em dois grandes municípios mineiros: Belo Horizonte e Betim (região metropolitana da capital mineira) com formas de gestão diferentes. Se o modelo de gestão de resíduos de Betim fosse próximo ao de Belo Horizonte, o custo seria menor. A disposição de resíduos urbanos nas duas cidades apresenta valores próximos. Já a autoclavagem de RSS em Betim, feita desnecessariamente, custa 2.042,73% mais caro que em Belo Horizonte, cuja gestão se baseia na coleta municipal e disposição em aterro sanitário diretamente.

De acordo com a Figura 4.17, a maior capacidade de tratamento de RSS em Minas Gerais é realizado pelo método de incineração/pirólise (22 ton./dia). A autoclavagem pode tratar 10 ton./dia. O serviço de ETD não estava disponível no estado de Minas Gerais conforme a coleta de dados da Abrelpe (2007).

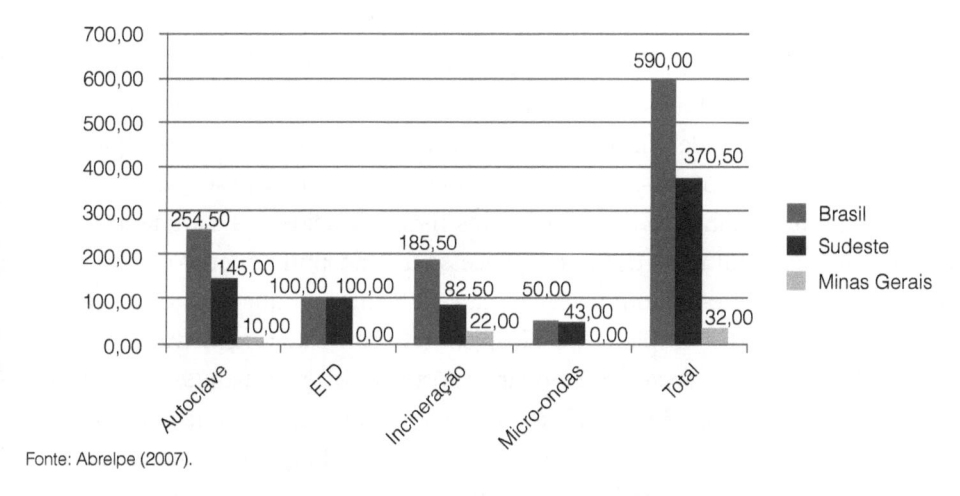

Fonte: Abrelpe (2007).

Figura 4.17 – Distribuição da capacidade instalada por tipo de tratamento de RSS (ton./dia).

Pelo questionário, os hospitais Pro-Hosp adotam os seguintes procedimentos para o tratamento de seus RSS:
- Autoclavagem fora do município: 1,56%;
- Incineração fora do município: 37,5%;
- Autoclavagem no mesmo município: 7,8%;
- Pirólise no mesmo município: 3,1%;
- Autoclavagem dentro do hospital: 15,6%;
- Envio direto para aterro sanitário: 3,1%;
- Nenhum tratamento: 3,1%;

- Processo químico: 3,1%;
- Pirólise fora do município: 3,1%;
- Autoclavagem fora do município: 10,9%;
- Incineração na área física do hospital: 6,25%;
- Queima em forno comum: 1,56%;
- Incineração no mesmo município: 3,1%.

Transporte de resíduos

As formas de transporte interno e externo são discutidas neste tópico.

Transporte interno de resíduos

O transporte interno de resíduos em um hospital visa levar os resíduos do ponto de geração ou armazenamento temporário até o abrigo externo. Em 82,61% dos hospitais Pro-Hosp havia coleta interna de descartes com o uso de carrinhos separados, diferenciando os RSS dos resíduos comuns. Dos hospitais Pro-Hosp, 84,76% informaram utilizar símbolos para a identificação de embalagens, coletores internos, recipientes e locais de armazenamento, pré-requisito para um transporte interno adequado.

Uma forma importante de diminuição dos riscos de acidentes e aumento da segurança contra contaminação durante o processo de transporte interno é contar com saídas exclusivas para estes últimos. A Figura 4.18 informa que a Unidade de Alimentação e Nutrição dos hospitais Pro-Hosp contava com saída exclusiva de resíduos em 41,80% dos casos. A lavanderia e o laboratório clínico possuíam saída exclusiva de resíduos em 39,47% e 33,67% dos casos, respectivamente. Complementarmente, deve-se observar que não se deve cruzar a rota de roupas limpas e de material esterilizado com a de resíduos no ambiente hospitalar a fim de evitar contaminações.

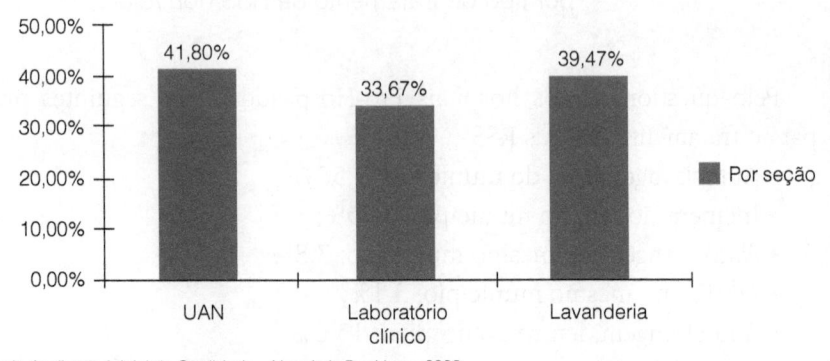

Fonte: Instrumento de Avaliação Inicial da Qualidade – Hospitais Pro-Hosp, 2009.

Figura 4.18 – Saídas exclusivas para resíduos – 2009.

Os questionários aplicados informam que 76,09% dos hospitais Pro-Hosp contavam com recipientes para transporte e acondicionamento, bem como o trânsito interno de resíduos em conformidade aos itens 1.4.1 e 1.4.2 da RDC 306.

Transporte externo de resíduos

A região Sudeste apresenta-se como a macrorregião nacional com maior número de municípios que possuem serviços de coleta de RSS (76%), seguida da região Sul (81%), conforme Figura 4.19. À exceção do Centro-Oeste, as demais regiões apresentam percentuais próximos.

A região Sudeste é a que mais produz RSS no Brasil. Aproximadamente 150 mil toneladas por ano, ou quase 75% de tudo o que o Brasil produz conforme a Figura 4.20. Assim, é de fundamental importância que a logística reversa de RSS seja eficiente e atente aos requisitos de segurança à saúde e ao meio ambiente.

Fonte: Abrelpe (2008).

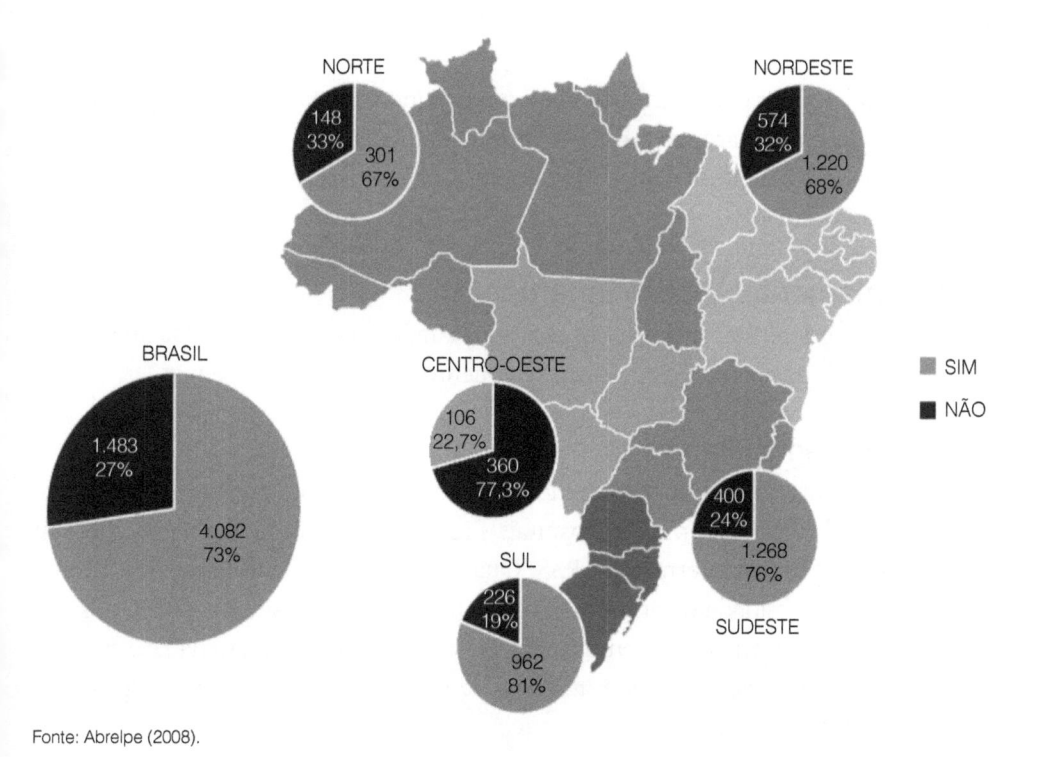

Figura 4.19 – Quantidade de municípios por macrorregião e total brasileiro que contam com serviços de coleta de RSS em 2008.

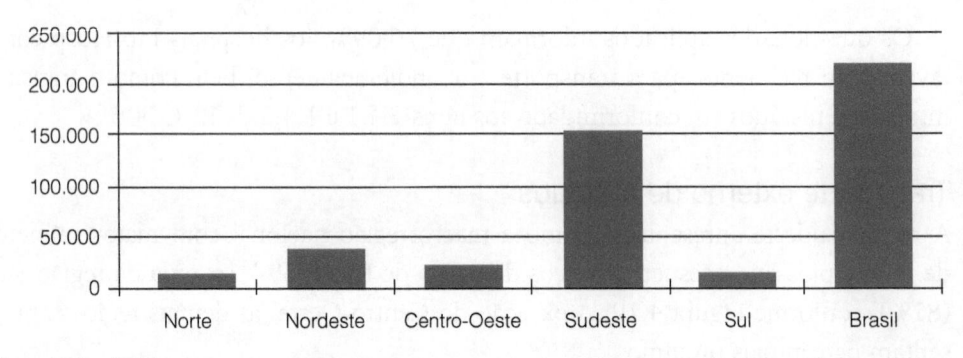

Fonte: Abrelpe (2008).

Figura 4.20 – Coleta de RSS executada por macrorregiões e total brasileiro em 2008 (ton./ano).

Os questionários trazem a seguinte informação sobre a coleta externa de RSS em Minas Gerais:

- Coleta feita por empresa particular com destino a outro município: 46,8%;
- Empresa particular para o mesmo município: 17,02%;
- Coleta pela prefeitura e encaminhamento para o mesmo município: 20,31%, e para fora: 8,5%.

Armazenamento/Acondicionamento

Os resíduos podem ser armazenados temporariamente no hospital ou na área externa. A descrição das condições do armazenamento é apresentada a seguir.

Armazenamento temporário interno

O abrigo temporário interno visa acondicionar os resíduos até que eles sejam transportados ao abrigo externo. Nos hospitais Pro-Hosp, 52,17% informaram possuir um abrigo temporário interno para RSS. Quando os hospitais são pequenos, muitas vezes não há necessidade de armazenar temporariamente os resíduos, pois é possível despachá-los para o armazenamento externo facilmente. Todavia, essa não é a situação dos hospitais Pro-Hosp, que são referência para a micro e macrorregião e possuem grandes estruturas físicas.

Os RSS não são depositados diretamente no abrigo temporário, mas sim acondicionados em sacos e/ou recipientes adequados. Pelo questionário, os hospitais Pro--Hosp informaram que 97,83% dos RSS são acondicionados em sacos e/ou recipientes impermeáveis, resistentes à punctura, ruptura e vazamentos. O alto índice é um bom sinal de armazenamento temporário interno em relação à segurança dos recipientes. Cabe averiguar *in loco* se os recipientes são corretamente identificados segundo o tipo de resíduo.

Armazenamento temporário externo

Após saírem dos abrigos temporários internos, os resíduos são encaminhados ao abrigo externo até que sejam coletados. Constatou-se que dos hospitais Pro-Hosp 95,65% possuíam abrigo externo e 4,35% não o possuíam. O abrigo é importante para evitar a exposição da comunidade circundante do hospital aos RSS, bem como o acesso de animais a eles.

Gerenciamento reverso de resíduos de serviços de saúde no contexto dos RSU

A escala Lansink é a escala de gestão de resíduos que mais se aproxima do que é adotado em Minas Gerais. Compõe-se de seis etapas, descritas na Figura 4.21.

O problema da escala Lansink é que ela é fixa: a opção de gestão de resíduos situada na parte superior do gráfico é considerada a melhor que as situadas nas partes inferiores. Por isso, outras escalas surgiram, como a Eindhoven e a Delft. Estas são normalmente

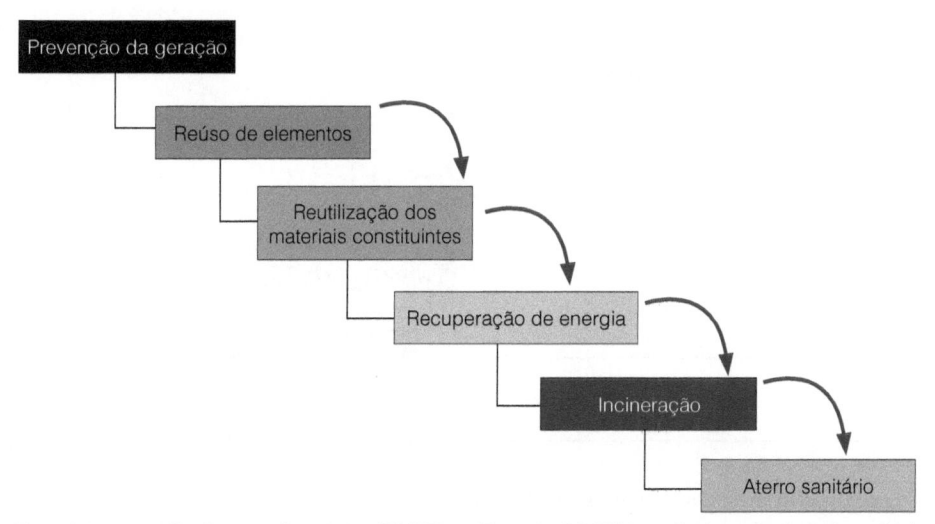

Fonte: Adaptado de The European Commission JRC-IPTS and Enterprise DG (2000, p. 48). Meers, Pereira Roders e Erkelens (2006).

Figura 4.21 – A escala Lansink.

usadas na área de construção civil (Meers, Pereira Roders, Erkelens, 2006). A escala Eindhoven não é abordada neste trabalho, pois, em termos ideais, deve ser considerada apenas quando os materiais ultrapassarem suas características de durabilidade e não puderem mais atender a outro propósito (Meers, Pereira Roders, Erkelens, 2006). Assim, atendendo às características peculiares dos RSS, faz-se necessário adaptar a escala Delft e a Lansink para o atendimento do gerenciamento de RSS em uma cadeia logística reversa conforme apresentado na Figura 4.22.

O melhor caminho é a prevenção da geração. Em seguida, reutilizar os elementos dos resíduos. Na impossibilidade de não gerar resíduos, o melhor passo é reutilizar os materiais (plástico, metal, vidro etc.). Com relação à escala Delft, o passo seguinte é utilizar o material constituinte em algo que traga benefícios coletivos.

A imobilização com aplicação útil é aquela na qual os resíduos são empregados, por exemplo, em asfalto ou construção: o resíduo deixa de ser um problema para se tornar imobilizado em algum lugar útil. Quando não é possível imobilizar de forma útil, imobilizar de forma a não causar problemas é o mais indicado. Esse é o caso de

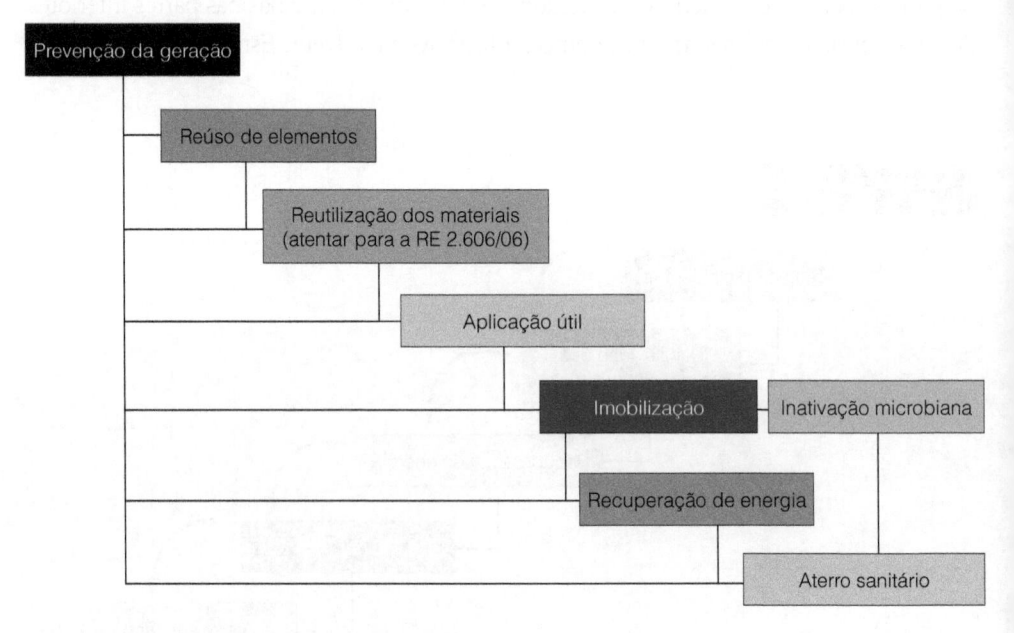

Fonte: Adaptado de Meers, Pereira Roders e Erkelens, (2006, p. 2).

Figura 4.22 – Escala Delft/Lansink adaptada à logística reversa de resíduos de serviços de saúde.

resíduos radioativos. Algumas vezes esta imobilização é temporária e, com a inativação microbiana, é possível encaminhar para a última etapa da escala da Figura 4.22: o aterro sanitário. A recuperação de energia, penúltimo passo, diante da polêmica revisada na abordagem teórica envolvendo as termoelétricas de lixo, é algo que requer maiores discussões.

A Figura 4.23 apresenta a cadeia logística reversa de resíduos de serviços de saúde e as características dos hospitais Pro-Hosp discutidos neste capítulo.

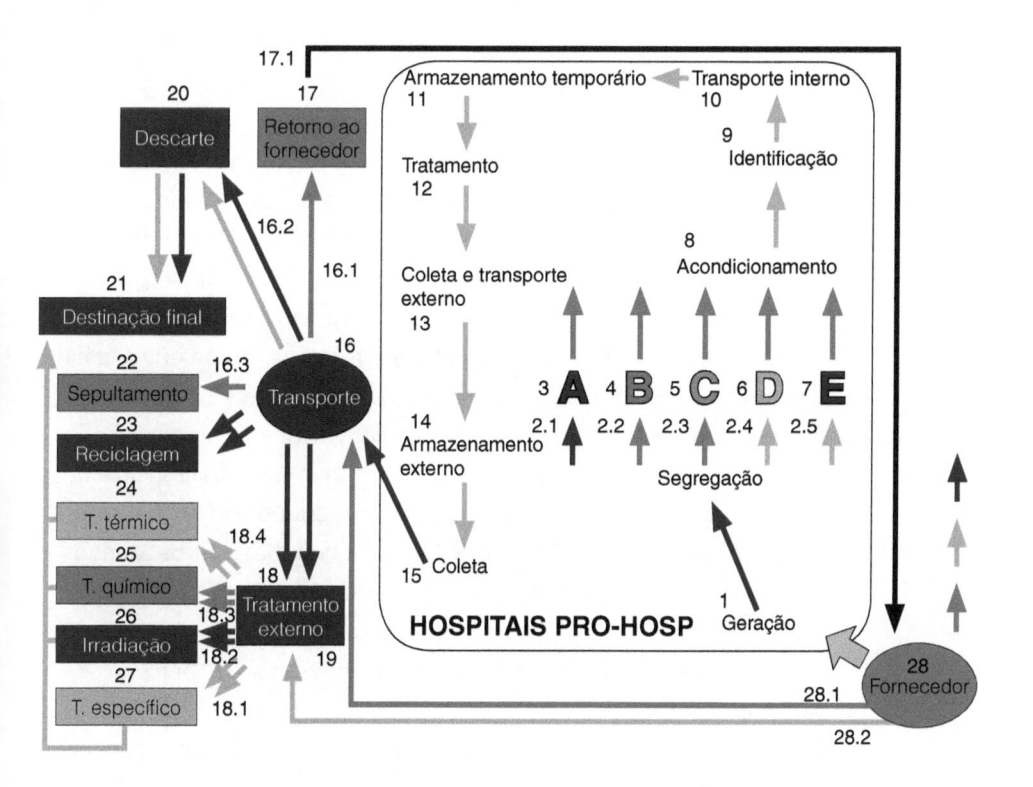

Figura 4.23 – Cadeia logística reversa dos resíduos de serviços de saúde dos hospitais Pro-Hosp – 2010.

1. Não há evidências de que exista uma preocupação com a redução da geração, que é um dos pilares do gerenciamento reverso eficiente. Na saúde, os resultados das pesquisas relatam uma preocupação com a biossegurança que não se desdobra em uma preocupação com o impacto ambiental. Isso é especialmente preocupante, pois o volume de RSS em 2009 de todas as OPSS do Brasil correspondeu a 3,88% do total de RSU, e na região Sudeste a proporção é de 5,06% conforme dados da Abrelpe.
2. A segregação é deficiente: os profissionais não têm segurança para classificar os resíduos corretamente. Este dado é corroborado pelos contatos frequentes do hospital feitos pelo e-mail de suporte da pesquisa para tirar dúvidas sobre RSS. A comparação das taxas de geração de resíduos dos hospitais Pro-Hosp apresentou-se maior que os parâmetros brasileiros e internacionais, não sendo possível afirmar com segurança se o volume de resíduos contaminantes é realmente grande ou se descartes inócuos foram indevidamente classificados conforme Tabela 4.14.
    2.1 A segregação de resíduos do tipo A requer uma mudança radical. A parcela de 8,6% da amostra de hospitais Pro-Hosp afirmou que não há segregação de resíduos nos subgrupos A1, A2, A3, A4 e A5. Já 2,1% afirmaram que os resíduos do grupo E são misturados aos do grupo A. Conforme relatado no questionário, a vigilância sanitária estadual de Minas Gerais não solicita a classificação dos resíduos do grupo A nos subgrupos. Ferreira Jr. (2001) ressalta que a classificação dos resíduos é complexa com muitas variáveis como periculosidade e insalubridade. Além disso, quanto maior a complexidade do manejo, maior o custo.
    2.2 A segregação de resíduos do grupo B ocorre segundo os preceitos legais nos hospitais.
    2.3 A segregação de resíduos do grupo C é eficiente, pois há estrito acompanhamento do CNEN.
    2.4 Os resíduos comuns são segregados de maneira adequada, mas carecem de ser subdivididos em recicláveis e não recicláveis em todos os hospitais. Assim, seria possível reaproveitar 90,52% dos resíduos comuns gerados.
    2.5 A segregação de perfurocortantes (grupo E) carece de melhor observância visando seu adequado procedimento. O uso de caixas específicas (como as da marca Descapark®) aumenta a eficiência do processo de segregação, mas, como ocorre pelo menos um acidente por mês com esse resíduo

envolvendo funcionários da limpeza, é um forte indicador de que há erros no processo. Nestes casos, supõe-se que os perfurocortantes estão junto à roupa de cama e não no recipiente de descarte, por exemplo.

3. Os resíduos do grupo A, ao não serem segregados, provocam um aumento do custo de tratamento de resíduos, pois descartes que não precisam ser tratados acabam recebendo tratamento especial, que é mais caro. Aproximadamente 69,06% dos resíduos do grupo A não requerem tratamento conforme questionário. Apesar disso, 100% destes resíduos são encaminhados a tratamento.
4. Não há evidências de que a segregação de resíduos do grupo B seja inadequada.
5. A segregação de resíduos do grupo C é adequada pelo mesmo motivo do item 2.3.
6. Os resíduos comuns são segregados de forma adequada, mas não prezam pela redução, reciclagem, nem reúso. Dos resíduos desse grupo, 90,72% possuem potencial de serem reciclados.
7. O principal problema da segregação do grupo E é a mistura com resíduos do grupo A, causando contaminação.
8. O acondicionamento apresenta-se como adequado em mais de 90% dos hospitais.
9. A identificação correta dos grupos segregados não é totalmente adequada em decorrência do que foi mencionado anteriormente sobre os grupos A e E.
10. O transporte interno conta com carrinhos adequados, mas há hospitais que usam o mesmo carrinho para resíduos comuns e RSS.
11. Nos hospitais Pro-Hosp, 52,17% informaram possuir um abrigo temporário interno para RSS, ainda que fosse preciso que todos tivessem. Pelo questionário, os hospitais Pro-Hosp informaram que 97,83% dos RSS são acondicionados em sacos e/ou recipientes impermeáveis, resistentes à punctura, ruptura e vazamentos quando destinados ao abrigo temporário. Os hospitais Pro-Hosp informaram que 95,65% possuíam abrigo externo e 4,35% não o possuíam.
12. Pelo questionário, os hospitais Pro-Hosp realizam os seguintes tratamento de resíduos: autoclavagem fora do município: 1,56%; incineração fora do município: 37,5%; autoclavagem no mesmo município: 7,8%; pirólise no mesmo município: 3,1%; autoclavagem no hospital: 15,6%; envio direto para aterro sanitário: 3,1%; nenhum tratamento: 3,1%; processo químico: 3,1%; pirólise fora do município: 3,1%; autoclavagem fora do município: 10,9%; incineração na área física do hospital: 6,25%; queima em forno comum: 1,56%; incineração no mesmo município: 3,1%.

13. A coleta e o transporte interno, segundo Luiz-Pereira e Coelho (2009) apresentam problemas nesses hospitais, como as rotas dos resíduos que cruzam a de roupa limpa e material esterilizado.
14. Há hospitais que não contam com armazenamento externo adequado, expondo a comunidade hospitalar a riscos, quando próximos à área correspondente. Além disso, há o risco de que animais transmissores de doenças tenham acesso a esse acondicionamento.
15 e 16. A coleta e transporte, conforme relatado nos questionários, nem sempre ocorrem corretamente, pois a chegada do caminhão de coleta nem sempre coincide com o horário esperado de recolhimento determinado pelo fluxo interno do hospital. Falta um registro geral em Minas Gerais, a exemplo do Cadri em São Paulo e do ATRP na Bahia, para ser requerido pelos hospitais. A Feam apenas autoriza o serviço, mas não sabe informar quem são as empresas ambientalmente adequadas. Em 2009, no Brasil, 88,15% dos RSU foram coletados (não há porcentagem de RSS coletado no período). Como as vigilâncias sanitárias vinculam a coleta ao alvará de funcionamento, quando não há a oferta pública de coleta, as OPSS a terceirizam com empresas particulares.
    16.1 As respostas nos questionários sugerem que o transporte de resíduos ao fornecedor tem ocorrido conforme esperado.
    16.2 O transporte de resíduos dos fornecedores, por ser em volume pequeno, é feito adequadamente. Já o transporte de resíduos dos hospitais carece de melhor supervisão, pois não foi possível levantar em órgãos oficiais a informação de como este processo acontece.
    16.3 O transporte para sepultamento ocorre conforme esperado, pois, via de regra, as partes e o todo de corpos sem vida não requerem condições extraordinárias de transporte. Em muitos casos, usa-se o carro funerário ou ambulância.
    16.4 Apenas 25,53% dos hospitais contavam com serviço de coleta seletiva de resíduos do grupo D, participando desta iniciativa. 4,25% não separavam mesmo havendo uma coleta seletiva.
    16.5 A maior capacidade de tratamento de RSS em Minas Gerais ocorre através do método de incineração/pirólise (22 ton./dia). A autoclavagem pode tratar 10 ton./dia. Não há o serviço de ETD disponível em Minas Gerais (Abrelpe, 2007).
17 e 17.1 O retorno ao fornecedor ocorre, conforme descrito nos questionários, em casos de devolução de insumos, transcorrendo de forma aceitável pelos

hospitais. Não se evidenciou nesta pesquisa RSS encaminhados de volta ao fornecedor de insumos.

18. O tratamento externo tem acontecido de forma inadequada. Conforme explicitado anteriormente, procedimentos que poderiam ser realizados de maneira mais segura e mais barata no interior do OPSS são realizados fora. Os altos custos de instalação dos equipamentos podem ser a razão. Em 2009, 32% dos RSS do Brasil foram tratados. Na região Sudeste 45% passaram por tratamento. Cabe questionar se a gestão desse tratamento segue o modelo de Betim (que inclui tudo como perigoso e custa 2.042,73% mais caro que com o RSU) ou de Belo Horizonte (que faz a gestão pública de RSS e faz a segregação adequada de RSS e que custa 1,88% mais caro que com os RSU).

    18.1 e 27 Tratar RSS em Minas Gerais é um procedimento caro. Conforme a Tabela 4.15, o equipamento de autoclavagem custa de R$ 2 mil a R$ 12 mil. A autoclavagem com fusão (seringas com agulhas) requer aparelhos que custam, em média, R$ 24 mil. O equipamento de autoclave com vapor e micro-ondas custa, em média, R$ 600 mil. Esses valores podem ser um indicativo da razão pela qual determinados tratamentos de resíduos são feitos fora dos hospitais de modo a evitar os custos de aquisição.

    18.2 e 26. O tratamento por irradiação não está disponível em Minas Gerais, obrigando aos geradores de resíduos que queiram utilizar essa forma de tratamento a enviar os RSS para outros estados.

    18.3 e 25. As formas de tratamento químico, conforme informações obtidas pelo questionário, apresentam-se de maneira adequada na maioria dos casos. Recomenda-se verificar a forma de neutralização de componentes utilizados para desinfecção em estudo complementar.

    18.4 e 24. O tratamento térmico, em especial o envio para incineração, apesar dos riscos ambientais e à saúde das pessoas, é requerido para o tratamento de determinados resíduos.

19. Os questionários permitem afirmar que nenhum hospital da amostra evidencia a preocupação com o ambiente externo – delegam a serviços públicos ou terceirizados seus RSS, sem procurar saber a fundo seu destino final e suas condições.

20. Os dados primários e secundários desta pesquisa indicam que o descarte não tem se pautado pela segurança ambiental e proteção à saúde. É preciso destacar que o perigo de contaminação por RSS após o descarte é um assunto

polêmico. Rutala e Mayhall (1992) destacam vários estudos que afirmam que, uma vez descartados, os RSS não apresentam maior risco biológico que os domiciliares em igual condição. Apesar disso, a presente pesquisa destaca o risco de contaminação antes do descarte com perigo considerável e não contestado por pesquisadores em microbiologia. Os demais riscos, como complicações decorrentes de ferimentos com cortes e perfurações, intoxicação com compostos químicos, danos ao meio ambiente e irradiação existem antes e após o descarte inadequado.

21. O lixão, a pior forma de disposição de resíduos, ainda está presente em 7,48% dos municípios com hospitais Pro-Hosp. O aterro controlado foi o destino prevalente para os RSS dos hospitais Pro-Hosp, com 40,19%. A porcentagem de aterro sanitários/usina de triagem e compostagem devidamente regulamentados foi de 24,30%.

22. O sepultamento de partes amputadas é oferecido de forma direta e fácil aos hospitais nos cemitérios.

23. Um total de 97,82% dos hospitais declararam separar os RSS segundo suas características físicas, químicas e biológicas, sua espécie e estado físico. Separar apenas não é suficiente, mas sim encaminhar para a reciclagem, quando disponível. Os que declararam não fazer a separação são 2,18%. Com apenas os resíduos comuns, pelo menos R$ 2.222.357,69 são jogados fora todos os anos nos hospitais Pro-Hosp.

28. As práticas do fornecedor, conforme Luiz-Pereira e Coelho (2009), acabam passando despercebidas, pois o foco do monitoramento de resíduos tem sido as organizações prestadoras de serviços de saúde. Os autores afirmam que as evidências atuais indicam que esta questão é gerenciada conforme a legislação em valor na maioria dos casos.

    28.1 Não há dados sobre o envio de RSS gerados pelos fornecedores, mas o atendimento às condições de transporte sugere que isso ocorra de maneira adequada.

    28.2 O transporte de insumos pelo fornecedor tem ocorrido conforme a legislação vigente (Luiz-Pereira e Coelho, 2009).

Considerações

No âmbito do Estado de Minas Gerais, os resultados apontam que grande parte dos estabelecimentos de saúde tem dificuldades para implantar o seu PGRSS, tanto na fase intraestabelecimento, por falta de capacitação de seus colaboradores, como na fase extraestabelecimento, por falta de opção de locais licenciados para a disposição final adequada dos resíduos sólidos urbanos e de serviços de saúde. Há necessidade de se aperfeiçoar o gerenciamento intra e extraestabelecimento de serviços de saúde no estado, considerando as necessidades específicas dos municípios.

Entre as limitações deste estudo, em especial aos dados gravimétricos dos resíduos, sugere-se a sua realização como forma de validar os percentuais de reciclagem apresentados. Recomenda-se a obtenção de informação sobre a forma de neutralização de produtos químicos utilizados para desinfecção. Por fim, deve-se estudar se o manejo de resíduos foi incluído no mapeamento de risco dos hospitais avaliados.

A principal contribuição desta pesquisa é traçar uma abordagem da logística reversa sobre o gerenciamento de resíduos que possa ser replicável, ampliada e que agregue novos conhecimentos científicos. Assim, foi possível analisar o gerenciamento reverso dos resíduos de serviços de saúde dos hospitais Pro-Hosp de Minas Gerais, identificando a cadeia logística reversa dos resíduos de serviços de saúde, o volume potencial médio de geração de RSS e descrever as práticas de gerenciamento reverso estatal aplicado naqueles hospitais.

Como expressa a lei nº 12.305, que institui a Política Nacional de Resíduos Sólidos, o poder público, o setor empresarial e a coletividade são responsáveis pela efetividade das ações voltadas para assegurar a observância dessa política, das diretrizes e demais determinações estabelecidas nessa lei e em seu regulamento. Apesar da demora de duas décadas para aprovação da lei, seu texto é moderno e representa um avanço na gestão ambiental brasileira, aproximando-a do que acontece na Europa.

Capítulo 5
Logística reversa e sustentabilidade[1]

Objetivos

- Apresentar os fundamentos da sustentabilidade e os desafios impostos à gestão corporativa;
- Demonstrar a sustentabilidade e os desafios relacionados ao *Triple Bottom Line*;
- Entender a importância da sustentabilidade em relação à logística reversa.

Resumo do capítulo

A sustentabilidade é a palavra do momento, sendo observada a importância do tema em todos os meios de comunicação e pelas demandas organizacionais por um planeta viável. No entanto, o que vem a ser sustentabilidade? Logo, o objetivo deste capítulo está na apresentação da sustentabilidade, após o lançamento do Relatório da Comissão Brundtland, em 1987, e a sua relevância para os modelos econômicos vigentes. Da mesma forma, o presente capítulo aborda a importância da sustenbilidade corporativa, para um universo em constante transformação que é o dos sistemas produtivos e das demandas consumidoras, exigindo uma nova mentalidade em relação ao poder de compra das pessoas. Finalmente, apresenta-se a logística reversa, com as suas correlações e ramificações em relação a sustentabilidade, compreendendo o potencial de diferenciação das empresas perante o mercado e os serviços oferecidos.

---

[1] Contribuição: Ana Carolina Silva de Abreu, bolsista da Fundação Dom Cabral e Fapemig.

Introdução

Uma coisa não se discute: sustentabilidade é a palavra do momento. Em todos os meios de comunicação ou quando nos deparamos com os mais variados discursos essa é a palavra-chave. Em todo o planeta os indivíduos clamam por um mundo mais sustentável. Mas, no fim, o que isso significa? E o que nós temos a ver com isso?

A discussão acerca da sustentabilidade veio à tona com o lançamento do Relatório da Comissão Brundtland em 1987, também conhecido como *Nosso futuro comum*. Esse documento emerge em um contexto considerado a "década perdida", em razão das crises econômicas que atingiam, em sua maioria, os países da América Latina. Consequentemente, a fenda que dividia os países subdesenvolvidos dos seus precursores desenvolvidos se tornava cada vez mais profunda, agravando assim os problemas já existentes de distribuição de renda e desigualdades tanto no âmbito externo como interno dos países. Diante dos problemas econômicos que assolavam a época, a grande questão ainda remanescia: como retomar o crescimento econômico, de forma a evitar um novo ciclo de crise com um efeito tão devastador?

O *Nosso futuro comum* surge então com uma receita para resolver este problema, ancorando-se basicamente na elaboração do conceito de Desenvolvimento Sustentável. De acordo com o relatório "a humanidade é capaz de tornar o desenvolvimento sustentável – de garantir que ele atenda às necessidades do presente sem comprometer a capacidade de gerações futuras atenderem também as suas" (*Nosso futuro comum*, 1991, p. 9).

Em linhas gerais podem-se situar grandes transformações introduzidas com esse novo modelo:

- Houve um alargamento do conceito de desenvolvimento, que passou a acoplar dimensões ambientais, políticas e sociais. Ao defender essa ideia, o novo entendimento foi de que a sociedade não pode continuar se desenvolvendo como vem fazendo, pois no futuro esse ritmo de desenvolvimento não será possível de se manter. O desenvolvimento de hoje não pode se dar em detrimento das gerações futuras, evitando assim situações dramáticas para estas.
- Houve uma qualificação da variável desenvolvimento, uma vez que esta é capaz de trazer desdobramentos para o âmbito social. Adicionalmente, além de crescimento econômico, esse desenvolvimento tem de implicar níveis de distribuição de rendas mais adequados. Logo, o desenvolvimento sustentável só vai conseguir se garantir se ele for capaz de resguardar as necessidades humanas essenciais. O desenvolvimento não pode, de fato, ser pensado isoladamente e a curto prazo.

- Por fim, e o mais pertinente: o desenvolvimento sustentável propõe a interação entre a cooperação e a competição, entre o nível local e o nível global. A proposta é de inclusão não apenas dos Estados nas discussões, mas também da opinião pública e do segundo e terceiro setor, uma vez que todos esses atores têm responsabilidade sobre os impactos ambientais e societais de suas decisões.

Ao longo dos anos a sustentabilidade – derivação da noção de desenvolvimento sustentável – se desdobra para as mais diversas áreas como consequência de um efeito de *spill over* sobre o conceito. E é esse "transbordamento" que nos permite falar hoje de sustentabilidade ambiental, cidades sustentáveis, empregos sustentáveis, ações sustentáveis, sustentabilidade corporativa, entre outros.

Muitos acreditam que falar de sustentabilidade é o mesmo que falar de meio ambiente. Não podemos negar que o conceito sustentável tem em sua constituição uma parcela da dimensão do meio ambiente, mas não podemos nos restringir somente a isso. Ser sustentável está muito além de cuidar das questões ambientais do planeta. Ser sustentável é saber agregar vantagem competitiva em suas ações, resultando assim no bem-estar da geração presente e ao mesmo tempo preocupando-se com uma melhor qualidade de vida para as gerações futuras. Sustentabilidade é uma propriedade do todo, não das partes.

Os desafios impostos à sustentabilidade corporativa

O mundo muda a cada novo instante. Novos produtos são lançados, outros são aprimorados, tudo isso para atender às necessidades fluidas dos indivíduos e do próprio sistema. O que ontem era novo, hoje já não é mais. O que antes era a grande novidade, hoje já foi suplantado. Neste regime de intensas mudanças as empresas buscam se destacar perante as demais, trazendo ao sistema produtos personalizados, buscando atender assim mercados que se tornam ao longo do tempo cada vez mais específicos. Entretanto, a mentalidade do consumidor também se altera neste processo e, buscando a evolução de seus processos e de sua competitividade no mercado, as empresas também devem se adequar a esta mudança comportamental.

O mesmo movimento ocorre no que diz respeito à sustentabilidade. A incorporação dos discursos sobre sustentabilidade vem crescendo ao longo dos anos, principalmente após a ECO-92, que trouxe os elementos necessários para o engajamento efetivo dos governos, das empresas e da sociedade civil em busca do desenvolvimento sustentável. Na Figura 5.1, é possível analisar a mudança do posicionamento das empresas diante deste cenário de mudanças e a tendência que essas têm em dar um retorno mais responsivo acerca do desafio da sustentabilidade.

Apesar da grande mobilização por parte do empresariado em se comprometer com a sustentabilidade, essa nova questão se impõe mais como desafio do que como oportunidade para incrementar a agregação de valor competitivo no mercado. Ser sustentável representa ter um projeto de médio a longuíssimo prazo, o que para muitos pode não ser interessante por não gerar benefícios imediatos. Além disso, falar de sustentabilidade e do papel das empresas para se alcançar este objetivo é algo que para muitos possui um viés de novidade.

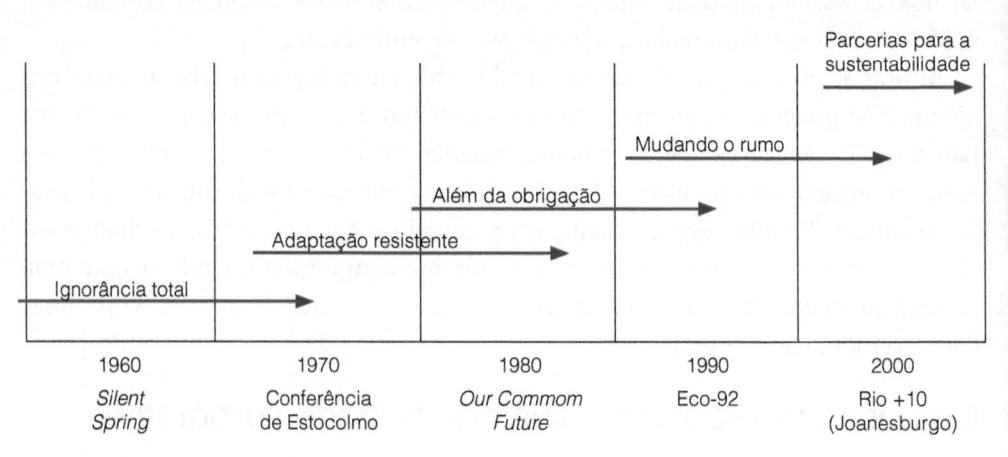

1960	1970	1980	1990	2000
Silent Spring	Conferência de Estocolmo	*Our Commom Future*	Eco-92	Rio +10 (Joanesburgo)

Ignorância total → Adaptação resistente → Além da obrigação → Mudando o rumo → Parcerias para a sustentabilidade

Fonte: Business & The Enviroment Programme, Background Briefings (2004).

Figura 5.1 – Resposta corporativa às novas demandas da sociedade.

Ter um negócio sustentável e ser sustentável, entretanto, é uma nova exigência do mercado. Aqueles que acharem os caminhos para se diferenciar serão os beneficiados, ganharão seu espaço nos mercados, agregarão valor a seus processos e a sua competitividade. Para tanto, uma mudança da agenda das empresas deve ser feita para que todas as dimensões defendidas no conceito de desenvolvimento sustentável (dimensões econômica, ambiental e social) possam ser levadas em conta no momento das tomadas de decisão. Para ser efetiva, essa nova visão deve ser estruturada a longo prazo, garantindo benefícios à geração presente e resguardando as futuras. Ancorando-se nesses pilares, foi desenvolvido em 1997, por John Elkington, o modelo de gestão conhecido como Triple Bottom Line (Figura 5.2). Sumariamente, pois este não é o escopo deste capítulo, o Triple Bottom Line sustenta que a gestão do negócio não deve se basear somente

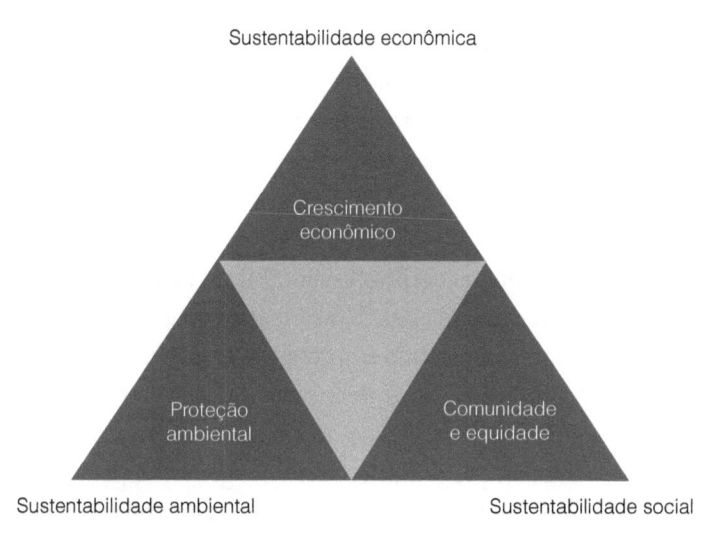

Sustentabilidade econômica

Crescimento econômico

Proteção ambiental

Comunidade e equidade

Sustentabilidade ambiental — Sustentabilidade social

Fonte: Elkington, J. apud Almeida, M. (2006)

Figura 5.2 – Sustentabilidade corporativa segundo a abordagem Triple Bottom Line.

nas questões econômicas, mas também nas sociais e de meio ambiente, o que acaba por reforçar os laços das empresas com a sociedade e a natureza.

É inegável a ajuda que o modelo oferece para fazer a mudança do plano de gestão de uma empresa. Mas, sozinho, o modelo em si nada consegue alterar. Para que haja a incorporação da sustentabilidade nos objetivos de uma companhia, a mudança de cultura, bem como a interação com as demais esferas da sociedade é crucial para que o desafio seja superado.

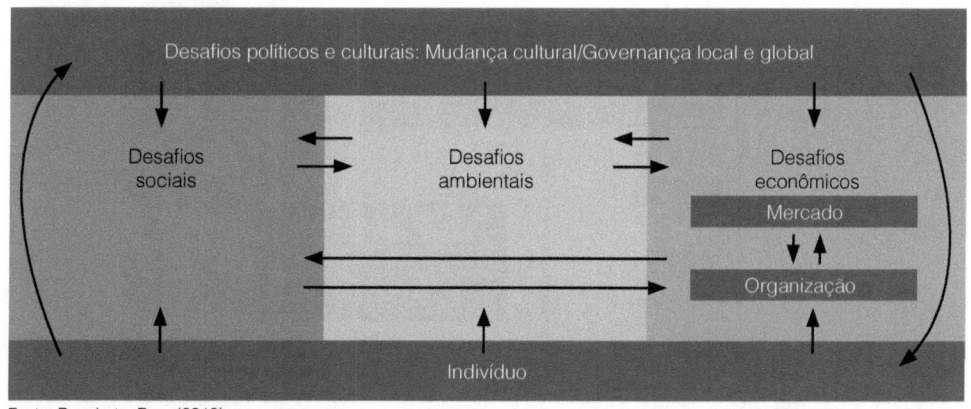

Desafios políticos e culturais: Mudança cultural/Governança local e global

Desafios sociais — Desafios ambientais — Desafios econômicos

Mercado

Organização

Indivíduo

Fonte: Boechat e Paro (2010).

Figura 5.3 – Dimensões temáticas dos desafios da sustentabilidade.

A mudança político-cultural reside na internalização do fato de que todos causamos impactos negativos quando tratamos de sustentabilidade. Somos agentes com capacidade transformadora, e tal capacidade nos permite alterar o ambiente em que somos inseridos. A falta de reconhecimento deste papel significa a imposição de um entrave na busca pela sustentabilidade. Em 2009, com realização da Fundação Dom Cabral, foi feita uma pesquisa intitulada "Desafios para a Sustentabilidade e o Planejamento Estratégico das Empresas no Brasil – 2009" que traçou os principais entraves encontrados pelas empresas que se consideravam engajadas na causa da sustentabilidade. Foi questionado a uma amostra de empresas de grande porte de diversos setores, como suas ações refletiam nos desafios delineados, e as respostas confirmam que a maioria das empresas ainda não reconhece os impactos negativos de suas atividades, necessitando assim de uma ampliação da consciência gerencial para entender as conexões entre seus negócios e os desafios impostos pela sustentabilidade.

Os desafios político-culturais vão além desta mudança de comportamento. Em linhas gerais, de acordo com Savitz (2006), com o modelo do Triple Bottom Line o sucesso dos negócios no longo prazo depende do *"sweet spot"*, ou seja, da área estratégica em que os interesses dos *stakeholders* (públicos de interesse: comunidade, governo, fornecedores, clientes, meio ambiente, entre outros) coincidam com os inte-

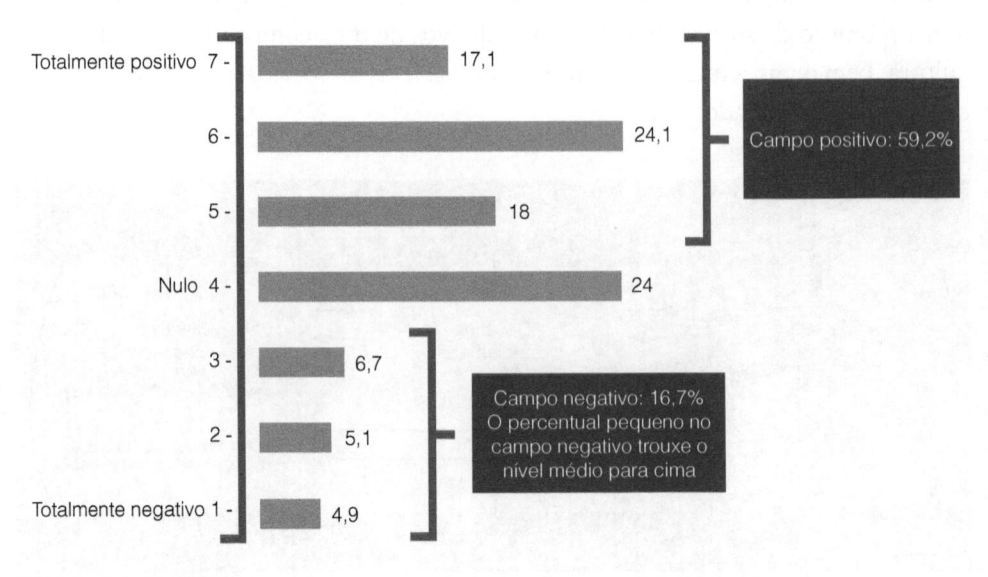

Fonte: Boechat e Paro (2010).

Figura 5.4 – Impacto da empresa no conjunto de desafios.

resses da empresa. Pressupõe-se que haja, portanto, uma aproximação das empresas com os demais segmentos da sociedade. E, quanto mais inclusiva for essa interação, melhor. Deve-se tomar cuidado, entretanto, para que, ao realizar essa aproximação e essa internalização de responsabilidade, as empresas não se restrinjam a atuar em uma área onde os desafios dizem respeito apenas a seus negócios. As empresas além de serem sustentáveis devem ser responsáveis. Elas devem produzir os bens e insumos necessários à sociedade, mas também têm por dever a provisão do bem-estar social, contribuindo para o desenvolvimento social.

Vários outros desafios se colocam diante das empresas na busca pela sustentabilidade. Tratar cada um desses desafios pode ser uma tarefa exaustiva e por isso não vamos abordá-los neste artigo. Porém apenas a dimensão político-cultural já nos proporciona os importantes insumos para que possamos começar a entender a complexidade de se adotar um sistema de gestão sustentável na empresa. Faz-se necessária a adoção de um comportamento responsável para lidar com as pressões oriundas da sustentabilidade. Diante dessa enorme capacidade transformadora, o papel designado às empresas é fundamental para o alcance do desenvolvimento sustentável. Manter um relacionamento direto e aberto com os *stakeholders* e assimilar os interesses destes e das gerações futuras no plano estratégico da empresa é mostrar-se compromissado em uma gestão corporativa responsável e sustentável.

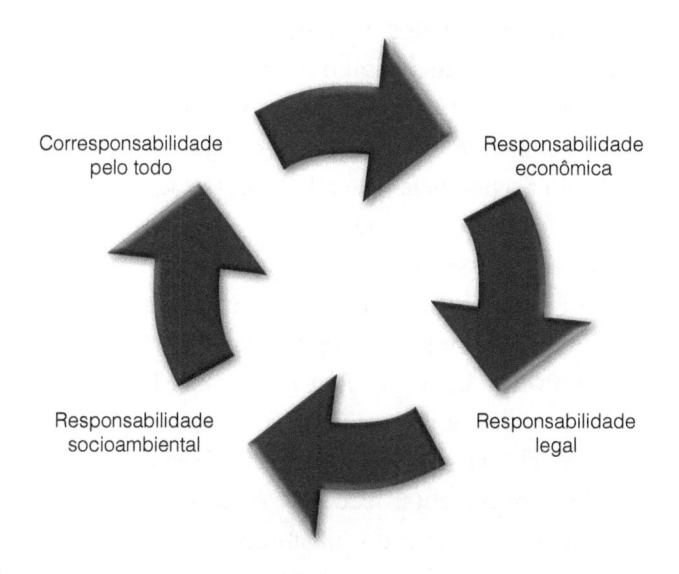

Fonte: CNI (2006).

Figura 5.5 – Empresa sustentável.

Desse modo, a sustentabilidade deve ser encarada pelas empresas como uma estratégia em vez de um desafio para os negócios. Certamente é mais inteligente e perspicaz identificar os desafios impostos pela sociedade e pelo planeta às empresas e ao mercado hoje, buscando novas estratégias de negócios para estarmos presente em um futuro desejado, em alguns aspectos, e inexorável, em outros. O planejamento de riscos e de oportunidades pode levar uma empresa a estratégias que "aproveitem" enquanto os custos não são afetados pelas mudanças que ainda virão. Assim, as empresas podem hoje tomar atitudes proativas de inserção de novos processos no seu modelo de negócio. Na medida em que crescem as demandas decorrentes de maior consciência ambiental e de justiça social, é certo que as empresas com tal pensamento estratégico se posicionarão em condição competitiva absolutamente diferenciada, garantindo antecipadamente um novo posicionamento no mercado e assegurando bons resultados econômicos.

A logística reversa – elementos de um instrumento sustentável

Durante todo o capítulo buscou-se delinear o surgimento do fenômeno da sustentabilidade e como ele se insere na atualidade. Por ser uma discussão que desenvolveu ramificações e distintas interpretações ao longo dos anos, ressaltamos como a sustentabilidade está presente no mundo dos negócios, adotando, a sustentabilidade corporativa como discussão. Foram apresentados os pontos essenciais para que uma empresa seja considerada sustentável e que o desafio deve ser encarado como uma oportunidade estratégica para inovar no mercado. Ainda sob este foco, vamos abordar como a discussão da sustentabilidade emerge dentro do escopo de atuação da logística reversa para compreender o potencial que este processo agrega aos objetivos de uma empresa que busca a diferenciação no mercado.

Primeiramente, faz-se necessário esclarecer que, ao contrário do que muitos pensam, a logística reversa é um processo com foco empresarial, pensando em retornos no mercado, e não um processo que foi desenvolvido visando o alcance da sustentabilidade. A logística reversa, conforme Rogers e Tibben-Lembke (1998), "se refere a todos os esforços para movimentar mercadorias do seu lugar típico da eliminação a fim de recapturar valor". Ou seja, é um processo de cunho empresarial a fim de agregar algum tipo de valor ou tentar recuperar o máximo de valor possível em um produto que está à margem do mercado. Tal atitude não invoca os preceitos de sustentabilidade e sim uma cultura de redução de custos com busca pelo lucro. Logo, nem todo processo de logística reversa é sustentável. Entretanto, alguns dos processos da logística reversa contêm pressupostos de sustentabilidade em suas prerrogativas. Quando isso ocorre o processo também é reconhecido como "logística verde" ou "logística ecológica".

Logística verde, ou logística ecológica, refere-se a compreender e minimizar o impacto ecológico da logística. Atividades logísticas verdes incluem a medição do impacto ambiental de determinados modos de transporte, a certificação ISO 14.000, redução do consumo de energia das atividades logísticas e redução do uso de materiais (Rogers e Tibben-Lembke, 1998, p. 103).

A logística verde, portanto, surge para oferecer uma alternativa de interação entre as dimensões sociais, econômicas e, principalmente, ambientais na logística reversa. Um dos seus objetivos é mostrar às empresas que além dos custos dos seus negócios elas devem considerar os custos externos, que, em grande parte, são causadas por elas mesmas. Sendo assim, a logística verde se preocupa com a logística reversa, no manejo dos custos intrísecos de suas atividades.

Para melhor ilustrar a relação existente entre sustentabilidade e logística reversa, vamos utilizar a recente lei brasileira sobre a problemática dos resíduos sólidos. Em 2 de agosto de 2010 foi sancionado o projeto de lei nº 12.300, que institui a Política Nacional de Resíduos Sólidos (PNRS) no território brasileiro. O principal objetivo dessa lei é criar diretrizes gerais aplicáveis em todo território nacional no manejo

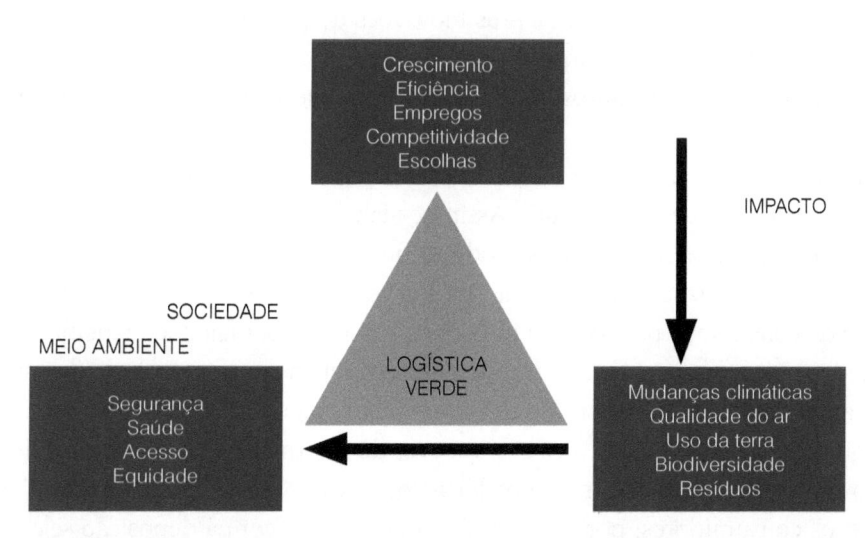

Fonte: www.greenlogistics.org

Figura 5.6 – Custos externos do processo logístico e o papel da "logística verde" na logística reversa.

de resíduos sólidos. Até então, no Brasil, os estados e municípios eram os responsáveis pela criação de suas próprias legislações. Nas duas décadas que antecederam o projeto houve muita discussão com relação ao mesmo, principalmente no que diz respeito à conceitualização do que seria considerado resíduo sólido, além de como o material deveria ser descartado e maneiras de reaproveitá-lo. Para começar a resolver esse problema, fica estabelecido a partir da PNRS a obrigatoriedade dos produtores em implementar a logística reversa em sua cadeia de produção.

De acordo com Santos (2010), os principais destaques da PNRS são:

- Compromisso dos fabricantes para análise do ciclo de vida do produto, da sua produção, utilização pelo consumidor e a responsabilidade do descarte e reciclagem das embalagens;
- Obrigatoriedade do tratamento dos resíduos sólidos gerados, ou reaproveitamento destes em novos produtos – art. 7º § XII do PL 203/91;
- Responsabilidade compartilhada – o fabricante é responsável pela coleta, destinação e reutilização das embalagens pós-consumo;
- Logística reversa – integração dos três setores da sociedade para o cumprimento desta lei por meio de regulamentações e de forma transparente;
- Próxima etapa da lei – pacto com o 2º setor para um ciclo de produção sustentável, avaliando o impacto da fabricação e operação;
- Aplicação da taxa ambiental – as inovações de produtos sustentáveis terão incentivos fiscais – fabricantes responsáveis;
- A lei abrange os produtos importados com as mesmas regras dos nacionais.

Nesse processo, os produtores e fabricantes têm a responsabilidade pelo produto mesmo após o fim de sua vida útil. Assim, os fabricantes devem ter plena noção das consequências ambientais de seus produtos quando se transformam em resíduos sólidos. A proposta da logística reversa, por sua vez, propicia o envolvimento de toda a cadeia de consumo, e por isso sua implementação deve ser feita de maneira eficiente em todos os setores para que os resíduos sólidos sejam reaproveitados e descartados de maneira correta. A cooperação deve ser expandida do nível micro para o macro: os comerciantes e distribuidores têm o dever de informar os consumidores do processo de logística reversa e sobre os locais onde estes materiais podem ser depositados; os consumidores, por sua vez, devem colaborar com a deposição seletiva do resíduo sólido nos locais identificados pelos comerciantes e distribuidores.

A logística reversa deve, portanto, estar inserida em todos os processos das empresas, mas essa realização no momento operacional pode ser algo extremamente complexo. Os resíduos sólidos são ingratos, logisticamente falando, e é necessário que haja rentabilidade nas fases, pois ninguém trabalha de graça. Devido à grande diversidade de produtos, o retorno acabada sendo inibido. Mas, no fim, alguém tem de pagar por isso, pois, sem a rentabilidade, a cadeia de produtos específicos não funciona. E, mesmo que evoquemos a participação e engajamento de todos, é necessário criar condições logísticas não gratuitas, o que gera a necessidade de subsídios. Portanto, as soluções devem ser empresariais. No fim, quem acaba realmente pagando é a sociedade, mas essa paga pouco. Se todas as empresas se organizarem para realizar a tarefa com sinergia, com todas as suas habilidades logísticas, o processo sai muito mais barato e a sustentabilidade do processo é alcançada.

Os desafios impostos pela sustentabilidade e por adotar o processo de logística reversa com estes fins vão muito além da dimensão dos custos que são gerados. Como já citado anteriormente, as empresas ainda não reconhecem os impactos das suas atividades no ambiente e por isso não tomam a atitude necessária, visto que há a falta dessa conscientização. Além disso, a complexidade de adotar o processo de logística reversa vem da imensa quantidade de variáveis envolvidas no processo de tomada de decisão nas empresas com relação a esta prática, tais como:

- Rentabilidade nas fases;
- Características dos produtos;
- O mapeamento dos processos;
- *Benchmark*;
- Procedimentos operacionais;
- Normas gerais de operações;
- Sistemas de informações;
- Rede de logística reversa;
- Recursos adequados.

Até mesmo a própria PNRS gera alguns aspectos neste sentido, tais como:

- A segmentação por categorias de logísticas dos produtos a retornar;
- Equipes treinadas;
- Análise de mercados;
- A rede de logística reversa e processos mapeados;
- Modais de transporte equacionados;
- Procedimentos operacionais;
- Sistemas de informação;

- Indicadores de desempenho;
- Controle de custos.

Apesar de pontuar os entraves que as empresas podem se deparar ao implantar a logística reversa, a PNRS contribui e muito nessas diretrizes que precisam ser todas regulamentadas. A principal aqui é a responsabilidade compartilhada. Todos os elos precisam participar. Um exemplo disso é que a PNRS orienta a busca de uma política de inclusão dos catadores, para que eles sejam treinados e habilitados em vários processos. Na realidade brasileira opta-se por processos mais manuais exatamente para a inclusão social.

Para as empresas, a logística reversa deve ser encarada como um processo estratégico, pois esta agrega valor, podendo gerar centros de lucro e garantir a sustentabilidade nos três eixos. A logística reversa permite ainda um diferencial competitivo importante, envolvendo, os seguintes critérios: (1) retorno de produtos, (2) valor econômico agregado, (3) imagem, (4) aspectos ecológicos, (5) imagem corporativa e (6) atendimento à legislação corrente.

Muito se falou no papel dos produtores e fornecedores na PNRS, mas o consumidor também tem um papel crucial a desempenhar para que ocorra o sucesso desta. O consumidor, a partir da legislação, não pode descartar os resíduos em qualquer lugar. O vendedor deverá ter estas informações, enquanto o consumidor deverá estar orientado sobre o que fazer com esses produtos e resíduos, mas sempre com o pensamento voltado para o que pode ser reciclado, priorizando as associações de catadores.

Outra dimensão adotada na PNRS e que é pregnada por prerrogativas sustentáveis é a ideia de hierarquia. Nós devemos pensar em uma política que incentive a não geração de resíduos. É preciso que reavaliemos todo o ciclo de vida dos nossos produtos e realizemos uma mudança para a diminuição deles. Deve-se pensar que depois da redução o que vem é a reutilização ou a reciclagem.

O que percebemos na legislação da PNRS é que se ancora na ideia de responsabilidade compartilhada e que, portanto, todos têm de fazer algo por aquele resíduo que produziu e/ou consumiu. Diante desta perspectiva, pode-se dizer que o Brasil, ao implantar essa política, deu um grande passo para a incorporação dos discursos de sustentabilidade na dimensão prática. Além disso, a política também inspira uma mudança nos padrões de consumo, já que um dos pilares é a ideia de não produção de resíduos, sem se restringir apenas àquilo que já foi ou será descartado. A logística reversa, como demonstrado, desempenha papel determinante para a devida atribuição destas responsabilidades e para garantir que a sustentabilidade seja efetiva.

Considerações finais

Apesar de sua elaboração partir de objetivos distintos, muitos são os pontos convergentes entre logística reversa e sustentabilidade. São processos que podem eventualmente se tornar complementares. A maior dificuldade para os que lidam com esses processos, entretanto é o de conjugar essas duas esferas de forma a agregar valor às suas atividades. Pesquisas feitas em todo o mundo sobre o envolvimento das empresas com os desafios impostos pela agenda da sustentabilidade têm revelado, mais do que ação, um estágio geral de estupefação. Estão todos assustados com os prognósticos catastróficos das mudanças climáticas e falência dos serviços ambientais. Em meio aos poucos que ainda se negam a aceitar as advertências dos cientistas, algumas empresas conseguem demonstrar uma racionalidade prática e consequente. Mesmo quando se conseguem respostas efetivas aos desafios emergentes da cacofonia política e social, nacional e internacional, raras vezes vislumbra-se a possibilidade de uma solução proporcional ao tamanho dos problemas. E, no entanto, ainda que a "mobilização" das empresas em torno da sustentabilidade seja evidente ainda não é muito claro até que ponto esse discurso de comprometimento está refletido na incorporação dos desafios da sustentabilidade à estratégia e gestão dos negócios, nem mesmo como as empresas estão se posicionando em relação a determinados desafios-chave da sustentabilidade. A falta de conscientização das empresas referente aos impactos de suas atividades deve ser combatida com uma educação focada em ampliar a consciência dos gestores sobre os desafios da sustentabilidade. Além disso, os governantes devem estabelecer políticas (públicas e tributárias) adequadas à valorização, por estímulo ou punição, do posicionamento responsável das empresas diante dos desafios da sustentabilidade, pois conforme pesquisa da Fundação Dom Cabral (FDC) com o empresariado brasileiro (Boechat e Paro, 2009), citada anteriormente, o recado que as empresas passam é que darão conta dos desafios importantes para os seus negócios. Assim, a sociedade não deve esperar das organizações o enfrentamento de seus principais desafios, a não ser que eles se configurem – na forma de riscos ou oportunidades – como fatores-chave para seu desempenho competitivo.

Portanto, as empresas devem perceber a parceria entre a logística reversa e a sustentabilidade como uma estratégia para aumentar a lucratividade dos negócios, bem como para se posicionar estrategicamente em mundo que é caracterizado pela mudança rumo a um mundo sustentável. Aqueles que se adequarem agora, em uma situação em que as mudanças apenas estão começando, vão se diferenciar diante daqueles que deixaram a adequação quando esta for mandatória e não mais opcional.

CAPÍTULO 6
Sustentabilidade na gestão de resíduos

Objetivos

- Explicar, de forma sucinta, tópicos importantes para a compreensão das diferentes abordagens sobre sustentabilidade;
- Entender a importância da sustentabilidade quando se fala em resíduos;
- Diferenciar termos importantes relacionados à sustentabilidade.

Resumo do capítulo

Apesar de o conceito de sustentabilidade não ser um consenso na literatura, o tema assume, a partir da década de 1970, uma relevância cada vez maior. Cabe destacar que muitas vezes o uso da palavra sustentabilidade em sentido adjetivo atendeu a interesses contraditórios. E, quando se fala em sustentabilidade e resíduos, os descartes interferem em todas as perspectivas sustentáveis. Resíduos são matérias-primas não aproveitadas, sendo um problema econômico. Quando mal administrados, podem se converter em um problema social ao causar danos à saúde coletiva. Do ponto de vista ecológico, os resíduos podem ser fonte de poluição e contaminação do meio ambiente. Assim, o presente capítulo aborda, sucintamente, termos pertinentes à compreensão do que é sustentabilidade: educação e gestão ambiental, avaliação de impactos ambientais e o uso de indicadores. Lista as principais correntes de pensamento da área e traz as contribuições de estudiosos que revisam e comparam as abordagens, proporcionando ao leitor a oportunidade de definir seu próprio posicionamento na questão. Por fim, o capítulo relaciona sustentabilidade à prática diária, nas escolhas e decisões.

Introdução

Segundo Chambers (2000), quando se pensa em sustentabilidade, a primeira coisa que vem à tona é que a forma tradicional de analisar o meio ambiente é tornando-o algo externo à vida das pessoas e ao mundo do trabalho. Sustentabilidade não é um termo precisamente definido. Bellen (2002) afirma que há 160 definições para "sustentabilidade". Esse autor define a sustentabilidade em três dimensões: social, ecológica e econômica. Para Cavalcanti (1995), o termo se refere à manutenção dos recursos biofisicamente possíveis a longo prazo. Lafer (1996) define o desenvolvimento sustentável como um conceito que relaciona o meio ambiente, a economia e a pobreza. Para Bossel (1999), sustentabilidade envolve o meio material, a questão ambiental, social, a ecologia, o viés econômico, legal, cultural, os preceitos políticos e psicológicos. Bezerra e Bursztyn (2000) definem sustentabilidade a partir da não aceitação do desenvolvimento a qualquer preço da lógica econômica liberalizante. Já Machado e Fenzl (2001) adotam para a sustentabilidade as dimensões física, material, ecológica, social, psicológica, cultural e ética.

Para Sachs (2000), sustentabilidade se refere a uma nova concepção dos limites e da fragilidade do planeta, englobando as necessidades da população. Sugere, assim, que sustentabilidade envolve a inclusão social, economia sustentada no tempo e o ambiente sustentável. O autor elenca cinco dimensões da sustentabilidade: econômica, ecológica, espacial, social e cultural. Para um projeto ser economicamente viável é preciso que haja uma fonte de financiamento ou outro meio oneroso que custeie a ação econômica. Os recursos naturais devem ser consumidos em uma escala que não leve à degradação do meio ambiente. O meio ecológico, em um sistema sustentável, é tratado de modo que não seja deteriorado e que não haja acúmulo de resíduos.

De qualquer forma, sustentabilidade requer a participação popular, dada a dimensão social. A participação popular, segundo Jacobi (1990), deve-se pautar nas seguintes premissas:

a) Atingir o objetivo de interesse coletivo através de programas e campanhas;
b) Aumentar as capacidades técnico-administrativas das associações;

c) Reforçar o tecido associativo;
d) Fomentar a participação popular nos programas, projetos e gestão de serviços municipais.

O que se vê pela leitura de periódicos e revistas, é que o termo sustentabilidade muitas vezes se refere ao quociente entre entrada e saída de recursos, como quando se fala em crescimento sustentável (que seria interpretado como crescimento contínuo). Esse tipo de abordagem foca apenas o aspecto econômico e necessita de embasamento na literatura.

A sustentabilidade

Os problemas decorrentes da questão ambiental começam a ter maior expressão na década de 1970, em razão da contradição do modelo dominante de produção econômico industrial e a realidade socioambiental (Lima, 1999). Nas décadas de 1970 e 1980 a humanidade assistiu a desastres ambientais de grandes proporções, como o vazamento na usina atômica de Chernobyl e o derramamento de petróleo do navio Valdez. Essas discussões se refletem no Brasil, tomando corpo a partir das denúncias ambientais até atingir a coletividade (Viola e Leis, 1991). Destaca-se o caso de Serra Pelada, região do Estado do Pará. Na década de 1960 iniciou-se a prospecção de manganês na região, pela Union Carbide, visando atender suas fábricas de pilhas eletrolíticas. Outra empresa atuante no mesmo período foi a United States Steel, visando o mesmo mineral para suas siderúrgicas. O empreendimento foi bastante proveitoso, pois a Union Carbide localizou, em 1966, os depósitos do Sereno, e a United States Steel descobriu, em 1967, os depósitos de Buritirama e as imensas jazidas de ferro de Carajás (Santos, 2002). Outros minerais foram encontrados na região, como cobre e ouro. O processo de desenvolvimento econômico de Serra Pelada caracterizou-se por muita miséria.

O processo de degradação ambiental brasileiro tem longas raízes, iniciando-se com a ocupação portuguesa, que não teve qualquer responsabilidade social (com os nativos), ambiental (através da exploração desenfreada de pau-brasil e as consequentes imposições de monoculturas intensivas para exportação no período colonial) e econômica e pela forma dependente de recursos metrópole-colônia.

Para Baroni (1992), a sustentabilidade tem sido usada como um rótulo de diversos interesses nem sempre convergentes. Para Herculano (1992), os ambientalistas alegam que o desenvolvimento sustentável vem sendo interpretado e invertido de modo vago e dúbio, como estratégia de expansão do mercado e do lucro. Isso se reflete na opinião de Espinosa (1993), em que o desenvolvimento sustentável é complexo e que há interesses estratégicos e econômicos ligados ao assunto. Já Wackernagel e Rees (1996) reforçam essa concepção ao afirmar que os conceitos de desenvolvimento sustentável refletem os interesses conflitantes do assunto.

Fonseca e Bursztyn (2009) destacam a banalidade do uso do termo sustentabilidade. De forma bem clara, os autores destacam determinados atores sociais que apoiam retoricamente a sustentabilidade, desfrutam do *status* de "ecologicamente correto" sem, contudo, incorporá-la de verdade em suas práticas. O ator social se beneficia, através dessa prática imediatista, se distanciando da punição coletiva de rejeição aos contrários aos discursos socialmente corretos. Destaca-se ainda que alguns deles aderem a partes dos conceitos de sustentabilidade, mas tentam transparecer à sociedade que realizaram uma adesão completa. Esse grupo é denominado *free-riders* discursivos. "O *free-rider* é aquele que desfruta do bem coletivo eventualmente provido sem ter incorrido em qualquer custo para a sua obtenção" (Fonseca e Bursztyn, 2009, p. 35).

O paradigma social dominante

Para Egri e Pinfield (1998) a literatura divide a relação homem e natureza em:

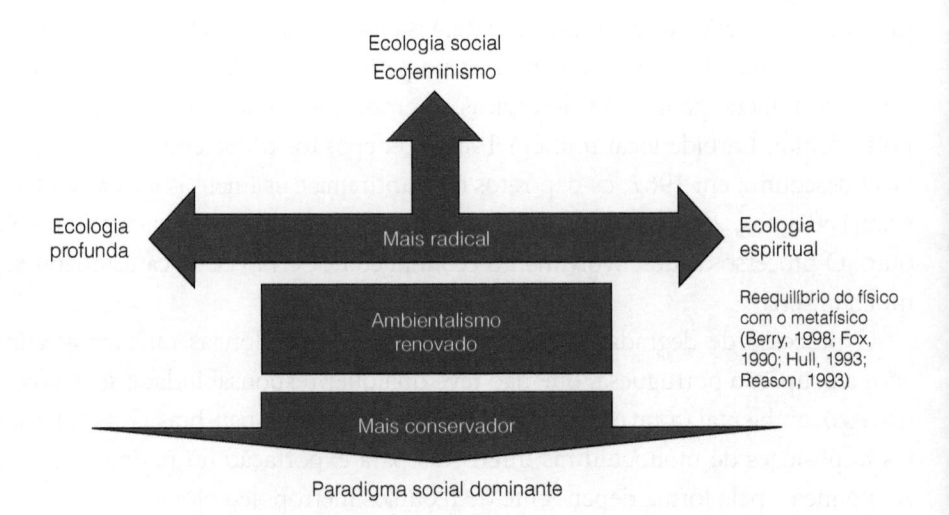

Fonte: Adaptado de Egri e Pinfield (1998).

Figura 6.1 – Relação homem e natureza, segundo a literatura.

Os conceitos são explicados a seguir:

a) Ecologia profunda

A ecologia profunda procura a harmonia com a natureza, o igualitarismo biosférico,[1] a igualdade entre todas as espécies, a autorrealização como objetivo das coisas materiais (e não ao contrário), a observância da limitação dos recursos naturais do planeta e o biorrregionalismo.[2] Haveria uma prevalência da natureza em detrimento da forma de vida tradicional humana, de dominação e transformação do ambiente natural. Os críticos destacam o pouco caráter social e a deficiência da visão da transição do atual sistema para o proposto.

b) Ecologia espiritual ou transpessoal

Procura retomar a ligação da humanidade com o sagrado, como forma de solucionar os desvios do meio mecanicista da sociedade atual.

c) Ecofeminismo

O termo ecofeminismo foi utilizado pela primeira vez por Françoise d'Eauboune, em 1974. Para os pensadores dessa corrente, a libertação da mulher é algo inerente ao combate ecológico. A natureza (e a mulher) estaria sob domínio hierárquico dos homens, graças a questões de gênero, etnia e classe social. Seu objetivo último seria o fim das formas de opressão.

d) Ecologia social

Tem como base a comunidade ecológica e a democracia participativa. Visa a ordem sociopolítica reconstruída conforme o "municipalismo libertário".[3]

As autoras Egri e Pinfield (1998) trazem uma abordagem denominada "ambientalismo renovado", diferente dos conceitos apresentados anteriormente. Enfoca o desenvolvimento sustentável e com os meios de alcançar sistemas de produção ambientalmente sustentáveis. Interessa-se em como e até que ponto os *stakeholders* não industriais (governos, organizações, ambientalistas e o público) estariam incluídos nas decisões relativas ao ambiente natural. A grande desvantagem dessa abordagem é o comodismo: trata de uma sustentabilidade subjetiva, pouco científica, pouco clara e verificável. Pauta-se também na cooperação de vários níveis; por exemplo, Protocolo

---

[1] Igualitarismo biosférico: toda a natureza teria um valor em si mesmo.
[2] Uma biorregião é uma localidade definida pelas suas formas de vida, topografia e biota, e não pelos conceitos humanos (Sale, 1985).
[3] No municipalismo libertário, os governos seriam planejados de acordo com os assentamentos humanos, que espelhassem ecossistemas locais (Egri e Pinfield, 1998).

de Kyoto, eliminação do CFC etc. Todavia, como lidar com interesses conflitantes dos países, como a caça de baleias do Japão e a exploração econômica da Amazônia? Até o momento são questões em impasse.

Em relação ao papel do governo, este assumiria responsabilidade limitada no paradigma social dominante (como nos parques) e amplo, no ambientalismo renovado taxando e fiscalizando a poluição industrial. O ambientalismo renovado de Egri e Pinfield (1998) pode ser considerado tão falho quanto as abordagens que as autoras criticam.

A gestão ambiental na teoria organizacional

De acordo com Maimon (1994), a gestão ambiental passa por três fases principais. A primeira trata-se da adaptação das empresas às pressões regulamentares e de mercado, focando a emissão de poluentes, sem grandes mudanças nos processos produtivos e sem grandes mudanças estruturais, que Donaire (1994) chama de controle

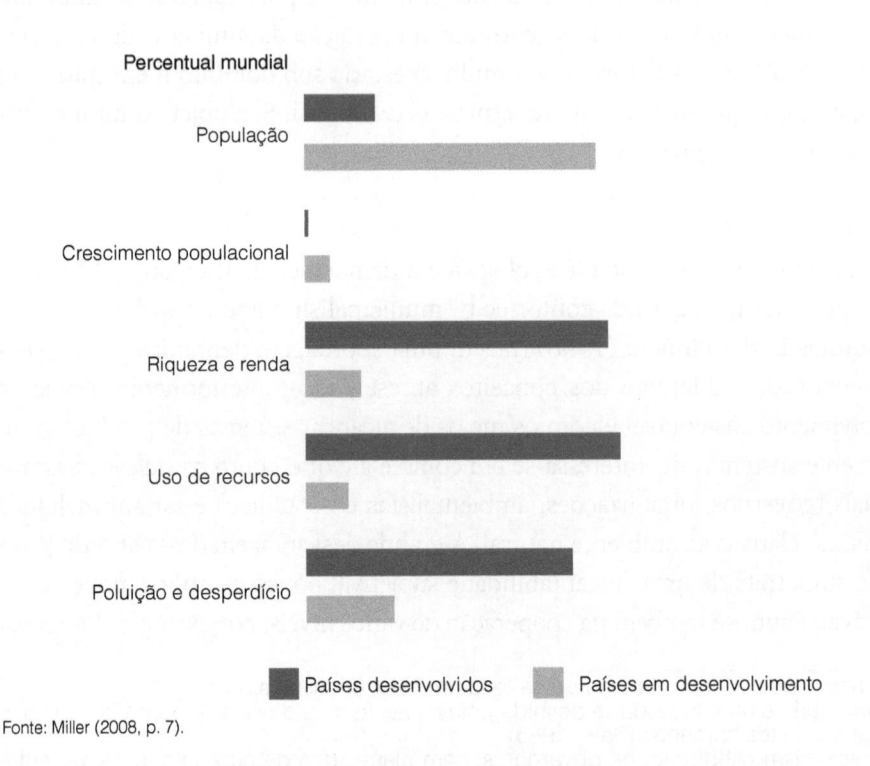

Percentual mundial

- População
- Crescimento populacional
- Riqueza e renda
- Uso de recursos
- Poluição e desperdício

■ Países desenvolvidos   ■ Países em desenvolvimento

Fonte: Miller (2008, p. 7).

Figura 6.2 – Panorama global comparativo.

de saída e Barbieri (2004) chama de controle da poluição. Na segunda fase, as organizações modificam processos e produtos como forma de atender às pressões. A terceira fase é marcada pela proatividade e preocupação com os resultados futuros. Nesta última fase, segundo Barbieri (2004), a gestão ambiental é estratégica para as organizações na qual está disseminada.

Sanches (2004) divide a gestão ambiental em dois ramos: por um lado, é um obstáculo ao crescimento mercadológico da empresa, por acarretar custos extras; por outro, trata-se de possibilidade de lucro, em sintonia com o terceiro estágio descrito por Maimon (1994).

De uma perspectiva orgânica, a sobrevivência da organização seria dependente da interação desta com o meio ambiente. A natureza seria cuidada até a medida em que restringe ou coloca em perigo a sobrevivência organizacional. Um exemplo seriam as restrições legais ou a escassez de recursos naturais. Pela lógica mecanicista, o meio ambiente receberia pouca atenção: o ambiente seria imutável e um dado (fabricado) pelos atores organizacionais.

Segundo os paradigmas atuais, há meios restritos de avaliar as consequências das ações para a qualidade dos ambientes.

O Quadro 6.1 apresenta várias formas de gestão relacionadas à gestão ambiental, da gestão de processos, a menos sistêmica, até a gestão do plano ambiental, que envolve diversas áreas institucionais.

Quadro 6.1 – Visão geral da gestão ambiental

Gestão de processos	Gestão de resultados	Gestão de sustentabilidade	Gestão do plano ambiental
Exploração de recursos	Emissões gasosas	Qualidade do ar	Princípios e compromissos
Transformação de recursos	Efluentes líquidos	Qualidade da água	Política ambiental
Acondicionamento de recursos	Resíduos sólidos	Qualidade do solo	Conformidade legal
Transporte de recursos	Particulados	Abundância e diversidade da flora	Objetivos e metas
Aplicação e uso de recursos	Odores	Abundância e diversidade da fauna	Programa ambiental
Quadro de riscos ambientais	Ruídos e vibrações	Qualidade de vida do ser humano	Projetos ambientais
Situações de emergência	Iluminação	Imagem institucional	Ações corretivas e preventivas

Histórico das principais discussões que envolvem sustentabilidade

- Publicação de *Silent spring*, de Rachel Carson, em 1962.
- Criação da Agência de Proteção Ambiental (EPA) nos Estados Unidos, em 1970.
- Reunião do Clube de Roma, em 1970, que discorre sobre os limites do crescimento econômico demográfico. Brusek (1995) destaca que a discussão sobre os limites do crescimento remontaram ao perigo do crescimento demográfico desenfreado estudado por Malthus. Resultou no estudo *Limites ao crescimento* (*The limits to growth*).
- Conferência das Nações Unidas para o Ambiente Humano – 1972, realizada em Estocolmo. Da conferência resultou a Declaração de Estocolmo.
- Publicação do capítulo "Is growth obsolete?" no quinto volume da série intitulada *Economic research: retrospec and prospect*, pelo National Bureau of Economic Research (NBER), norte-americano. A obra "contesta" o crescimento econômico. Em detrimento de indicadores de crescimento econômico, os autores destacam o papel da liberdade e felicidade Nordhaus e Tobin (1972).
- Encontro de Belgrado – Iugoslávia, 1975. Seguiu as recomendações da Conferência de Estocolmo.
- Primeira Conferência Intergovernamental sobre Educação Ambiental – 1977, realizada em Tbilisi, Geórgia (que na época fazia parte da União das Repúblicas Socialistas Soviéticas – URSS). Definiu-se os princípios, objetivos, estratégias e as recomendações para a educação ambiental (Lima, 1999). Sugeriu que a educação ambiental deve ser contínua a todas as fases da vida do cidadão; ter um caráter interdisciplinar, perfil pluridimensional – econômico, político, cultural, social e ecológico; envolver a participação social; resolver os problemas ambientais; e, por fim, mudar valores, atitudes e comportamentos sociais.
- Formulação da Política Nacional do Meio Ambiente (PNMA) e criação do Conselho Nacional do Meio Ambiente na década de 1980.
- Conferência Internacional de 1987 em Moscou, Rússia, pela Unesco e Pnuma. Com o intuito de avaliar os resultados desenvolvidos durante a década e traçar uma estratégia internacional de ação em educação ambiental para a década de 1990 (Lima, 1999). Nesse ano foi publicado o relatório chamado "Nosso futuro comum", mais conhecido como relatório Bruntland, publicado pela Comissão das Nações Unidas sobre Meio Ambiente e Desenvolvimento (CNUMAD). Esse relatório se diferencia por colocar a questão ambiental como um problema mundial e que não pode ser separada das discussões de desenvolvimento

econômico e social. Destaca-se o papel do desenvolvimento sustentável, que atende às necessidades atuais sem comprometer as vindouras.
- Estabelecimento do Índice de Bem-Estar Econômico Sustentável, adotado em vários países (Daily, 1994). Foi renomeado para Indicador de Progresso Genuíno em 2004 (Veiga, 2010).
- Conferência da Sociedade Civil sobre Meio Ambiente e Desenvolvimento, ocorrida simultaneamente à Conferência das Nações Unidas sobre Meio Ambiente e Desenvolvimento no Rio de Janeiro em 1992. Decorreu desse trabalho o Tratado de Educação Ambiental para Sociedades Sustentáveis e Responsabilidade Global. A educação ambiental, segundo Pelicioni (1998), deveria focar o desenvolvimento sustentável visando compatibilizar objetivos sociais de acesso às necessidades básicas; preservar a vitalidade e diversidade do planeta, garantindo aos cidadãos um ambiente ecologicamente saudável e com objetivos econômicos; aumentar a conscientização popular e reduzir o analfabetismo ambiental.

Além dos já descritos, existem outros importantes documentos internacionais decorrentes das discussões sobre sustentabilidade e resíduos (Amaral, 1995):

- Convenção da Basileia sobre Comércio Transfronteiriço de Resíduos Tóxicos;
- Protocolo de Montreal sobre a Camada de Ozônio;
- Convenção Internacional sobre Comércio de Espécies Ameaçadas de Extinção;
- Agenda 21. Segundo o Ministério do Meio Ambiente (2010), a Agenda 21 pode ser considerada um instrumento de planejamento visando a construção de sociedades sustentáveis, em bases geográficas diferentes, conciliando métodos de eficiência econômica, proteção ambiental e justiça social.

Educação ambiental

Dada a multiplicidade do que vem a ser educação ambiental, vários autores procuraram traçar formas de organizar as correntes de pensamento. Um desses autores, Sorrentino (1997), traz quatro grandes correntes:

a) Economia ecológica: Tem por base os conceitos de sustentabilidade de Sachs e Schumacher nos 1970 e são incorporados em empreitadas de desenvolvimento sustentável de organizações internacionais. Divide-se em duas grandes correntes: "Desenvolvimento sustentável", que envolve os meios produtivos, e "Sociedade sustentável", colocando a sociedade civil como motor do processo de gestão do desenvolvimento, de forma justa, ecologicamente preservada e igualitária.

b) *Educação ao ar livre*: Envolvem inspirações científicas e/ou filosóficas de conhecimento e comunhão com a natureza, bem como o autoconhecimento.

c) *Gestão ambiental*: Envolve uma resistência ao modelo capitalista por considerá-lo predatório. Envolve a participação democrática civil.

d) *Conservacionista*: Procura manter os recursos naturais intocados da ação antrópica.

Impacto ambiental e meio ambiente

Prepl (2006) explica que o que entendemos por "meio ambiente" não existia há 200 ou mesmo 25 anos fora do discurso dos especialistas. Decerto, em séculos anteriores aconteceram diversos eventos denomináveis catástrofes ambientais, dados os registros paleontológicos. O conceito de meio ambiente surgiu das ciências que estudam a história da ecologia.

Para o pensamento anterior à modernidade, o indivíduo era parte do todo natural. As leis da natureza eram mandamentos divinos, que as criaturas, "homem" e "natureza", deveriam obedecer, não sendo apenas algo científico, mas moral. Da natureza concreta e qualitativa da Idade Média, parte-se para a natureza das ciências exatas – quantitativa, abstrata e calculável da Era Moderna (Prepl, 2006). A natureza era apenas paisagem. A natureza da paisagem, das ciências exatas e teórico-experimentais antigas, incrivelmente, é a mesma da produção industrial moderna. Nos meios produtivos, a natureza atua como força, energia, material de dureza, de elasticidade, calculável e determinada.

No Iluminismo ocorre a luta em nome da razão pela burguesia contra os antigos poderes. Assim, a natureza funcionaria como uma máquina construída racionalmente, cada coisa com uma finalidade e sem nada supérfluo. Para Prepl (2006, p. 333), "em nome da razão, a natureza tornou-se conceito de luta contra a corte". O estudo da geografia, por sua vez, cultivava a abordagem paisagística da natureza de modo concreto, prático, totalizador, estético e emocional, em oposição às ciências sistemáticas, teóricas e experimentais. A abordagem cognitiva dos geógrafos, de acordo com Prepl (2006), deve ter influenciado a ciência natural, a ecologia. Nesse ponto, "o geógrafo não mais decifra na paisagem a escrita divina, mas os 'testemunhos' de épocas culturais passadas – exatamente nisso consiste a paisagem" (Prepl, 2006, p. 342).

Nos primórdios da ecologia, pensava-se na questão do "progresso" do processo evolutivo aberto, em relação à contradição entre a autonomia da vida em face do meio ambiente e o conjunto de coerções do meio. A comunidade que engloba os seres vivos deixa de ser pensada a partir da luta da competição para a da adaptabilidade, considerando a dependência mútua e recíproca. "Há um campo da biologia em que – com e apesar da teoria 'progressista' de Darwin – emerge como funcionalismo, ou seja, como teoria da adaptação, portanto, em termos 'conservadores'. Trata-se da 'ecologia'" (Prepl, 2006, p. 343). Dessa teoria decorre a visão holística da ecologia. E da visão holística, viria a questão dos ecossistemas.

A comunidade de seres vivos não teria limites, pois ecossistemas seriam abstrações da ciência. Por isso que o (e não "um") ecossistema não pode ser destruído, pois a questão da destruição da natureza e do meio ambiente perde o sentido no nível ecológico da organização. Ainda assim, a abordagem individualista, na qual o que prejudica um ser vivo é útil, e a visão holística norteariam a ecologia (Prepl, 2006). De acordo com o individualismo, não existiria o todo sistemático para o qual os organismos individuais funcionam como os órgãos de um corpo. No princípio holístico orientado ao ecossistema, seriam racionais os fins que se harmonizam com a legitimidade própria do ecossistema.

Em síntese, o conflito da ecologia estaria na abordagem organicista em que as comunidades ou ecossistemas são sistemas auto-organizadores que tomam liberdades com seu meio ambiente, constituindo-o (predominante na ecoideologia e na hipótese Gaia). Na outra corrente, as comunidades ou ecossistemas não são sistemas que tomam liberdades com seu meio ambiente, mas tão somente os organismos individuais possuem o caráter de auto-organização e o caráter do todo, com limites reais, objetivos e que se podem encontrar (Prepl, 2006).

O impacto ambiental das intervenções humanas deveria ser estudado como uma relação com um meio ambiente dentro de outro (inserido em um sistema de ordem mais alta, que, por sua vez, mantêm relações correspondentes com o externo, assim como os demais elementos mantém com os deles) ou não? Qual é o espaço e a responsabilidade humana? Em relação ao impacto ambiental, não é possível eximir a humanidade da responsabilidade e consequências de suas ações.

Milaré (1993) destaca a compatibilização do desenvolvimento/proteção ambiental com o uso do instrumento denominado Estudo Prévio de Impacto Ambiental (EIA). Deverá ser elaborado antes da instalação de obras ou atividades potencialmente causadoras de significativa degradação ambiental. Segundo Milaré, os objetivos do EIA são:

a) Prevenção do dano ambiental;
b) Transparência administrativa sobre os efeitos ambientais do projeto;

c) Consulta aos interessados, participativamente;
d) Motivação da decisão ambiental.

Conforme o art. 01 da Resolução Conama nº 001, de 23 de janeiro de 1986, impacto ambiental é: qualquer alteração das propriedades físicas, químicas e biológicas do meio ambiente, causada por qualquer forma de matéria ou energia resultante das atividades humanas que, direta ou indiretamente, afetam:

- A saúde, a segurança e o bem-estar da população;
- As atividades sociais e econômicas;
- A biota;
- As condições estéticas e sanitárias do meio ambiente;
- A qualidade dos recursos ambientais.

São legislações disciplinadoras do EIA:

a) Lei nº 6.803/80;
b) Lei nº 6.938/81;
c) Decreto nº 88.351/83;
d) Resolução Conama nº 001/86;
e) Resolução Conama nº 006/87;
f) Resolução Conama nº 009/87;
g) Constituição Federal de 1988.

Conforme Milaré (1993, p. 62), "O Estudo de Impacto Ambiental compreende o levantamento da literatura científica e legal pertinente, trabalhos de campo, análises de laboratório e a própria redação do relatório". O Relatório de Impacto Ambiental (Rima) destina-se da ponderação de vantagens e consequências da instalação do empreendimento. Procura compatibilizar desenvolvimento econômico-social com a preservação da qualidade do meio ambiente e equilíbrio ecológico. O maior mérito do EIA é influir no mérito da decisão administrativa de concessão de licença.

Ferramentas de avaliação do desenvolvimento sustentável

Veiga (2010) destaca que vários métodos de cálculo foram inventados para medir o bem-estar econômico ou de progresso contínuo. A partir de 1995, o autor destaca três abordagens visando medir o crescimento econômico:

a) Dashboards: Esta abordagem origina ótimos banco de dados que, no entanto, não poderiam ser compreendidos como indicadores, dada a heterogeneidade.

b) Índices compostos ou sintéticos: Os mais notórios da categoria são: Índice de Sustentabilidade Ambiental (ESI), com 76 variáveis cobrindo cinco dimensões; e Índice de Desempenho Ambiental (EPI), 76 variáveis em 21 indicadores intermediários. Essa categoria é criticada por causa da junção de indicadores objetivos, como a mortalidade infantil, com outros subjetivos, como a qualidade de vida de um país.

c) Índices orientados ao grau de sobreconsumo, subinvestimento ou excessiva pressão sobre recursos: Dois se destacam: o Ecological Footprint e a poupança líquida ajustada (ANS), que avalia estoques de riqueza, e não fluxos de renda, de consumo ou de produção. Veiga destaca ainda a facilidade de compreensão deste indicador.

Método *Ecological Footprint*

Com o lançamento do livro *Our ecological footprint*, Wackernagel e Rees (1996) procuraram estabelecer uma ferramenta de medir e comunicar o desenvolvimento sustentável. O termo pode ser traduzido como "pegada ecológica" e significa o espaço ecológico/área de ecossistema necessário para sustentar determinado sistema ou unidade. Para sustentar uma população ou sistema econômico indefinidamente, são consumidos energia e recursos naturais, além da capacidade de absorver os resíduos do sistema. Há a pegada *per capita*, no qual se calcula o somatório da área apropriada para bens e produtos, e a pegada total, que é a multiplicação da pegada *per capita* pela população total.

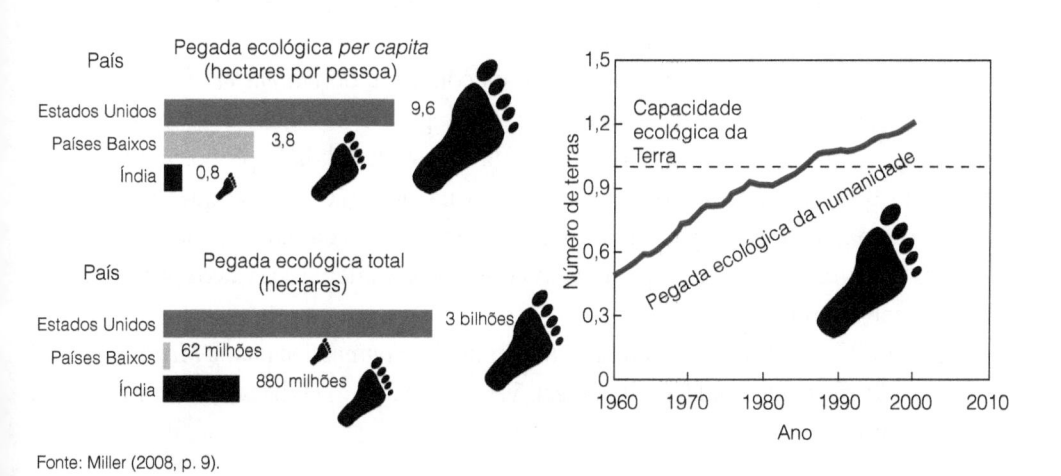

Fonte: Miller (2008, p. 9).

Figura 6.3 – Representação gráfica da pegada ecológica.

Dashboard of sustainability

Segundo Bellen (2003), o *dashboard of sustainability* iniciou-se com a busca de uma ferramenta robusta de indicadores de sustentabilidade de aceitação internacional. Liderado pelo Consultive Group on Sustainable Development Indicators (CGSDI), uma rede de agentes que atuam no desenvolvimento e utilização de indicadores de desenvolvimento sustentável, o *dashboard of sustainability* trata-se de um painel (*dashboard*), inspirado no painel de um automóvel. Hardi (2000) apud Bellen (2003) afirma que esta ferramenta serve aos tomadores de decisão a repensar estratégias de desenvolvimento e definição de metas.

O desempenho é representado pelas cores: vermelho, crítico; amarelo, médio; verde, positivo. Conforme Bellen (2003), o sistema foi inicialmente proposto com 46 indicadores nas três dimensões apresentadas. Os autores do sistema destacam quatro dimensões: ecológica, social, econômica e institucional, relacionados pela Comissão de Desenvolvimento Sustentável das Nações Unidas.

Barometer of sustainability

Segundo Bellen (2003), o *barometer of sustainability* (ou barômetro de sustentabilidade) foi desenvolvido principalmente pelos institutos The World Conservation Union (IUCN) e The International Development Research Centre (IDRC). Destina-se às agências governamentais e não governamentais, tomadores de decisão e aos envolvidos no desenvolvimento sustentável. O autor mais destacado desta metodologia é Prescott-Allen (1999). O sistema tem por base uma escala de desempenho de abordagem holística, relacionando bem-estar humano e meio ambiente. Há dois subsistemas de informações: pessoas e ecossistemas.

Kronemberger et al. (2008), aplicando os conceitos do *barometer of sustainability*, posicionaram o Brasil no nível intermediário, segundo os critérios propostos, conforme apresentado na Figura 6.4. Para atingir a sustentabilidade proposta, os autores propõem que os maiores investimentos sejam na proteção aos estoques pesqueiros, ampliação das áreas protegidas e saneamento, distribuição da renda, condições habitacionais e segurança, mudar os padrões de consumo e aumentar os gastos com pesquisa e desenvolvimento.

Em 2009 foi publicado o trabalho *Report by the Commission on the Measurement of Economic Performance and Social Progress*. Veiga (2010, p. 47) destaca três orientações desse relatório:

1) O PIB (ou PNB) deve ser inteiramente substituído por uma medida bem precisa de renda domiciliar disponível, e não de produto;

2) A qualidade de vida só pode ser medida por um índice composto bem sofisticado, que incorpore até mesmo as recentes descobertas desse novo ramo que é a economia da felicidade;
3) A sustentabilidade exige um pequeno grupo de indicadores físicos, e não de malabarismos que artificialmente tentam precificar coisas que não são mercadorias.

Pode-se concluir que o que se propõe é a contabilidade produtivista, a abertura do leque da qualidade de vida e todo o pragmatismo possível com a sustentabilidade. E, como oportunidade futura, medir robustamente a economia da felicidade.

O capítulo 4 da Agenda 21 global, refere-se ao consumo sustentável como premissa de todos os países adotar padrões sustentáveis de consumo (CQGP, 2010). Afirma-se que os países desenvolvidos e em desenvolvimento devem procurar atingir padrões sustentáveis de consumo, garantindo o atendimento das necessidades básicas dos pobres. O documento recomenda que se evite padrões insustentáveis,

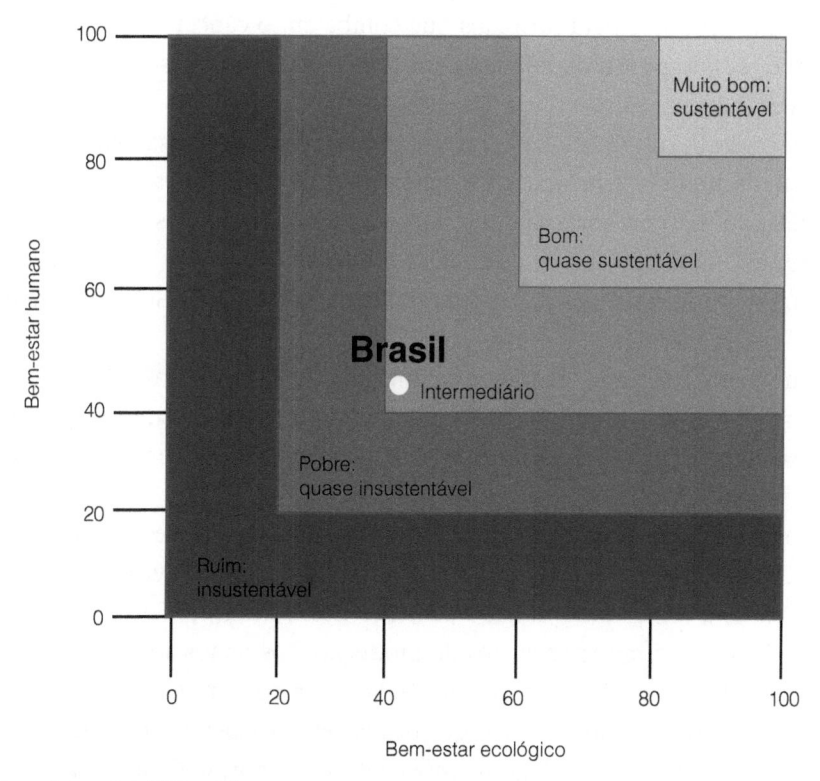

Fonte: Kronemberger et al. (2008, p. 39).

Figura 6.4 – Posição do Brasil no barômetro de sustentabilidade.

em especial nos países industrializados, através do reforço do apoio tecnológico e de outras formas de assistência por parte dos países industrializados.

Considerações finais

A fim de ilustrar os conceitos discutidos no capítulo, são apresentados maus exemplos fictícios de ações falsamente sustentáveis pelas organizações:

a) A empresa A oferece produtos em embalagens recicláveis, mas não disponibiliza serviço de coleta desses invólucros. Uma embalagem reciclável, lançada em um lixão, é tão prejudicial quanto uma não reciclável, precisando assim ser reintegrada ao processo produtivo como matéria-prima. Isso requer um serviço de coleta disponível;

b) A empresa B alega ter responsabilidade social por doar um percentual da venda dos seus produtos para hospitais que combatem o câncer infantil. Ao mesmo tempo, vende produtos infantis com tinta tóxica ou à base de chumbo, que provoca câncer.

c) A empresa C, multinacional, tem um programa de responsabilidade social no Brasil, destinada à educação de jovens e adultos. Sua fábrica fica na Indonésia, utilizando mão de obra infantil e aos adultos paga salários insuficientes para o mínimo de bem-estar. É preciso ter muito cuidado com compensações. No exemplo dado, as ações de responsabilidade social no Brasil não compensam os erros da Indonésia;

d) A empresa de petróleo D apresenta uma gasolina "ecológica" com 10% menos enxofre. Todavia, a mesma gasolina emite muito mais substâncias prejudiciais que o etanol. Logo, o álcool combustível continua sendo menos prejudicial que a gasolina "ecológica";

e) Preocupada com o meio ambiente, a empresa E reintegra peças de equipamentos devolvidos em sistemas de logística reversa, mas não avisa ao consumidor que ele está comprando um equipamento nessa situação. Por melhor que seja a iniciativa, que reduz os custos de produção e os danos ao meio ambiente, o consumidor precisa ser informado de que está comprando um equipamento novo com partes reutilizadas, o que desrespeita o aspecto cultural;

f) Para ser considerada ecologicamente correta, a empresa F passou a inserir em seus produtos 1% de PET proveniente de garrafas de refrigerante descartadas. Só que 99% ainda provêm de derivados de petróleo, o que não é nada ecológico;

g) Visando estimular as vendas de produtos eletroeletrônicos, a empresa G faz produtos desenhados para terem vida útil curta, obrigando o consumidor a comprar sempre um novo produto;
h) O novo automóvel H é chamado de "carro ecológico" por emitir 17% da poluição de um carro similar I de outra montadora. Entretanto, durante sua fabricação, a emissão de poluentes e de carbono superará a emissão do automóvel H e I em uma vida útil de 20 anos. O carro H tem, assim, uma herança de poluição que supera a redução que é o seu diferencial;
i) A mineradora J destrói uma parte da caatinga para a extração de minério de ferro. Como compensação, investe na compensação e reparação de um trecho da Amazônia. Um bioma não pode ser considerado mais importante que o outro. Há espécies únicas da caatinga que serão extintas por causa da ação da mineradora;
j) Durante a substituição de sua matriz energética, a empresa K construiu parques eólicos. Todavia, não atentando para o ecossistema local, vários pássaros tem se chocado com as pás em alta velocidade, produzindo um prejuízo ambiental;
k) Para dar um chamado "verde" aos seus cosméticos, a empresa L passou a comprar matéria-prima de moradores da Mata Atlântica. Com essa ação, os moradores da área passaram a ficar refém da constante redução de custos da empresa, sem poder de barganha e aumentando sua miséria;
l) O animal M, típico do norte da Alemanha, é trazido para o Brasil para servir de carne exótica em criações intensivas e posterior soltura de parte da criação. Ao ser solto por não ter dado o retorno financeiro esperado, o animal M passa a competir com os pares nativos, ocupando nichos ecológicos e levando à extinção de alguns deles;
m) A empresa O passa a utilizar ratazanas no lugar de macacos em testes de laboratório, visando ser mais ecológica e respeitar a cultura local. Só que vivissecção (uso de animais vivos em testes) não será nunca algo ecológico ou eticamente justificável;
n) O estado da federação P aceita a instalação de uma fábrica que emite dioxinas pelas chaminés em seu território, visando o desenvolvimento econômico. Após os problemas de saúde decorrentes da produção da indústria, ela passa a investir em programas de inclusão social.

É preciso consumir menos e de forma mais racional. O vício insustentável de consumismo e o materialismo, resumido no *ter* em detrimento do *ser* tem consumido os recursos naturais mais rapidamente do que a natureza é capaz de repor. As ações individuais em casa são importantes para a sustentabilidade domiciliar. Uma gota de óleo, utilizado em frituras, inutiliza vários litros de água potável. Por isso não se deve jogá-lo no ralo. Esse mesmo óleo usado pode virar sabão, graxa, combustível e outros produtos. Deve-se evitar usar sacolas plásticas. O ideal são as sacolas reutilizáveis, preferencialmente de material reciclado (como PET, por exemplo), devendo ser corretamente higienizadas antes de um novo uso. O lixo deve ser separado e encaminhado para reciclagem, o máximo quanto possível. O descarte orgânico pode virar adubo.

Quando há melhor qualidade do ar e da água, as pessoas adoecem menos. Com menos produção de lixo, haverá menos descarte nos aterros e menor a chance de resíduos em locais inadequados. Nos lixões, o chorume produzido pelos resíduos pode contaminar o rio subterrâneo, que serve de água. Menos lixo diminui a população de ratos, reduzindo a exposição a doenças transmitidas por aquele animal. Além disso, quando as pessoas adotam um cão ou gato da rua ao invés de comprar, evitam que ele se torne um vetor de zoonoses pelas ruas. Quando as pessoas morrem, o corpo pode poluir o solo com necrochorume, que contém as substâncias tóxicas putresina e a cadaverina. A saúde coletiva e a existência humana dependem do que é feito com o planeta.

Deve-se também evitar o desperdício de comida (afinal são recursos utilizados e desperdiçados). Diminuir ou eliminar o consumo de carne seria o ideal. Bovinos e suínos emitem gás metano (mais nocivo para a camada de ozônio que o gás carbônico). Os dejetos de porcos e galinhas emitem compostos que favorecem a chuva ácida e podem contaminar os lençóis freáticos com nitratos. Comida vegetariana demanda menos hectares de solo, enquanto uma baseada em carnes demanda muito mais (Miller, 2008).

Durante a ECO-92, uma jovem canadense de 13 anos, chamada Severn Suzuki, realizou um marcante pronunciamento, expressando bem os conceitos de sustentabilidade discutidos no capítulo:

"Olá, eu sou Severn Suzuki.

Represento aqui na ECO, a Organização das Crianças em Defesa do Meio Ambiente. Somos um grupo de crianças canadenses, de 12 e 13 anos, tentando fazer a nossa parte, contribuir. Vanessa Sultie, Morgan Geisler, Michelle Quigg e eu. Foi através de muito empenho e dedicação que conseguimos o dinheiro necessário para virmos de tão longe, para dizer a vocês adultos que têm de mudar o seu modo de agir.

Ao vir aqui hoje, não preciso disfarçar meu objetivo, estou lutando pelo meu futuro. Não ter garantia quanto ao meu futuro não é o mesmo que perder uma eleição ou alguns pontos na bolsa de valores.

Estou aqui para falar em nome das gerações que estão pôr vir.

Eu estou aqui para defender as crianças que passam fome pelo mundo e cujos apelos não são ouvidos.

Estou aqui para falar em nome das incontáveis espécies de animais que estão morrendo em todo o planeta, porque já não têm mais aonde ir.

Não podemos mais permanecer ignorados.

Eu tenho medo de tomar sol, por causa dos buracos na camada de ozônio.

Eu tenho medo de respirar este ar, porque não sei que substâncias químicas o estão contaminando.

Eu costumava pescar em Vancouver, com meu pai, até que recentemente pescamos um peixe com câncer e agora temos o conhecimento que animais e plantas estão sendo destruídos e extintos dia após dia.

Eu sempre sonhei em ver grandes manadas de animais selvagens, selvas e florestas tropicais repletas de pássaros e borboletas e hoje eu me pergunto se meus filhos vão poder ver tudo isso.

Vocês se preocupavam com essas coisas quando tinham a minha idade?

Tudo isso acontece bem diante dos nossos olhos e mesmo assim continuamos agindo como se tivéssemos todo o tempo do mundo e todas as soluções.

Sou apenas uma criança e não tenho todas as soluções, mas quero que saibam que vocês também não têm.

Vocês não sabem como reparar os buracos na camada de ozônio...

Vocês não sabem como salvar os peixes das águas poluídas...

Vocês não podem ressuscitar os animais extintos...

E vocês não podem recuperar as florestas que um dia existiram e onde hoje é um deserto...

Se vocês não podem recuperar nada disso, por favor, parem de destruir!

Aqui vocês são os representantes de seus governos, homens de negócios, administradores, jornalistas ou políticos, mas na verdade vocês são mães e pais, irmãos e irmãs, tias e tios e todos também são filhos...

Sou apenas uma criança, mas sei que todos nós pertencemos a uma sólida família de 5 bilhões de pessoas [1992] e ao todo somos 30 milhões de espécies compartilhando o mesmo ar, a mesma água e o mesmo solo. Nenhum governo, nenhuma fronteira poderá mudar esta realidade.

Sou apenas uma criança, mas sei que esses problemas atingem a todos nós e deveríamos agir como se fôssemos um único mundo rumo a um único objetivo. Eu estou com raiva, eu não estou cega, e eu não tenho medo de dizer ao mundo como me sinto.

No meu país geramos tanto desperdício, compramos e jogamos fora, compramos e jogamos fora, compramos e jogamos fora e nós, países do norte, não compartilhamos com os que precisam, mesmo quando temos mais que o suficiente, temos medo de perder nossas riquezas, medo de compartilhá-las.

No Canadá temos uma vida privilegiada, com fartura de alimentos, água e moradia. Temos relógios, bicicletas, computadores e aparelhos de TV.

Há dois dias, aqui no Brasil, ficamos chocados quando estivemos com crianças que moram nas ruas. Ouçam o que uma delas nos contou:

'Eu gostaria de ser rica, e se fosse, daria a todas as crianças de rua alimentos, roupas, remédios, moradia, amor e carinho...'.

Se uma criança de rua que não tem nada, ainda deseja compartilhar, por que nós, que temos tudo, somos ainda tão mesquinhos?

Não posso deixar de pensar que essas crianças têm a minha idade e que o lugar onde nascemos faz uma grande diferença. Eu poderia ser uma daquelas crianças que vivem nas favelas do Rio, eu poderia ser uma criança faminta da Somália ou uma vítima da guerra no Oriente Médio ou ainda uma mendiga na Índia...

Sou apenas uma criança, mas ainda assim sei que se todo o dinheiro gasto nas guerras fosse utilizado para acabar com a pobreza, para achar soluções para os problemas ambientais, que lugar maravilhoso que a Terra seria.

Na escola, desde o jardim da infância, vocês nos ensinaram a sermos bem-comportados. Vocês nos ensinaram a não brigar com as outras crianças, resolver as coisas da melhor maneira, respeitar os outros, arrumar nossa bagunça, não maltratar outras criaturas, dividir e não sermos mesquinhos...

Então por que vocês fazem justamente o que nos ensinaram a não fazer?

Não esqueçam o motivo de estarem assistindo a estas conferências e para quem vocês estão fazendo isso.

Nos vejam como seus próprios filhos, vocês estão decidindo em que tipo de mundo nós iremos crescer.

Os pais devem ser capazes de confortar seus filhos dizendo-lhes 'Tudo vai ficar bem, estamos fazendo o melhor que podemos, não é o fim do mundo...', mas não acredito que possam nos dizer isso. Nós estamos em suas listas de prioridades?

Meu pai sempre diz :

'Você é aquilo que faz, não o que você diz'.

Bem, o que vocês fazem, nos faz chorar à noite...

Vocês adultos dizem que nos amam...

Eu desafio vocês, por favor, façam com que suas ações reflitam as suas palavras...

Obrigada."

Fonte: http://ww2.prefeitura.sp.gov.br/arquivos/secretarias/meio_ambiente/umapaz/cartadaterra/0001/Discurso_de_Severn_Suzuki_Eco92.doc

Referências bibliográficas

ABRELPE. *Panorama dos resíduos sólidos do Brasil 2007*. Disponível em: <http://www.abrelpe.org.br/pdf/5_RSS.pdf>. Acesso em: 8 maio 2010.
_____. *Panorama dos resíduos sólidos do Brasil 2008*. São Paulo: ABRELPE, 2008.
_____. *Panorama dos resíduos sólidos do Brasil 2009*. São Paulo: ABRELPE, 2009.
ABRUCIO, Fernando Luiz. Trajetória recente da gestão pública brasileira: um balanço crítico e a renovação da agenda de reformas. *Revista de Administração Pública*, Rio de Janeiro, edição comemorativa, v. 1, p. 67-74, 2007.
AGÊNCIA NACIONAL DE VIGILÂNCIA SANITÁRIA – ANVISA. RDC n. 306, de 7 de dezembro de 2004. Dispõe sobre o regulamento técnico para o gerenciamento dos Resíduos dos Serviços de Saúde. *Diário Oficial*, Brasília, 10 dez. 2004.
ALCOFORADO, Ihering Guedes. Logística verde do setor de defensivos agrícolas: um approach neo institucionalista. In: *Anais do VIII Encontro Nacional sobre Gestão Empresarial e Meio Ambiente*. São Paulo: Fundação Getulio Vargas, 2003.
Almeida, M. F. L. *Sustentabilidade corporativa, inovação tecnológica e planejamento adaptativo*: dos princípios à ação. Rio de Janeiro: Pontifícia Universidade Católica – PUC-RJ, 2006.
AMARAL, Sergio Silva do. *Meio ambiente na agenda internacional*: comércio e financiamento. São Paulo: USP, Série Assuntos Internacionais, n. 33, nov. 1994.
ANDRADE, M. V. et al. *Elaboração de um estudo sobre adequação da oferta pública dos serviços de saúde referentes ao cuidado hospitalar em Minas Gerais*. Relatório final de pesquisa. Convênio FJP/Cedeplar-UFMG/SES-MG, 2005.
ANSOFF, H. Igor; McDONNEL, Edward J. *Implantando a administração estratégica*. São Paulo: Atlas, 1993.
BALLOU, Ronald H. *Gerenciamento da cadeia de suprimentos*: planejamento, organização e logística empresarial. 4. ed. Porto Alegre: Bookmann, 2001.
_____. *Logística empresarial*. São Paulo: Atlas, 1999.
BANCO MUNDIAL. *Relatório nº 36601-BR*. Governança no Sistema Único de Saúde (SUS) do Brasil: melhorando a qualidade do gasto público e gestão de recursos. Brasília: Banco Mundial, 2007.
BARATA, M. M. L; KLIGERMAN, D. C; MINAYO-GOMEZ, C. A gestão ambiental no setor público: uma questão de relevância social e econômica. *Ciência & Saúde Coletiva*, 12 (1), 2007. p. 165-170.

BARBIERI, J. C. *Gestão ambiental empresarial*. São Paulo: Saraiva, 2004.

_____; MACHLINE, C. *Logística hospitalar*: teoria e prática. São Paulo: Saraiva, 2006.

BARONI, M. Ambiguidade e deficiências do conceito de desenvolvimento sustentável. *Revista de Administração Empresarial*, São Paulo, 32 (2), 1992.

BARTOLI, D.; OLIVEIRA, A. C. Gerenciamento de resíduos de serviços de saúde. *Controle de Infecção*, v. 8, n. 33, p. 2-3, jul./ago./set. 1997.

BARZELAY, Michael. *Breaking through bureaucracy*. Berkeley: University of California Press, 1992.

BELLEN, H. M. van. *Indicadores de sustentabilidade*: uma análise comparativa. Santa Catarina, nov. 2002. Tese (Doutorado em Engenharia de Produção), Universidade Federal de Santa Catarina – UFSC.

_____. *Desenvolvimento sustentável*: uma descrição das principias ferramentas de avaliação. 2003. Disponível em: <www.scielo.br/pdf/asoc/v7n1/23537.pdf>. Acesso em: 19 nov. 2010.

BERNI, D. A. *Técnicas de Pesquisa em Economia*. São Paulo: Saraiva, 2002.

BEZERRA, M. C. L.; BURSZTYN, M. (Coord.). *Ciência & tecnologia para o desenvolvimento sustentável*. Brasília: Ministério do Meio Ambiente; Instituto Brasileiro do Meio Ambiente e dos Recursos Naturais Renováveis; Consórcio CDS/UnB/Abipti, 2000.

BOECHAT, C.; PARO, R. *Comunicação de resultados de pesquisa*: desafios brasileiros da sustentabilidade e o planejamento estratégico das empresas. Nova Lima: FDC, 2009.

BOSSEL, H. *Indicators for sustainable development*: theory, method, applications : a reporter to the Balaton Group, International Institute for Sustainable Development. Winnipeg: IISD, 1999.

BOWERSOX, D. J.; CLOSS, D. J. *Logística empresarial*: o processo de integração da cadeia de suprimentos. Tradução: Equipe do Centro de Estudos em Logística – São Paulo. São Paulo: Atlas, 2001.

BRAGA JUNIOR, S. S.; COSTA, P. R. da; MERLO, E. M. Logística reversa como alternativa de ganho para o varejo: um estudo de caso em um supermercado de médio porte. In: *Simpósio de administração da produção, logística e operações internacionais*, 9, 2006, São Paulo. Anais do IX SIMPOI. São Paulo: FGV-EAESP 2006. 1 CD.

BRASIL. *Constituição Federal Brasileira, art. 22*. Proteção ao meio ambiente. Brasília, 1988.

_____. *Decreto 4.074/2002*. Embalagens de agrotóxicos e disposição final de embalagens. Brasília, 2002.

_____. *Lei 12.305/2010*. Política nacional de resíduos sólidos. Brasília, 2 ago. 2010.

_____. *Lei 7.802/1989*. Embalagens de agrotóxicos. Brasília, 1989.

_____. *Lei 12.300/2006*. Brasília, 16 mar. 2006.

BRESSER PEREIRA, Luiz Carlos. Da administração pública burocrática à gerencial. In: *Reforma do Estado e administração pública gerencial*. Rio de Janeiro: Fundação Getulio Vargas, 1998.

BREVIDELLI, M. M.; CIANCIARULLO, T. I. Análise dos acidentes com agulhas em um hospital universitário: situações de ocorrência e tendências. *Revista Latino--Americana de Enfermagem*. p. 10(6):780-6, São Paulo, nov.-dez. 2002.

BRÜSEKE, Franz Josef. O problema do desenvolvimento Sustentável. In: VIOLA, Eduardo et al. (Org.) *Meio ambiente, desenvolvimento e cidadania*: desafios para as ciências sociais. Santa Catarina: Cortez, 1995. p. 29-40.

BUSHELL, S.; MOBLEY, J.; SHELEST, B. Discovering lean thinking at progressive healthcare. *The Journal for Quality and Participation*. v. 25, n. 2, p. 20-25, jun. 2002.

CABRAL, S. *Além das grades*: uma análise comparada das modalidades de gestão do sistema prisional. Salvador, 2006. Tese (doutorado), Núcleo de Pós-graduação em Administração da Universidade Federal da Bahia (NPGA-UFMA). 292 p.

CAIRNCROSS, Francis. *Meio ambiente*: custos e benefícios. São Paulo: Nobel, 1992.

CALDERONI, Sabetai. *Os bilhões perdidos no lixo*. São Paulo: Humanitas, 1998.

CALDWELL, Bruce. Reverse logistics. *Information Week*, 12 maio 1999. Disponível em: <http://www.informationweek.com/729/logistics.htm>. Acesso em: 9 maio 2010.

CARDOSO Jr., José Celso; JACCOUD, Luciana. Políticas sociais no Brasil: organização, abrangência e tensões da ação estatal. In: JACCOUD, Luciana (Org.). *Questão social e políticas sociais no Brasil contemporâneo*. Brasília: IPEA, 2005. p. 181-260.

CASAGRANDE Jr., E. F. Inovações tecnológicas e sustentabilidade: possíveis ferramentas para uma necessária interface. In: *Curitiba*: indicadores para a sustentabilidade. Casagrande Jr. (Org.). Coletânea Educação e Tecnologia. Curitiba: PPGTE/CEFET-PR.

CASQUÍMICA. *Hopoclorito de sódio*. Disponível em <http://www.casquimica.com.br/fispq/hipocloritosodio.pdf>. Acesso em: 21 jun. 2010.

CASTELAR, M.; MORDELET, P.; GRABOIS, V. *Gestão hospitalar*: um desafio para o hospital brasileiro. Rennes: Édtion École Nationale de La Santé Publique, 1995.

CAVALCANTI, C. Sustentabilidade da economia: paradigmas alternativos de realização econômica. In: CAVALCANTI, C. (Org.) *Desenvolvimento e natureza*: estudos para uma sociedade sustentável. São Paulo: Cortez, 1995.

CHAMBERS, N.; SIMMONS, C.; WACKERNAGEL, M. *Sharing nature's interest*: ecological footprints as an indicator of sustainability. Londres: Earthscan Publications, 2000.

CHAVES, G. de L. D.; BATALHA, M. O. Os consumidores valorizam a coleta de embalagens recicláveis? Um estudo de caso da logística reversa em uma rede de hipermercados. *Gestão & Produção*, v. 13, n. 3, p. 423-435, dez. 2006.

_____; MARTINS, R. S. Diagnóstico da logística reversa na cadeia de suprimentos de alimentos processados no oeste paranaense. In: *Simpósio de administração da produção, logística e operações internacionais*, 8, 2005, São Paulo. Anais do VIII SIMPOI. São Paulo: FGV-EAESP, 2005. 1 CD

CHERTOW, Marian R. "Unconvering" industrial symbiosis. *Journal of Industrial Ecology*, 2007, v. 11, n. 1, p. 11-30.

CHING, H. Y. *Gestão de estoques na cadeia de logística integrada*. São Paulo: Atlas, 1999.

CHOPRA, Sunil; MEINDL, Peter. *Supply chain management*: strategy, planning, and operation. New Jersey: Prentice Hall, 2001.

CHRISTOPHER, Martin. *Logística e gerenciamento da cadeia de suprimentos*: estratégias para a redução de custos e melhoria dos serviços. São Paulo: Pioneira, 1997.

CIPLET, David. *An industry blowing smoke:* 10 reasons why gasification, pyrolysis & plasma incineration are not "green solutions". Berkeley: GAIA, jun. 2006. 8 p.

COUNCIL OF LOGISTICS MANAGEMENT – CLM. *Reuse and recycling reverse logistics opportunities*. Illinois: Council of Logistics Management, 1993.

COMISSÃO MUNDIAL SOBRE MEIO AMBIENTE E DESENVOLVIMENTO – CMMAD. *Nosso futuro comum*. 2. ed. Rio de Janeiro: Fundação Getulio Vargas, 1991.

CONAMA. *Resolução CONAMA nº 275*. Brasília, 25 abr. 2001.

COPAM. *Deliberação Normativa nº 118*. Belo Horizonte: IOF, 1º jul. 2008.

CORNWELL, T. Bettina et al. (Ed.). *Environmental marketing*: strategies practice, theory and research. New York: Haworth Press, 1995.

CORREA, T. C. R. *Curso de PGRSS*. São Paulo: Projeto TSPV/ITBF/NOS, 2009.

COUNCIL OF SUPPLY CHAIN MANAGEMENT PROFESSIONALS (CSCMP). *Supply chain and logistics terms and glossary*, 2010. Disponível em: < http://cscmp.org/digital/glossary/document.pdf >. Acesso em: 14 jan. 2010.

COYLE, J. J.; BARDI, E. J.; LANGLEY, C. J. *The management of business logistics*. St Paul, USA: West Publishing Company, 1992.

COMITÊ DE QUALIDADE DA GESTÃO PÚBLICA – CQGP. *Agenda 21 Global*. Disponível em: <http://www.cqgp.sp.gov.br/gt_licitacoes/publicacoes/AGENDA%20 21%20GLOBAL%20CAP%C3%8DTULO%204.pdf>. Acesso em: 18 nov. 2010.

CUNHA, Valeriana; FILHO, José Vicente Caixeta. Gerenciamento da coleta de resíduos sólidos urbanos: estruturação e aplicação de modelo não-linear de programação por metas. *Gestão & Produção*, v. 9, n. 2, p. 143-161, ago. 2002.

CUSSIOL, Noil A. M. *III Ciclo de Seminário do Projeto Mineiro de Saúde e Ambientes Sustentáveis*: gerenciamento de resíduos de saúde. Belo Horizonte: FEAM/CDTN/AMM/SEDRU/SES, 2009. 119 slides: color.

_____. *Manual de gerenciamento de resíduos de serviços de saúde*. Belo Horizonte: FEAM, 2008.

_____; LANGE, L. C.; FERREIRA, J. A. Resíduos de serviços de saúde. In: *Infecção hospitalar e outras complicações não-infecciosas da doença, epidemiologia, controle e tratamento*. 3. ed., p. 369-406. Belo Horizonte: Medsi, 2003.

DALY, H. E.; COBB JUNIOR, J. B. *For the common good*: redirecting the economy toward community, the environment, and a sustainable future. 2. ed. Boston, MA: Beacon Press, 1994.

DATASUS. *Cadastro Nacional dos Estabelecimentos de Saúde – CNES*. Disponível em: <http://tabnet.datasus.gov.br/tabdata/cadernos/MG/MG_Minas_Gerais_GeralUF.xls>. Acesso em: 30 out. 2009.

DE BRITO, M. *Managing reverse logistics or reversing logistics management?* 2004. Tese (doutorado), Erasmus Research Institute of Management. Rotterdam: Erasmus University.

_____; DEKKER, R. *Reverse logistics: a framework*. Econometric Institute. Report EI 2002-38. Rotterdam: Erasmus University, 2002.

D'EAUBOUNE, François. *Le féminisme ou la mort*. Paris, 1974. p. 213-252.

DONAIRE, D. Considerações sobre a influência da variável ambiental na empresa. *Revista de Administração de Empresas*, São Paulo, v. 34, n. 2, 1994.

_____. *Gestão ambiental na empresa*. São Paulo: Atlas, 1999.

DORNIER, Philippe-Pierre; ERNEST, Richard; FENDER, Michel; KOUVELIS, Panos. *Logística e operações globais*: texto e casos. São Paulo: Atlas, 2000.

DOW CHEMICAL. *Formulário nº 253-01555-07/15/04*. Disponível em <http://www.dow.com/scripts/litorder.asp?filepath=biocides/pdfs/noreg/253-01555.pdf&pdf=true>. Acesso em: 21 jun. 2010.

EGRI, P. C.; PINFIELD, T. L. *As organizações e a biosfera*: ecologia e meio ambiente. 1998. Disponível em: <http://www.fag.edu.br/professores/karin/P%F3s%20gradua%E7%E3o%20Auditoria%20e%20per%EDcia%20ambiental/Artigos/OK%20As%20organiza%C3%A7%C3%B5es%20e%20a%20biosfera%20-%20Ecologia%20e%20meio%20ambiente.pdf>. Acesso em: 19 nov. 2010.

ELEUTÉRIO, J. P. L.; HAMADA, J.; PADIM, A. F. Gerenciamento eficaz no tratamento de resíduos de serviços de saúde – estudo de duas tecnologias térmicas. In: *XXVIII encontro nacional de engenharia de produção – A integração de cadeias produtivas com a abordagem da manufatura sustentável*. Rio de Janeiro, 13-16 out. 2008.

ELY, Aloísio. *Economia do meio ambiente*. Porto Alegre: Fundação de Economia e Estatística Siegfried Emanuel Heuser, 1988.

ESPINOSA, H. R. M. *Desenvolvimento e meio ambiente sob nova ótica*. São Paulo: Ambiente 7(1), 1993.

EVANGELISTA, J. *Tecnologia de alimentos*. São Paulo: Atheneu, 1994.

FARAH, Marta Ferreira Santos. Inovação e governo local no Brasil contemporâneo. In: JACOBI, Pedro; PINHO, José Antonio (Org.). *Inovação no campo da gestão pública local*: novos desafios, novos patamares. Rio de Janeiro: FGV, 2006. p. 41-76.

FAWCETT, S. E.; CLINTON, S. R. Enhancing logistics performance to improve the competitiveness of manufacturing organizations. *Production and Inventory Management Journal*, p. 40-46, 1996.

FEAM. *Minas sem lixões*. Disponível em: <http://www.feam.br/minas-sem-lixoes>. Acesso em: 11 out. 2009.

_____. *Situação do tratamento e/ou disposição final dos resíduos sólidos urbanos em Minas Gerais – 2009*. Disponível em: <http://www.feam.br/images/stories/minas_sem_lixoes/classificacao_e_panorama_2009_mapa_site.pdf>. Acesso em: 25 abr. 2010.

FERREIRA Jr., Anjos L. Aspectos de saúde coletiva e ocupacional associados à gestão dos resíduos sólidos municipais. *Cadernos de Saúde Pública*, n. 17, p. 689-696, 2001.

FERREIRA, J. A. Lixo domiciliar e hospitalar: semelhanças e diferenças. In: Congresso Brasileiro de Engenharia Sanitária e Ambiental, 20, 1999, Rio de Janeiro. Anais. Rio de Janeiro: ABES, 1999.

FERREIRA, Stefânia Mereciana Gomes. *Gestão do risco em instituições hospitalares Pro-Hosp*: como implantar?. Belo Horizonte: SES-MG, 2010.

FONSECA, E.; NÓBREGA, C. A.; OLIVEIRA, A. G. *Produção e taxa de geração de resíduos sólidos de serviços de saúde de hospitais de João Pessoa – Paraíba, 2006*. Disponível em: <http://www.bvsde.paho.org/bvsaidis/paraguay5/IIIRS07.pdf>. Acesso em: 25 abr. 2010.

FONSECA, I. F.; BURSZTYN, Marcel. A banalização da sustentabilidade: reflexões sobre a governança ambiental em escala local. *Sociedade e Estado*, Brasília, v. 24, n. 1, p. 17-46, jan./abr. 2009

FORMAGGIA, D. M. E. Resíduos de serviços da saúde. In: *Gerenciamento de Resíduos Sólidos de Serviços da Saúde*. São Paulo: Cetesb, 1995. p. 3-13.

FRINCHTAK, Leila. *Governance capacity and economic reform in developing countries*. World Bank technical paper number 254, 1994.

FULLER, Donald A.; ALLEN, Jeff. Reverse channel systems. In: POLONSKY, Michael J. et al. (Ed.). *Environmental marketing*: strategies practice, theory and research. New York: Haworth Press, 1995.

GARCIA, Leila Posenato; ZANETTI-RAMOS, Betina Giehl. Gerenciamento dos resíduos de serviços de saúde: uma questão de biossegurança. *Cadernos de Saúde Pública*, Rio de Janeiro, v. 20, n. 3, jun. 2004.

GARNER, Andy; KEOLEIAN, Gregory A. *Industrial ecology*: an introduction. 1995. Disponível em: <http://www.umich.edu/~nppcpub/resources/compendia/INDEpdfs/INDEintro.pdf>. Acesso em: 17 jul. 2010.

GIL, Antonio Carlos. *Como elaborar projetos de pesquisa*. 4. ed. São Paulo: Atlas, 2002.

GOTO, A. K.; SOUZA, M. T. S. A contribuição da logística reversa na gestão de resíduos sólidos: uma análise dos canais reversos de pneumáticos. In: *Encontro da Associação Nacional de Pós-Graduação e Pesquisa em Administração*, 2008, Rio de Janeiro. XXXII Encontro da Associação Nacional de Pós-Graduação e Pesquisa em Administração. Rio de Janeiro, 2008. v. XXXII. p. 1-16.

GREEN LOGISTICS. Disponível em: < http://www.greenlogistics.org/about/index.htm>.

GREENCICLA. *Carrinho de coleta de resíduos biológicos com pedal*. Disponível em: <http://www.greencicla.com.br/images/produtos/1212%20Carrinho%20120%20litros%20com%20pedal.JPG>. Acesso em: 10 maio 2010.

HARDI, P.; ZDAN, T. J. *The dashboard of sustainability*. Winnipeg: IISD, 2000.

HERCULANO, S. C. Do desenvolvimento (in)sustentável à socidade feliz. In: VIOLA, E. et al. *Ecologia ciência e política*: participação social, interesses em jogo e luta de ideias no movimento ecológico. Rio de Janeiro: Devan, 1992.

HUNTINGTON, Samuel P. *Political order in changing societies*. New Haven: Yale University Press, 1968.

INSTITUTO BRASILEIRO DE GEOGRAFIA E ESTATÍSTICA – IBGE. *Pesquisa nacional de saneamento básico – 2000*. Brasília: IBGE, 2000.

INFANTE, M.; SANTOS; M. A. B. A organização do abastecimento do hospital público a partir da cadeia produtiva: uma abordagem logística para área de saúde. *Ciência e Saúde Coletiva*, 2007.

INSTITUTO DE PESQUISAS ECONÔMICAS APLICADAS – IPEA. *Pesquisa sobre pagamento por seviços ambientais urbanos para gestão de resíduos sólidos*. Brasília: IPEA, 2010.

IPEA/CEMPRE. *Economia da reciclagem*. Workshop. Rio de Janeiro, 1995.

JACOBI, P. Descentralização municipal e a participação dos cidadãos: apontamentos para o debate. *Revista Lua Nova*, n. 20, 1990.

JARDIM, N. S. et al. *Lixo municipal*: manual de gerenciamento integrado. São Paulo: Instituto de Pesquisas Tecnológicas – CEMPRE, 1995.

KANAYAMA, P. H; UDACTA, M. E. M. A conservação de energia elétrica a partir da reciclagem de lixo. *Anais do Seminário de Reciclagem de Resíduos*. Vitória: ABM, 1997.

KAST, Fremont E.; ROSENWEIG, James E. *Organização e administração*: um enfoque sistêmico. Nova York, 1970.

KAUFFMAN, Robert. *The policies of state reform: a review of theoretical approaches*. Mimeo: Rutgers University, 1996

KOPICKI, Ronald et al. *Reuse and recycling-reverse logistics opportunities*. O. Brooks, CLM, 1993.

KOTLER P., KELLER K. *Administração de marketing*. 12. ed. São Paulo: Pearson Prentice Hall, 2006.

KRIKKE, H. *Recovery strategies and reverse logistics network design*. Amsterdan: ETA – Institute for Business Engineering and Technology Application, 1998.

KRONEMBERGER, Denise Maria Penna et al. *Desenvolvimento sustentável no Brasil*: uma análise a partir da aplicação do barômetro da sustentabilidade. Soc. nat. (On-line), Uberlândia, v. 20, n. 1, jun. 2008.

LACERDA, L. Logística reversa: uma visão sobre os conceitos básicos e as práticas operacionais. In: FIGUEIREDO, K. F., FLEURY, P. F., WANKE, P. (Org.) *Logística e gerenciamento da cadeia de suprimentos*. São Paulo: Atlas, 2004.

LAFER, C. Abertura do seminário "O projeto CIEDS". In: *Definindo uma agenda de pesquisa sobre desenvolvimento sustentável*: Rio de Janeiro, p. 28-29, nov. 1994. Brasília: Fundação Alexandre Gusmão, 1996.

LAMBERT, Douglas M.; STOCK, James R.; VANTINE, J. G. *Administração estratégica da logística*. São Paulo: Vantine, 1999.

LATAS, J.; ROBERT, C. *O hospital do século XXI*. Nota técnica publicada pela División de Investigación del Instituto de la Empresa, Madrid. v. 16, n. 2, p. 24-41. 2000.

LEAPPE, L. L.; BERNICK, D. M. Reducing errors in medicine. *British Medical Journal*, London, 1994.

LEENDERS, Michel R.; BLENKHORN, David L. *Reverse marketing*: the new buyer-supplier relationship. [S.l.]: Macmillan USA, 1998.

LEITE, P. R. *Logística reversa*: meio ambiente e competitividade. São Paulo: Pearson Prentice Hall, 2009.

LIMA, G. da C. Questão ambiental e educação: contribuições para o debate. *Revista Ambiente & Sociedade*, Campinas, ano II, n. 5, segundo semestre de 1999.

LOURENÇO, K. G.; CASTILHO, V. Nível de atendimento dos materiais classificados como críticos no hospital universitário da USP. *Revista Brasileira de Enfermagem – REBEN*, 2006.

LOZADA, Hector R.; MINTU-WIMSATT, Alma T. Green-based innovation: sustainble development in product management. In: POLONSKY, Michael J. et al. (Ed). *Environmental marketing*: strategies practice, theory and research. New York: Haworth Press, 1995.

LUIZ-PEREIRA, André; COELHO, Elaine Gonçalves. *1º Diagnóstico de Resíduos de Serviços de Saúde de Minas Gerais*. Belo Horizonte: SES-MG. dez. 2009.

_____; PEREIRA, Sandra Rosa. A gestão de resíduos eletroeletrônicos na administração pública: hospitais do SUS de Minas Gerais. *Seminário Internacional de Resíduos Eletroeletrônicos*. Belo Horizonte, 13 ago. 2008. Disponível em <http://www.seminarioree.org.br>. Acesso em: 4 mar. 2010.

MACHADO, J. A. C.; FENZL, N. *A sustentabilidade do desenvolvimento e a demanda material da economia*: o caso do Brasil comparado ao de países industrializados. 2001. Disponível em: <www.ufpa.br/amazonia21/publicacoes/MFA-Brasil/Artigo-tese-Machado-MFA-Brasil.htm>. Acesso em: 19 nov. 2010.

MACHADO, Maria de Fátima Antero Sousa et al. Integralidade, formação de saúde, educação em saúde e as propostas do SUS: uma revisão conceitual. *Ciência & Saúde Coletiva*, Rio de Janeiro, v. 12, n. 2, abr. 2007.

MAGEE, J. F. *Logística industrial*: análise e administração dos sistemas de suprimento e distribuição. São Paulo: Pioneira, 1977.

MAIMON, D. Eco-estratégia nas empresas brasileiras: realidade ou discurso? *Revista de Administração de Empresas*, São Paulo, v. 34, 1994.

MAKENI CHEMICALS. *Ficha de informações de segurança de produtos químicos – xilenos 2005*. Disponível em: <http://www.makeni.com.br/Portals/Makeni/prod/fispq/xilenos.pdf>. Acesso em: 21 jun. 2010.

MANO, Eloisa Bisassoto; PACHECO, Élen Beatriz A. V.; BONELLI, Cláudia Maria Chagas. *Meio ambiente, poluição e reciclagem*. São Paulo: Blucher, 2005.

MARCONI, Marina de Andrade; LAKATOS, Eva Maria. *Metodologia do trabalho científico*. São Paulo: Atlas, 1995.

MARTINS, Gilberto de Andrade. *Manual para elaboração de monografias*. São Paulo: Atlas, 2000.

MEER, S. E. van der; PEREIRA RODERS, A. R., ERKELENS, P. A. *Minimizing C&D Waste through rehabilitation*. Trabalho apresentado no International Conference on Adaptable Building Structures Eindhoven. Eindhoven, jul. 2006.

MELO, Marcus André. Ingovernabilidade: desagregando o argumento. In: VALLADARES, Licia; COELHO, Magda (Org.) *Governabilidade e pobreza no Brasil*. Rio de Janeiro: Civilização Brasileira, 1995.

MIGUEZ, Eduardo Correa. *Logística reversa como solução para o problema do lixo eletrônico*: benefícios ambientais e financeiros. São Paulo: Qualitymark, 2010.

MILARÉ, E. Estudo prévio de impacto ambiental. *Revista dos Tribunais*, São Paulo, 1993.

MILES, Morgan; MUNILLA, Linda S. The eco-marketing orientation: an emerging business philosophy. In: POLONSKY, Michael J. et al. (Ed.). *Environmental marketing*: strategies practice, theory and research. New York: Haworth Press, 1995.

MILLER, G. Tyler. *Ciência ambiental*. São Paulo: Cengage Learning, 2008.

MINAS GERAIS. Secretaria de Estado de Planejamento e Gestão. *Plano mineiro de desenvolvimento integrado – PMDI 2007 a 2023*. Belo Horizonte, 2007.

_____. Secretaria de Estado de Saúde. Assessoria de Gestão Estratégica. *Acordo de Resultados*. Gerência de Acompanhamento e Avaliação. Acordo de Resultados. Belo Horizonte, set. 2006a.

_____. Secretaria de Estado de Saúde. *Manual do Programa de Fortalecimento e Melhoria da Qualidade dos Hospitais do SUS/MG (Pro-Hosp)*. Belo Horizonte, 2006b.

MINISTÉRIO DA SAÚDE. Agência Nacional de Vigilância Sanitária. *Manual de gerenciamento de resíduos de serviços de saúde / Ministério da Saúde, Agência Nacional de Vigilância Sanitária*. Brasília: Ministério da Saúde, 2006.

MINISTÉRIO DO MEIO AMBIENTE. *Agenda 21*. Brasília, 2010. Disponível em: <http://www.meioambiente.gov.br/sitio/index.php?ido=conteudo.monta&idEstrutura=18>. Acesso em: 19 nov. 2010.

MUCELIN, Carlos Alberto; BELLINI, Marta. Lixo e impactos ambientais perceptíveis no ecossistema urbano. *Sociedade & Natureza*, Uberlândia, jun. 2008.

NAIME, Roberto Harb; RAMALHO, Ana Helena Pinho; NAIME, Ivone Sartor. Diagnóstico do sistema de gestão dos resíduos sólidos do Hospital de Clínicas de Porto Alegre. *Estudos tecnológicos*, Florianópolis, jan./jun. 2007. v. 3, n. 1:12-36.

NASCIMENTO, D. E.; CASAGRANDE Jr., E. F.; MORAES, L. R.; RUTHES, S. Parque eco-industrial: uma discussão sobre o futuro dos distritos industriais brasileiros. In: *XII SIMPEP – Simpósio de Engenharia de Produção*, 2006, São Paulo.

NAVES, Juliana Freitas; TEIXEIRA, Marcela Augusta; LINHARES, Marisa Botelho; ANDRADE, Saulo Cordeiro. *A gestão da informação na primeira etapa do Prêmio Célio de Castro*. 2008. Monografia (Trabalho final do curso de especialização em gestão hospitalar) – Escola de Saúde Pública, Belo Horizonte. 65 p.

NIJKERK, Alfred A.; DALMIJIN, Wijnand L. *Handbook of recycling techniques*. 1998.

NOAH, P. Barsky; ELLINGER, Alexander E. Unleashing the value in the supply chain. *Strategic Finance*, Montvale, jan. 2001.

NORDHAUS, W. D.; TOBIN, J. Is growth obsolete? In: _____. *Economic research*: retrospect and prospect. New York: NBER, 1972. v. 5, Economic Growth, p. 1-80.

NOVAES, Antônio, G. *Logística e gerenciamento da cadeia de distribuição*: estratégia, operação e avaliação. Rio de Janeiro: Campus, 2001.

OLIVEIRA, Adriano Abreu de; SILVA, Jersone Tasso Moreira. A logística reversa no processo de revalorização dos bens manufaturados. Franca: REA. v. 4, jul./dez. 2005.

OLIVEIRA, E. B; RAIMUNIDINI, S. L. Aplicação da logística reversa: estudo de casos em uma indústria fotográfica e em uma indústria de fécula de mandioca. In: *Simpósio de administração da produção, logística e operações internacionais*, 8, 2005, São Paulo. Anais do VIII SIMPOI. São Paulo: FGV-EAESP, 2005. 1 CD.

OSBORNE, D.; GAEBLER, T. *Reinventando o governo*: como o espírito empreendedor está transformando o setor público. Tradução de Sérgio Fernando Guarischi Bath; Ewandro Magalhães Júnior. 10. ed. Brasília: MH Comunicações, 1998.

OTTMAN, Jacquelyn A. *Marketing verde*: desafios e oportunidades para a nova era do marketing. São Paulo: Makron Books, 1994.

PELICIONI, M. C. F. *Educação ambiental, qualidade de vida e sustentabilidade*. 1998. Disponível em: <www.scielo.br/pdf/sausoc/v7n2/03.pdf>. Acesso em: 19 nov. 2010.

PENMAN, Ivy; STOCK, James R. Environmental issues in logistics. In: *Contemporary issues in logistics*.

PREFEITURA MUNICIPAL DE BELO HORIZONTE. SLU – Superintendência de Limpeza Urbana. *Coleta de lixo urbano, aterro sanitário e coleta seletiva*. Belo Horizonte, 2007.

PREFEITURA MUNICIPAL DE SÃO PAULO. Limpurb – Departamento de Limpeza Urbana. *Cadastro geral de sucateiros na cidade de São Paulo*. São Paulo, 1992.

PONTES, A. T. et al. A utilização de indicadores de desempenho no setor de suprimentos hospitalares. IV Congresso Nacional de Excelência em Gestão, 2008.

PRESCOTT-ALLEN, R. *Assessing progress toward sustainability*: the system assessment method illustrated by the wellbeing of nations. Cambridge: IUCN, 1999.

_____. *The wellbeing of nations*: a country-by-country index of quality of life and the environment. Washington: Island Press, 2001.

PRZEWORSKI, Adam. *Reforming the state*: political accountability and economic intervention. New York: Mimeo, New York University, 1995.

QUINN, P. *Don't get rear-ended by your own supply chain*. Disponível em: <http://www.idsystems.com/reader/2001/2001_01/comm0101/index.htm>. Acesso em: 9 maio 2010.

RAZZOLINI FILHO, E.; BERTÉ, R. *O reverso da logística e as questões ambientais no Brasil*. Curitiba: IBPEX, 2009.

RIBEIRO, L. M de P.; MACHADO, R. T. M.; BARRA, G. M. J. A logística na gestão de resíduos sólidos: um estudo de caso em um pequeno município mineiro. In:

Simpósio de administração da produção, logística e operações internacionais, 8, 2005, São Paulo. Anais do VIII SIMPOI. São Paulo: FGV-EAESP, 2005. 1 CD

RICHARDSON, Helen. Logistics in reverse. *Industry Week*, Cleveland, 16 abr. 2001.

ROGERS, D. S., TIBBEN-LEMBKE, R. S. An examination of reverse logistics pratices. *Journal of Business Logistics*, v. 22, n. 2, 2001.

_____. *Going backwards*: reverse logistics trends and practice. Nevada: Reverse Logistics Executive Council, 1999. Disponível em: <http://www.rlec.org/reverse.pdf>. Acesso em: 30 out. 2009.

ROMEIRO, Ademar Ribeiro. *Meio ambiente e dinâmica de inovações na agricultura*. São Paulo: Annablume/FAPESP, 1998.

RUSHTON, Alan; OXLEY, John; CROUCHER, Phil. *Handbook of logistics and distribution management*. 3. ed. London: Kogan Page, 2006. 611 p.

RUTALA, W. A.; MAYHALL, C. G. *Medical waste*: infection control and hospital epidemiology. v. 13, n. 1, 1998.

SACHS, I. *Caminhos para o desenvolvimento sustentável*. Rio de Janeiro: Garamond, 2000.

SALE, K. *Dwellers of the land*: the bioregional vision. San Francisco: Sierra Club, 1985.

SANTOS, Breno Augusto dos. *Recursos minerais da Amazônia*. Estud. av. [on-line]. 2002, v. 16, n. 45, p. 123-152. ISSN 0103-4014.

SANTOS, Elaine. *Política Nacional de Resíduos Sólidos – PNRS*, 2010. Disponível em: <http://www.ecolmeia.org.br/blog/politica-nacional-de-residuos-solidos-pnrs-2/>. Acesso em: 18 ago. 2010.

SANTOS, Jackson Pereira. A atuação dos sucateiros no Brasil. *III Seminário de Reciclagem de Alumínio da Abal*, São Paulo, 1996.

SAVITZ, A. W. *The tripple bottom line*. San Francisco: Jossey Bass, 2006.

SBROCCO, E. Movimentação & armazenagem. *Revista Log*. Disponível em: <http://www.guialog.com.br/ARTIGO201.htm>. Acesso em: 12 maio 2010.

SCHNEIDER, V. E.; EMMERICH, R. C.; DUARTE, V. C.; ORLANDIN, S. M. *Manual de gerenciamento de resíduos sólidos em serviços de saúde*, 2. ed. rev. e ampl. Caxias do Sul: Educs, 2004.

SECCHI, Leonardo. *Modelos organizacionais e reformas da administração pública* – RAP. p. 43(2):347-69, Rio de Janeiro, mar./abr. 2009

SECRETARIA DE ESTADO DE SAÚDE DE MINAS GERAIS. *Gerências regionais de saúde*. 2009b. Disponível em: <http://www.saude.mg.gov.br/institucional/integracao-institucional/grs/GRSs %20em%20slide%20SES.pdf>. Acesso em: 30 out. 2009.

_____. *Sistema estadual de Transporte em Saúde*. 2009a. Disponível em: <http://www.saude.mg.gov.br/politicas_de_saude/sistema-estadual-de-transporte-sanitario>. Acesso em: 11 out. 2009.

SHINGO, S. *O sistema Toyota de produção do ponto de vista da engenharia de produção*. 2. ed. Porto Alegre: Bookman, 1996.

SILVA, Carlos Ernando da; HOPPE, Alessandro Eduardo. Diagnóstico dos resíduos de serviços de saúde no interior do Rio Grande do Sul. Rio de Janeiro: Eng. Sanit. Ambient., v. 10, n. 2, jun. 2005. Disponível em: <http://www.scielo.br/scielo.php?script=sci_arttext&pid=S1413-41522005000200008&lng=en&nrm=iso>. Acesso em: 1 fev. 2010.

SILVA, P. S.; De BRITO, M. Gestão ambiental integrada: um estudo da gestão de resíduos da construção civil na cidade de Belo Horizonte. In: *Simpósio de administração da produção, logística e operações internacionais*, 9, 2006, São Paulo. Anais do IX SIMPOI. São Paulo: FGV-EAESP, 2006. 1 CD.

SISTEMA FIRJAN. *Manual de gerenciamento de resíduos*: guia de procedimento passo a passo. Rio de Janeiro: GMA, 2006.

SLACK, N. et al. *Administração da produção*. São Paulo: Atlas, 1997.

SORRENTINO, M. Vinte anos de Tbilisi, cinco da Rio 92: a Educação Ambiental no Brasil. *Debates Socioambientais*. São Paulo, CEDEC, ano II, n. 7:3-5, jun./jul./ago./set. 1997.

SOUZA, M. T. S; VASCONCELOS, M. W; PEREIRA, R. da S. A contribuição da logística reversa na adequação da Política Nacional de Resíduos Sólidos: um estudo de caso no setor de embalagem. In: *Simpósio de gestão e estratégia em negócios*, 4, 2006, Rio de Janeiro: Anais do IV SMGEN. Rio de Janeiro, 2006. 1 CD.

STOCK, James R. The 7 deadly sins of reverse logistics. *Material Handling Management*, Cleveland, mar. 2001.

_____. *Development and implementation of reverse logistics programs*. Oak Brook, IL: Council of Logistics Management, 1998.

_____. *Reverse logistics programs*. Council of Logistics Management. Florida: University of South, 1998.

THE EUROPEAN COMMISSION JRC-IPTS AND ENTERPRISE DG. *Regulation and innovation in the area of end-of-life vehicles*. Sevilla: IPTS, 2000. Disponível em: <http://ftp.jrc.es/EURdoc/eur19598en.pdf>. Acesso em: 29 abr. 2010.

TREPL, Ludwig. O que pode significar impacto ambiental In: AB'SABER Aziz N.; MÜLLER-PLANTENBERG, Clarita (Org.). *Previsão de impactos*: o estudo de impacto ambiental no leste, oeste e sul. Experiências no Brasil, na Rússia e na Alemanha. 2. ed., 2. reimpr. São Paulo: Edusp, 2006, p. 329-350.

TURNER, Greg; LEMAY, Stephen A.; MITCHELL, Mark Andrew. Solving the reverse logistics problem: applying the symbiotic logistics concept. 13 f. *Journal of Marketing Theory and practice*, 1994.

UNESP. *Guia de neutralização e destinação de resíduos químicos perigosos do IBILCE-UNESP*. Disponível em: <http://www.qca.ibilce.unesp.br/prevencao/protocolo. htm>. Acesso em: 21 jun. 2010.

UN-HABITAT. *The challenge of slums*: global report on human settlements 2003. London: Earthscan, 2003.

VANINI, Marisa; CASATIN, Sidnéia Tessmer. Armazenagem e conservação dos imunobiológicos em unidades de saúde. In: *XVI Congresso de Iniciação científica*. IX ENPOS – Encontro de Pós-graduação. Recife, 2007. 5 p.

VEIGA, J. E da. *Indicadores de sustentabilidade*. 2010. Disponível em: <www.scielo.br/pdf/ea/v24n68/06.pdf>. Acesso em: 19 nov. 2010.

VELEZ, Carolina. *Guia sectorial de production mas limpia*: hospitales, clinicas e centros de salud. Centro Nacional de Produção Más Limpia y Tecnologias Ambientales. 2004. Disponível em: <www.cnpml.org>. Acesso em: 23 abr. 2010.

VIOLA, E.; LEIS, H. A evolução das políticas ambientais no Brasil, 1971-1991: do bissetorialismo preservacionista para o multissetorialismo orientado para o desenvolvimento sustentável. In: HOGAN, D. J.; VIEIRA, P. F. (Org.). *Dilemas socioambientais e desenvolvimento sustentável*. Campinas: Unicamp, 1995.

WACKERNAGEL, M.; REES, W. *Our ecological footprint*. Gabriola Island, BC ans Stony Creek, CT: New Society Publishers, 1996.

WILT, Catherine; KINCAID, Lori. There auto be a law: end of life vehicle recycling policies in 21 countries, *Resources Recycling*, mar. 1997.

WOOD, Donald F.; WARDLOW, Daniel L.; MURPHY, Paul R.; JOHNSON, James C. *Contemporary logistics*. 7. ed. New Jersey: Prentice Hall, 1999.

WOOD, Stacy l. Remote purchase environments: the influence of return policy leniency on two-stage decision processes, *Journal of Marketing Research*, Chicago, maio 2001.

ZAMONER, Maristela. Modelo para avaliação de planos de gerenciamento de resíduos de serviços de saúde (PGRSS) para Secretarias Municipais da Saúde e/ou do Meio Ambiente. *Ciência & Saúde Coletiva*, Rio de Janeiro, v. 13, n. 6, dez. 2008.

ZANON, U. Riscos infecciosos imputados ao lixo hospitalar: realidade epidemiológica ou ficção sanitária? *Revista Sociedade Brasileira de Medicina Tropical*, São Paulo, v. 23, n. 3, p. 163-70, jul./set. 1990.